● 本书获 2023 年贵州省出版传媒事业发展专项资金资助

屯堡文丛◉专题研究书系（第一辑）

夜郎故地上的古汉族群落

——屯堡文化（修订版）

翁家烈◎著

贵州大学出版社
Guizhou University Press

图书在版编目（CIP）数据

夜郎故地上的古汉族群落 ： 屯堡文化 / 翁家烈著
. -- 修订版. -- 贵阳 ： 贵州大学出版社， 2024.4
（屯堡文丛. 专题研究书系. 第一辑）
ISBN 978-7-5691-0865-1

Ⅰ. ①夜… Ⅱ. ①翁… Ⅲ. ①汉族－民族文化－文化研究－贵州 Ⅳ. ①K281.1

中国国家版本馆 CIP 数据核字（2024）第 051578 号

YELANG GUDI SHANG DE GU HANZU QUNLUO ——TUNPU WENHUA

夜郎故地上的古汉族群落——屯堡文化（修订版）

著　　者：翁家烈

出 版 人：闵　军
责任编辑：李　奎　郭　芸
装帧设计：曹琼德
内文版式：方国进

出版发行：贵州大学出版社有限责任公司
地址：贵阳市花溪区贵州大学东校区出版大楼
邮编：550025　电话：0851-88291180
印　　刷：雅昌文化（集团）有限公司
开　　本：787 毫米 ×1092 毫米　1/16
印　　张：15.5
字　　数：243 千字
版　　次：2024 年 4 月第 1 版
印　　次：2024 年 4 月第 1 次印刷

书　　号：ISBN 978-7-5691-0865-1
定　　价：78.00 元

《屯堡文丛》编辑出版委员会及学术委员会

一、编辑出版委员会

二、学术委员会

《屯堡文丛·专题研究书系》编委会

《屯堡文丛》总序

毛佩琦

屯堡，自从在明朝初年出现后，就是一个生机盎然的存在，历600余年风雨晴晦而不衰，至今仍然长青！这是人类文化史上的一个奇迹，是中华民族的一件瑰宝。

明朝建立之初，国家还没有完全统一，元朝的梁王还在割据西南，而且多次杀害明朝派来的使者。洪武十四年（1381），明朝廷命颍川侯傅友德为征南将军，永昌侯蓝玉、西平侯沐英为副将军，率30万大军征云南。明军获得全胜，历时3个月，平定云南。洪武十五年（1382），明朝廷设置贵州都指挥使司，征南大军以卫所为编制戍守各地，卫所军士屯种收获以自给。这些卫所军士及家属所居之地就形成了屯堡。这是一次为维护国家统一的军事行动，也是一次大规模的移民。经过从洪武到永乐的数十年的经营，永乐十一年（1413），明朝廷决定设立贵州布政使司，划云南、四川、湖广、广西各一部，组建成一个新的省级行政区。当年散落在西南地区的屯堡，就主要分布在今天的贵州省内。屯堡的建设和贵州布政使司的设立，有效地维护了国家的统一和地方的安定，促进了地方开发和民族融合，也体现了古人高超的政治智慧和管理艺术。

600多年前，来自南直隶的应天府、凤阳府，以及江西、浙江的军士及其家属，扶老携幼，远离故土，到达西南，在贵州地区安下家来，成为屯堡人。屯堡人落地生根，坚韧不拔，胼手胝足，开发贵州，对贵州的发展做出了巨大贡献。他们既是地方的守护者，又是地方的开发者。屯堡人的勇敢担当和巨大的付出，至今仍然令人肃然起敬。他们开拓进取，给贵州带来了先进的生产方式，耕种、养殖、纺织、冶铁，也促进了贵州商业的发展，沈万三传奇性的商业故事就具有典型意义。明朝重视文教，朝廷在边疆军卫和土司地区都大力推广学校建设。由于儒学教育的发展，后来，在全国科举考试的激烈竞争中，贵州的学子曾经先后两次夺得文状元。

贵州地区民族众多，屯堡人与各民族人民交错杂居，却能和睦相处。不同文化保持了各自的特色又互相包容，和谐发展，是中华文化多元一体的具体写照。屯堡人至今仍然保持着故乡的生活习惯和文化传统，语言、服饰、建筑、戏剧，在今天屯堡的村寨里、田野上，在日常生活、节日集会中，随时随地可以见到这些活的历史风景。这些延续数百年的独特风俗，是屯堡人身份的自我认知，是肩负国家使命的一种标志，也表现了他们坚守传统、不忘根本的韧性。屯堡人对遥远的故乡有着割舍不断的深情。以安顺天龙屯堡人而言，他们自明初至今已繁衍20余代，四姓族裔达数万人，他们每年都要面向家乡南京遥祭。2005年6月，安顺地区的一支屯堡人曾经返回江南寻根。当他们在南京祖居地石灰巷与南京的乡亲们深情拥抱时，绵绵600多年的思念，如同长河打开了闸门，浓浓的亲情刹那间奔涌交融，场面令人泪奔。重视祖先传统，重视血脉亲情，在屯堡人数百年的文化传承和坚守中，展现了这种悠久的中华民族的特质，也让我们看到了中华文化源远流长的生命力和凝聚力。

屯堡是贵州地区生动的现实生活，是历史文化的活化石，也是一座丰富的宝库。历史的、文化的、民俗的、语言的、音乐的、美术的，乃至社会学、民族学、国家治理的诸多宝贝，琳琅满目，数不胜数。屯堡中也还有一些未解之谜有待开启。当代人有责任保护和传承这份宝贵的文化遗产，也有义务开发和利用这份宝贵的文化遗产。对屯堡进行深入研究，整理、研究屯堡的历史文化，深刻认识它的精神内涵，挖掘它的当代价值，是保护和传承屯堡文化的基础，也是开展保护和传承工作的前提。

对屯堡的研究，从20世纪20年代就开始了，到20世纪80年代成为一个热点。近二十多年，屯堡引起了社会各界更多的关注，许多学者和学术机构投入到屯堡的研究中，屯堡研究已经成为一个正在兴起的新学科。数十年来，在各个学科领域对屯堡的研究，已经获得了一大批成果，屯堡的历史面貌和文化价值越来越广泛地被认知。当前，在举国弘扬和传承中华优秀传统文化的形势下，有必要对以前的研究做一番梳理和总结，以推动屯堡研究开出新的生面。

2023年，中共贵州省委宣传部决定实施“四大文化工程”，把编辑出版《屯堡文丛》作为其中一项重要工作。《屯堡文丛》设计规模宏大、体例严整、内容丰富，包括历史文献、专题研究、资料整理、文学艺术和创造性转化创新性发展共5个书系。可以说，《屯堡文丛》囊括了有关屯堡历史文化的全部内容。《屯堡文丛》是对屯堡文献的全面的收集和整理，是对以往屯堡研究成果的完整总结，也是为今后屯堡的保护、研究和开发利用打下的坚实基础。对屯堡的历史文献和资料进行收集整理，本身也带有抢救保护的意义，让这些宝贵的文献资料不再丢失，将它们挖掘出来，服务于当代社会和文化建设。对前人的研究进行总结，同时是一项具有前瞻意义的工作。一切研究和实际工作，无不是在前人成果的基础上进行的，利用成果，汲取经验，以开辟新的路径，取得新的成果。《屯堡文丛》秉持全新的出版理念，精心编辑、精心制作，努力为全社会奉献出文化巨制、文化精品。相信，《屯堡文丛》的出版，将会为社会各界提供更多的方便，大大推进屯堡文化的研究、传布和开发利用。无疑，《屯堡文丛》的出版，也将进一步彰显屯堡的价值，助益于传承和弘扬中华优秀传统文化，助益于维护国家统一、促进民族融合的伟大事业。

2024年2月24日于小泥湾

《屯堡文丛·专题研究书系》序

钱理群

这一段时间，我这个远离尘世的养老院里的84岁老人，竟然因为这套《屯堡文丛》，获得新的生命活力，整天沉浸在对历史的回忆、现实的思考与未来的展望之中……

这里凝聚着"安顺三代人"的心血：从范增如的《安顺屯堡论稿》，到孙兆霞等的《屯堡乡民社会》、朱伟华等的《建构与生成：屯堡文化及地戏形态研究》，再到张定贵的《屯堡地戏与屯堡族群社会：基于仪式视角的研究》，这背后有多少不辞辛劳的田野调查，如痴如醉的思考，探索，争论！以后，又吸引了越来越多的外乡人（曾芸：《二十世纪贵州屯堡农业与农村变迁研究》），外国人（卢百可：《屯堡人：起源、记忆、生存在中国的边疆》）……

这就引发了我的好奇心：屯堡文化为什么有这样的不绝无尽的吸引力？它的魅力究竟在哪里？于是，就注意到屯堡文化研究兴盛的两大时代背景。

首先，尽管屯堡地处中国（更不用说世界）的边远地区，但屯堡文化研究的起始，及每一次重要发展，都有一个国际视野与背景。

最早注意到屯堡及其文化的特殊性的，是日本人类学学者鸟居龙藏。他在1902年路过平坝天龙镇，观察到屯堡人是"屯兵移居的明代遗民"，将其称为"凤头苗"，是"汉族地方集团"。

1986年，安顺地戏在法国、西班牙出演，其产生的轰动效应，引发世界关注，掀起了第一个屯堡文化研究高潮。

其次，到世纪之交，特别是21世纪初，屯堡文化研究再推高潮。我们所说的“安顺三代人”就是在这时聚集于屯堡文化研究，显然与“全球化提出的新问题”有着内在联系。

在这个时期，世界进入了全球化时代。随着2001年加入世界贸易组织，中国也更加融入了全球化的世界。世界经济一体化的浪潮席卷全球，形成了经济一体化背后的文化趋同。相伴而来的反向运动，就引发了国家、民族与地方文化知识重构的冲动——以多元性和多样性为支撑的地方性特征，成了制约全球化单一和趋同法则的平衡点。反应最为强烈的自然是在全球化中处于劣势，在努力追赶的包括中国在内的东方国家。因为长期处于鲁迅所说的“被描写”地位，就更要以独立、平等的地位与身份，参与全球事务。这就必须以“重新认识自己”作为新的起点，进而突破西方世界单方、片面的话语体系，重建中国叙事的国家、地方知识体系。

屯堡文化就在这样的全球化提出的新问题的背景下，引起了安顺几代人的关注与积极参与。也如安顺学者杜应国所说，屯堡文化吸引我们的，就是它的“独特性”与“唯一性”。其主要有四个方面。

1. 民族文化独特性。屯堡人作为贵州早期的汉族移民，自身有着强烈的汉族自我意识和归宿感，但后来的汉族移民却将其视为非汉族，加上它和周围的少数民族之间的复杂关系，都显示了汉族和少数民族的“民族学境界的流动性”。把屯堡文化放在近现代中华民族概念形成的大视野下，就具有典型意义。

2. 文化多元性。屯堡文化作为一种移民文化，在漫长的六百年间，既在周边异质文化挤压下，坚守了原发地文化的某些特质，又吸收了周边异质文化元素，产生了新的变异，形成意义、构成更为复杂的“屯堡文化”。为我们理解和把握贵州文化，观察中国文化的多元性形成过程、特质，提供了一个典型案例。

3. 国家、地方、民间文化特性。屯堡文化是明代“调北征南”“调北填南”国家政策的产物。在与周围少数民族杂居的过程中，屯堡人既为地方文化增添了新的色彩，也传播了国家观念与王朝意识，强化了“大一统”的地缘结构秩序。另一面，屯堡文化形成的必要条件却是屯卫变成村落，屯堡人由军事武力集团变为地域生活集团，个人身份也由军人变成农民。这就导致了国家意识淡化，民间社会特征突出，形成了国家与地方、正统与民间的复杂关系。

4. 儒家文化的世俗化。屯堡文化以儒家忠义伦理为核心价值，通过各种祭祀仪式建构了一个儒家伦理的礼俗世界。但在日常生活里，民间信仰又从不同方面突破儒家礼教，形成“儒、释、道、巫混杂”的现象。

可以看出，屯堡文化实际上是一个“大文化”，它把文化的国家性、民族性、地方性、民间性、主流性、边缘性全都融为一体，构建了一个独特的“多元文化”谱系。这就有了“甚至是国际性的研究价值与意义，拥有形成国际性文化研究的内在品质”（参看杜应国《关于尽快构建“安顺屯堡文化研究所”的倡议》）。正是基于屯堡文化对“贵州—中国—世界”的三重价值与意义，贵州大学教授张新民郑重提出：“应该像敦煌学、徽学那样，有组织、有步骤地建立地域性专门学科——屯堡学。”而这样的“屯堡学”研究，必然是多学科的人文学综合研究。如本文丛编辑设想里所说，它“涉及社会学、历史学、人类学、民俗学、民族学、语言学、建筑学、艺术学、农学、人文地理学……研究”等十余个领域：多么博大、兼容的研究天地！

屯堡文化研究在“1980—1990—21世纪初”的兴起，还有一个不可忽视的时代背景，即国内由传统社会向现代社会转型，由此提出了“乡村建设、改造与文化重建”的历史任务。屯堡文化就不只是一个历史文化，更是一个活生生的存在现实。我们对屯堡传统文化的关注，仅仅是一个出发点，我们的兴趣，更在于“过去（传统）—现实—未来的关系”，要探讨屯堡传统文化对于乡村建设的意义。这里有一个历史的教训：我在考察中国从“五四”开始的一个世纪的乡村建设的历史时，就痛心地发现，知识分子前仆后继地到农村去，结果都是“雨过地皮湿”，农村落后的面貌并没有根本改变。原因之一就在于其多是一种“外部强势资源的导入”，“村民始终处于被动接受的地位”。由此而提出的是今天的新农村建设，必须以“寻找农村发展的内发资源与动力”作为突破口。屯堡文化又在这一点上，显示了自己的特殊价值与意义。

2000—2004年，我曾经任教过的安顺师范高等专科学校的师生，参加了中国社会科学院支持的“中国百村经济社会调查”项目，到屯堡的一个大村落——九溪村做田野调查，最后写出了《屯堡乡民社会》一书。同时，从2003年开始，又有一批朋友投入屯堡文化与地戏研究，在2008年出版了《建构与生成：屯堡文化及地戏形态研究》一书。两次调查研究，使安顺学者对屯堡文化有了新的发现和认识，主要有两个方面。

首先被关注到的，是屯堡文化独特的“集体文化”性。这显然与其军屯传统有关。研究者发现，即使在今天，屯堡社区依然“存在着一个和传统社会与国家之间具有丰富内容的社会空间”，“这一空间作为第三领域”，“在多元的组织、组织中的精英的活动、社会舆论的控制等因素共同作用下，起着一种沟通一、二空间（国家与社会）的功能”；“这些公共空间是从传统农村的自主空间演变过来的”。这就为今天的重建村民自治建设，提供了传统资源。由此提出了“乡民社会”“自组织机制”“农村公共空间”等概念，为在今天的乡村建设中如何发挥农民的主体作用，保证其主动参与、独立做主的民主权利，以及相应的制度建设，提供了新的思路。

同时被注意到的，是整个屯堡社区并不是一个保存完好的“异域飞地”，而是村民重建的故土家园。屯堡文化也不是足资见证历史遗迹的单纯的移民文化，而是一种丰富、复杂的，生存性、建构性的族群文化。屯堡文化在形成过程中，有明显的“文化增容”和“文化重组”。这也同样启示我们：今天的乡村建设，不能简单地继承、移植传统文化，更要有新的文化增容与重组。对屯堡的新农村建设而言，就是要在对传统屯堡文化的继承、借鉴与扩容、重组的过程中，寻找一条“适合自己地情的独立自主之路”。针对黔中这一类喀斯特环境特征的农村的建设，是不是可以不采取通行的“乡镇工业和农业产业化”的道路，而是走一条把传统资源与现代经济运作相结合的新路。于是，就有了这样的设想：开辟“在屯堡乡民社会核心家庭经济结构基础上，发展乡村旅游，实行本地传统农村工业、副业、手工业的现代改造”的屯堡式的乡村建设之路。这样的设计或许还需要实践的检验，但在传统的继承与扩容、重构中“走出自己的乡村建设之路”，却具有普遍的意义。

这背后或许还有更深层的意义。当我们这些安顺学者将所研究的屯堡文化成果转化为屯堡（乃至贵州）乡村建设的内发性资源时，也就意味着自己从事的学术研究，以至自身的生命都发生了重要的变化。这就是参与屯堡研究的中国社会科学院王春光研究员所说的，“我们知识分子终于找到了一条全新的道路”：“从学术出发，又走出学术”，参与社会实践；更把自我生命与生养自己的脚下的土地、土地上的文化与父老乡亲密切联系起来。

我因此注意到，安顺三代学者提出的一个重大命题：“认识脚下的土地。”这也是全球化时代遇到的新问题：人们从农村流向城市，由小城镇流向大都市，从中国流向世界，这都是全球化给人们带来的新机遇；但如果因此在心理与情感上疏离了自己生长的土地，就成了“无根的人”，失去了精神的家园，那就会产生新的生存危机。离去者走上了永远的心灵不归路，即使不离乡土，也会因失去家园感而陷入生命的空虚。这不仅是人自身存在的危机，更是民族精神的危机。在某种程度上，“安顺三代人”的屯堡文化研究，也成了自我拯救。

这就是我总结的屯堡文化研究的真谛：既立足“地方”（安顺，贵州），又联结“全国”与“全球”，最后通向“自我”。

现在，时间到了2023年。贵州相关部门推出了“屯堡文化研究传播转化重大工程工作方案”，推动屯堡文化研究的“再出发”。这又引发了我新的好奇心：这背后有着怎样的动因，又提出了什么新问题？我因此注意到，当今中国与世界正处于“历史的大变动”中。我们所关注的“地方——国家——世界”的关系，“农业文明——工业文明”的关系，“乡村——城市，乡村文化——城市文化”的关系，“人与大自然”的关系……都会发生巨大的变化，需要在更大的视野、更深的层面重新思考。就乡村建设本身而言，也有一个在既有成就基础上，“要有怎样的新发展”的问题。我更因此注意到，有研究者提出了为乡村和乡村建设“找魂”的任务：青山绿水不仅是风景，更是一种“文化”，我们要寻找的就是青山绿水背后的“人”，以及“人的精神与文化”。这就要求更自觉地把地方文化研究资源融入乡村建设之中。在我看来，今天的屯堡文化研究的一个日显迫切的任务，就是如何把学术研究成果转化为旅游资源、教育资源、文化资源：这些方面都有极大的发展空间。

2023年，我回安顺参加了《安顺文库》的相关活动，有机会和“90后”“00后”的更年轻的一代进行交流。我向他们郑重建议：在面临精神的困惑，需要进行“价值重建，理想重建，生活重建”时，不要忘记就在你们身边的乡土文化，特别是屯堡文化资源。要从“土地里生长出来”的历史与文化里，寻找“变”中的“不变”。这样，你们也就在大变动的不确定的时代，获得了能够让自己安身立命的生命的确定性与永恒性。我也因此向安顺的“第四代”发出召唤：你们绝不是旁观者、被动的受教育者，更要投身于屯堡文化研究，在屯堡文化“再出发”中发挥自己这一代人的独特作用：这也是屯堡文化研究不断获得新的活力的关键所在。

2023年12月5日

目　录

引　言

黄河流域是汉民族的摇篮。汉民族以黄河汹涌澎湃的气势、奔腾不息的精神、融汇百川的胸怀，不断地成长壮大，成为中华民族的主体民族，其人数之多乃世界之最。当今汉人的足迹已遍及世界，汉文化灿烂辉煌，在人类历史上曾大放异彩。然而自清王朝以来，随着朝代的更迭、社会的动荡、民族的迁徙融合、国门的开启，在异文化如潮的冲击下，汉文化从服饰到民居，从饮食到娱乐，从婚丧嫁娶到节日礼仪，甚至连思想意识等无一不在变化之中。不论是专家学者还是寻常百姓，只能从文献和文物中去寻找汉族祖先的踪迹，用现代人的思维去描绘自己的祖先，这不能不令人有一缕淡淡的哀婉。就在这外来文化浪潮一浪高过一浪的强烈冲击下，在贵州省境内的屯堡人，却比较完整地保留着明代洪武年间普通汉人百姓的特征，故而屯堡人也被当地人称为“老汉人”。这种状况，学者称之为“孤岛文化”。屯堡人及屯堡文化的留存为探究汉民族的显形特征提供了最为珍贵的活样本。

位于祖国西南的贵州属于岩溶化高原山地。高原山地及丘陵占全省总面积的97%，万亩连片的坝子仅有12个，在全国来说，可谓最为典型的山区省份。其中岩溶地貌占全省总面积的73%，除黔东南外，贵州岩溶遍布，乃世界上岩溶地貌发育最典型的地区之一。整个贵州高原属于亚热带季风气候区，冬暖夏凉，雨水丰富，但因地表破碎，河流深切，短距离内的海拔变化大，从而形成河谷热、山上凉的立体气候。境内河流纵横，南北分属于珠江水系、长江水系，或向南流或向东注。复杂的地形、多样的气候，为人类的生存与发展提供了相应的条件。活动在观音洞、硝灰洞、猫猫洞等地的原始人类就出现、生活在这块热土上。贵州位居湘、桂、滇、川四省区之间，成为东西南北相邻省区间交通的必经之地。唐蒙出使南越，吃到的蒟酱即系商人自蜀地沿牂牁江（一名豚水，即今贵州境内之北盘江）南下转贩至番禺所得。因吃蒟酱这一偶然性的生活小事，而得知有夜郎邦国的存在，遂引发汉武帝派唐蒙出使夜郎，与夜郎侯约为置吏、在夜郎设置郡县等一系列重大历史事件。元梁王盘踞云南拒不归附明王朝。明太祖朱元璋为一统全国，令傅友德等领兵30万，主力军由湘西经黔东北、黔中、黔西南而入滇，大败梁王而将云南平定，并把本该班师回朝的大军屯驻贵州，以起控扼云南之作用。朱元璋的这一战略决策，使贵州的社会历史发生了空前的深刻变化。当时屯军的后裔——屯堡人，成为今天引起中外学者格外瞩目的一支独特的汉族民系。

贵州处于青藏高原由第一梯级、第二梯级高原山地向第三梯级的丘陵平原过渡的地带。整个地势走向为西高东低。乌蒙山脉分布于西北，其支脉老王山绵延于西南。大娄山脉横亘于北，武陵山脉逶迤于东，苗岭山脉则贯穿于中部。贵州东南有沅江上源清水江，东北有沅江支流㵲阳河，南有珠江支流都柳江，西南有南北盘江及其交汇后之红水河，是珠江的主源。横贯于北部的乌江、偏于西北角的赤水河皆是长江支流。西高东低的地势、东西走向的长江水系及南北走向的珠江水系，加之温暖的气候，使贵州高原成为众多民族交往、集结最为理想的天然空间。屡遭“挞伐”的苗族先民源源不断地自湖南逆㵲阳河、清水江西入贵州避难；日趋强盛的彝族先民从滇东北顺南北盘江、乌江扩展；原聚居于广西的布依族、水族、侗族先民沿红水河、都柳江北进贵州扩散；历代的汉族官吏、士兵、商民派驻及流散贵州者多由川南、湘西至黔。先后从四面八方进入贵州的各族先民以及他们与贵州高原的仡佬族先民——濮人长时期、大范围地相互接触、交往，逐渐形成了各民族在贵州境内大杂居小聚居的分布态势，并形成民间所谓“高山彝苗水仲家（布依族旧称），仡佬住在石旮旯”“苗家住山头，夷家（指布依族）住水头，客家（指汉族）住街头”这一特有的立体分布格局。各民族在贵州高原这一特殊的自然环境里不断地在政治、经济、文化诸领域发生广泛的碰撞、交流、融合，共同缔造了贵州悠久而光辉的社会历史，共同创造了贵州丰富多彩而独特的民族文化。当我们看见那高耸入云的一道道梯田、梯土的时候，定会为这特有的大面积山地农业而惊讶叫绝。那古老的鼓社制、议榔制、石牌制、油锅制，以及马头制、则溪制、亭目制、营长制等社会组织、政治制度，无不表现出人类历史中特有的足迹。低沉的芦笙调、雄浑的铜鼓曲、高亢的飞歌、和谐的大歌、数以百计的服装款式、头饰、千姿百态的婚俗、种种神奇的葬仪、端节、卯节、吃新节、查白节、杀鱼节、四月八、吃姊妹饭、龙舟竞渡、三月祭山等民俗内容，其内容、形式及其丰富的历史内涵，皆具有强大的吸引力，为古今中外人士所赞叹，为之倾倒。贵州的社会历史是祖国历史不可分割的一个重要组成部分，贵州民族文化是中华民族文化宝库中一束瑰丽的奇葩。世代生活在贵州的各少数民族是贵州社会历史当之无愧的创造者、传承者。汉民族在贵州社会历史进程中起着巨大的不可替代的推动作用。

所谓汉文化，不言而喻是指汉民族的文化。创立夏、商、周三代的夏人、商人、周人本是不同的族体，经过将近 2000 年广泛而深刻的交融，终于在战国末年形成了有共同文化特征的稳定强大的大族体——华夏族，从而建立起我国历史上的第一个统一政权秦王朝。至汉武帝时，中央王朝进入空前鼎盛时期，王朝政权稳固，声威远播，生活在内地①的华夏族人对周边各族以汉朝臣民自居。周边各族亦以汉朝人视之，于是华夏族便逐渐得名为“汉族”或为“汉人”。尽管不断地改朝换代，但以儒家礼教为其文化核心的“汉族”这一族称沿用至今。汉文化的内涵十分广泛，它包含着历代创造、积累的物质文化、制度文化和精神文化三大部分。其文化的推广、传播及其名族属性不因朝代的更迭、王朝统治者民族成分的变异而改变。其文化的推广、传播的形式多样，渠道多种：或系王朝以军事手段、政治权力强制推行、宣喻启导；或经由汉族军民驻防、移居、经商与少数民族人民长期交往、影响而自然进行。

汉文化进入贵州高原，历史悠久、连绵不绝、形式各异，可分三大阶段做概要表述。

① 内地：本书指中原、江南等中央王朝“王化”普及的中心区域。

（一）西南夷、南中时期

秦汉时期，大渡河以南及云贵高原一带为少数民族聚居区。当时的少数民族被泛称为“夷”，故居住在这一地区的少数民族统称为“西南夷”。同时，这一地区也因此得名西南夷。故“西南夷”既是秦汉时期上述地域内少数民族的统称，又是对上述地域的专称，系一词两用。

建元六年（公元前135年），执掌礼宾的官员王恢派番阳令唐蒙出使南越。南越是五岭以南的一个民族地方邦国。南越用来招待唐蒙的食物中有一种叫蒟（又作“枸”）酱的，唐蒙从未吃过。从南越人口中得知此物乃蜀地特产，是经南越西北面的牂牁江运至番禺的。回京城复命期间，唐蒙又直接向在长安做生意的蜀地商人询问，进一步得知，蜀中产的蒟酱，大多流向夜郎的市场。夜郎国在牂柯（又作“牂牁”）江流域。江广百余步，足以行船，夜郎可能有精兵“十余万”。唐蒙因蒟酱引发的两次调查，而有两大发现：在蜀与南越之间的南夷有一个强大的民族地方邦国——夜郎的存在；夜郎境内的牂牁江可以通航直抵南越首府番禺。于是，唐蒙上书汉武帝提出“浮船牂柯江，出其不意，此制越一奇也”的战略建议。拥有雄才大略的汉武帝对唐蒙的建议很重视，委唐蒙以重任，拜唐蒙为中郎将，命其“将千人，食重万余人，从巴蜀筰关入，遂见夜郎侯多同”。夜郎是西南夷上百个大小民族地方政权中势力最大的，雄踞西南一方，又为山川阻隔，信息难通，对汉王朝不甚了了。当夜郎王多同与汉使交谈时曾与滇王先前一样有过“汉孰与我大”的问询，后来被当作“夜郎自大”的典故流传至今。唐蒙出使夜郎期间，对夜郎侯及夜郎周围的邑君长们采取“厚赐，喻以威德”的恩威并重方法，“约为置吏”。夜郎及旁小邑都表示同意。唐蒙还报后，汉王朝遂在夜郎势力范围内设置犍为郡，郡治在鳖（今遵义市或谓黔西）。为了畅通夜郎，控制南越，朝廷特发巴蜀军士开修“自僰道（今宜宾地区）指牂柯江”的道路。经数年开凿，终因粮饷不济、气候潮湿，筑路士兵病死者多，而被迫停止。后南越反，汉武帝遣驰义侯通过犍为郡征发夜郎势力范围内各邑的兵丁前往征讨。其时“且兰君恐远行，旁国掳其老弱”，拒不从命并率众反，将使者及犍为郡太守攻杀。南越事平，征南越的军队回头将且兰攻灭后，在夜郎势力范围内设置牂柯郡。鉴于中央王朝的兵威，夜郎侯始走出大山，前往长安朝见汉武帝，被汉武帝封为夜郎王。[①]汉武帝以前，仅有少数汉民断续进入贵州高原贩运蒟酱之类的物品，唐蒙通夜郎后，始有数量较大的官兵、民夫进入，并相继建立了犍为、牂柯二郡，朝廷派官员任郡守。夜郎侯亦入朝受封，贵州高原从此正式纳入中央王朝行政建制之内，隶于王朝管辖之下。汉成帝河平年间（公元前28～公元前25年），夜郎王兴与邻境的句町王禹、漏卧侯俞等“更相攻击”。朝廷遣太中大夫张匡持节调解。兴等不仅不从，还“刻木作汉使，射之”，以示对朝廷的蔑视。大将军王凤举荐金城司马（蜀郡人）陈立为牂柯太守。陈立到任，召见夜郎王兴，数其抗命罪状后当即斩首，随兴来参见的数十“邑君皆悦服”。兴的岳父翁指与其子耻（或作邪务）不服，举兵造反，为陈立所领官军讨平，夜郎国灭。中央王朝的声威远播。[②]汉设牂柯郡，下辖且兰、镡封、鳖、漏卧、平夷、同并、谈指、宛温、毋敛、夜郎、毋单、漏江、西随、都梦、谈槁、进桑、句町等17个县，涵盖整个以夜郎为首的大小邦国联盟范围，其中绝大部分在今贵州境内。牂柯郡山高水深，路险箐密，土著居民为濮人（仡佬族先民），地广人稀，郡县官兵粮饷难以就地供给。为保障官兵给养，稳定中央统治，朝廷采取招民实边政策，“乃募豪民田南夷，入粟县官，而内受钱于都内”[③]。蜀郡、广汉郡、犍为郡等今四川境内的一些有势力的地主、商人便募集农民入牂柯垦殖，将所产粮食交纳当地官府，获取凭证后到中央内府持证支取报酬。移居牂柯的汉民中，龙、傅、尹、董等逐渐发展为人数多、实力强的地方大姓。这些大姓原受汉文化的熏染，对汉文化有着天然的亲切之情，又与内地保持有一定的联系，且有相当的经济实力，因此便成为贵州古代首批引进和传播儒学之人。据晋常璩《华阳国志·南中志》载，汉代明帝、章帝时，毋敛人尹珍（字道真）有感自己生于遐裔，“未渐庠序”，于是“远从汝南许叔重受五经”。许叔重即《说文解字》的作者

① 参见《史记·西南夷列传》。

② 参见《华阳国志·南中志》。

③ 参见《史记·平准书》。

许慎，是著名的文字学家、经学家。尹珍不辞跋涉数千里之艰辛前往受业于许慎。学成后回归故里，设帷执教，“于是南域始有学焉”。尹珍后来“以经术选用”，被朝廷任命为尚书丞、尚书郎、荆州刺史等官职。平夷县人傅宝和夜郎县人尹贡，亦因“有名德”，前者官至巴郡太守，后者官为彭城相。

历经汉王朝300余年实行郡县制经营治理的西南夷与内地联系渐密，汉文化逐渐得以植根，不再是单纯的蛮夷之地。于是，三国魏晋时期，原之西南夷习惯地被称为南中。区域文化成分的变化，导致区域名称的相应变化。三国时期的南中为蜀国所管辖。蜀主刘备设庲降都督，领兵专事经略南中。庲降都督驻地先在南禺（今云南镇雄），后在平夷（今贵州毕节）。在魏蜀吴三国争战鼎立之际，南中大姓的经济政治实力于两汉逐渐积累的基础上得以空前发展。蜀主刘备死后，蜀国集中力量对付吴国，后方实力空虚，越巂郡夷首领（彝族先民）高定元杀郡将军焦璜而占地称王，南中益州大姓雍闿起兵攻杀太守正昂。蜀另委张裔为太守，又被雍闿押解降吴，雍闿因之受命于孙权遥领永昌太守职。由牂柯郡丞而领太守职的朱褒原系朱提郡大姓，在太守任上肆意胡为。蜀派从事常颀至牂柯查问，朱褒亦将其诛杀而反。益州郡的叟人（彝族先民）首领孟获也煽动反蜀。夷汉地方实力人物造成南中局势的剧烈动荡，严重威胁着蜀国在南中的统治地位。蜀国“后院起火”的严峻势态，引起诸葛亮的不安和高度重视，他决定出兵平南中。经过充分准备，建兴三年春（公元225年），诸葛亮兵分三路向南中进发：其自统大军为西路入越巂郡，遣李恢领军为中路入益州郡，派马忠率部为东路入牂柯郡攻朱褒。由于诸葛亮采取“心战为上，兵战为下”的战略，又得到牂柯郡内叟帅济火献粮通道的帮助，战事进展顺利。当年秋，南中平定。对平定后的南中，诸葛亮将南中原有的一些郡划小，各分出一部分地新置若干郡。其中把牂柯郡的西南部和建宁郡南部划出之地增设为兴古郡，以此分割郡内地方大姓实力，增加蜀汉的政治军事力量。同时，委任征牂柯有功的部将马忠为牂柯郡太守，加强政治力量。

晋王朝建立之后，“牂柯僚二千余落内属”。僚是濮人后裔，亦是仡佬族先民。泰始七年（公元271年），晋王朝在南中地区设宁州，建立最大一级地方行政机构

（当时全国共分为19州）以强化对南中的政治统治。13年后，撤销宁州建制，改设南夷校尉，由政治统治改为军事统治。太安元年（公元302年），晋惠帝认为南中局势为“晋弱夷强”，以彝族先民为主的少数民族地方势力超过了中央王朝在南中的统治力量，下诏恢复宁州的建置，并以南夷校尉李毅兼任宁州刺史，集军政大权于一身，以强化晋王朝对南中的统治。南中一些大姓与夷人首领则联合武装，导致南中发生了长年战乱。在李毅病笃，王朝军队不断失利的形势下，居住在朱提、建宁、兴古等今云南境内的汉民纷纷外逃避难，相当一部分移入未卷进战争的牂柯郡内，此即《华阳国志·南中志》所载“晋民或入交州，或入永昌、牂柯，半亦为夷所困虏”。是谓能逃者或南进交州、西走永昌，或东入牂柯，逃匿者数量较大，占汉民之半。两晋之交，李雄率流民起义，于成都称帝建立成国，封其弟李寿为建宁王统治南中，南中诸郡纷纷归附。李寿统治手段苛虐。牂柯太守谢恕拒不降附，李寿即于咸和八年（公元333年）遣镇东大将军李奕帅军征牂柯。谢恕据城坚守，成军多次进攻无效，又值军粮供应不济而撤离。晋王朝鉴于南中各郡中“惟牂柯谢恕不为寿所用，遂保郡独为晋”之举有功，迁升谢恕为抚夷中郎将，官至宁州刺史。[①]

（二）经制州、羁縻州与邦国并存时期

盛唐时期，唐王朝声威远播中外，但经“安史之乱”后国势日衰，吐蕃势力膨胀，对唐王朝构成重大威胁。时逢南诏崛起，唐王朝予以扶持，封其首领皮逻阁为云南王，使之肘制吐蕃。由于朝廷边官对南诏的征求过多，导致失和，爆发战争，以至南诏两度主动出击。一次攻入成都，一次攻入黔北。宋代，契丹、党项、女真等兴起于北方，分别建立辽、西夏、金等地方民族政权，不断与宋发生征战。唐宋两代各自集力于对付西南的吐蕃、南诏，北方的辽、金、夏，皆无暇着力于对贵州高原的经略。今天的贵州曾是唐王朝与南诏对峙的中间缓冲地带，到了宋王朝偏安

① 参见《华阳国志·南中志》。

江左后，贵州又成为朝廷战马的重要供给地和转输区。唐宋两朝，对贵州采取的政策，基本上是根据地方社会发展的不同程度以及中央王朝权力所及，在承认客观实际的基础上采取分类管理方式。

唐代，在今毕节市境内的乌蛮（彝族先民）所建的地方民族政权为牂柯国，实力较强，于元和八年（公元 813 年）以牂柯地内附，《新唐书・南蛮传》谓：“昆明东九百里，即牂柯国也。兵数出，侵地数千里。”聚居在今安顺地区的乌蛮（彝族先民）兴起，其鬼主阿佩于开成元年（公元 836 年）归附朝廷，受封为罗殿王，其辖区为罗殿（或为罗甸）国。宋代，今毕节的乌蛮王子得盖之子称罗鬼主，建立民族地方政权，内附朝廷，称罗氏鬼国或罗施鬼国。罗氏鬼国即唐代牂柯国的改称。又黔西南的乌蛮亦崛起，所建地方民族政权称自杞国。正如《桂海虞衡志・志蛮》所载，“南江之外者，罗殿、自杞等以国名”，《宋史・理宗纪》载，宝祐四年（公元 1256 年），“罗氏鬼国遣报思播言：大元兵屯大理国，取道西南，将大入边”。大体以乌江为界，乌江以北的黔北、黔东北地区，与巴蜀二郡为邻，受汉文化影响较多，境内汉民成分也不少。其社会发展较快，接近内地，故唐王朝在这一带设置有黔州、思州、锦州、叙州、奖州、费州、夷州、播州、溱州、南州等 10 个经制州。其中，思、奖、费、夷、播等 5 州全在今贵州境内，其余 5 州各辖及今贵州部分地区。乌江以南社会发展缓慢，距内地较远，为“牂柯蛮”“东谢蛮”“南谢蛮”“西谢蛮”“西赵蛮”等少数民族聚居区，朝廷在这一带地区分别设置牂州、充州、应州、抚水州、庄州、琰州、蛮州、矩州、盘州、亮州、峨州、龚州、明州、功州、汤州、望州、禄州等大小共 50 个羁縻州。上述经制州、羁縻州绝大部分隶于黔中道，极少部分隶剑南道。宋代中央王朝实力较弱，对贵州高原更无力直接统治。原之经制州或废或降，在今贵州所设基本上皆为羁縻州。如宣和四年（公元 1122 年）废思州，庆历八年（公元 1048 年）将南州、溱州降为羁縻州，绍兴二年（公元 1132 年）思州虽然恢复，但亦降作羁縻州，宝祐六年（公元 1258 年），播州亦改为羁縻州。此外，在今贵州境内的大小羁縻州有 49 个。这些羁縻州基本上隶辖于夔州路。经制州属于中央王朝直接管辖的地方行政建置，通常为编户籍、纳赋役，派流官管理。羁縻州皆在边陲，故又称“边州”。《新唐书·地理志》谓：“自太宗平突厥，西北诸蕃及蛮夷稍稍内属，即其部落列置州县……虽贡赋版籍，多不上户部。”朝廷对羁縻州采取来者（归附）不拒，去者不究的松散政策。二者除有朝贡关系外，别无任何实质关系。州刺史皆由该地民族首领世袭，其境内政治、经济、文化任其自行，国家不予干预或强行改变。

唐宋时期，除中央王朝在今贵州境内分别实行不同的政治建制外，汉文化对贵州的影响有如下几方面。

一是贞观十三年（公元 639 年）渝州（今重庆）人侯弘仁自“牂柯开道，经西赵，出邕州，以通交、桂”[①]，开通了自今四川经贵州而达广西的南北通道。黔桂两地除原有的牂柯江航运外，增添了一条陆运线。

二是唐宋两代内地众多的官员贬谪流放黔北经制州内。如天宝五年（公元 746 年），陇右节度使皇甫惟明贬为播州太守，十二年（公元 753 年）李林甫罪发，其党羽卫包贬为夜郎尉。乾元二年（公元 759 年）监察御史孙蓥除名后长流播州，御史大夫贺兰进明贬为溱州员外司马，次年，秦州刺史韦伦贬为务川尉。上元元年（公元 760 年）内侍王承恩流放播州，宰相第五琦先贬为忠州长史，后流放夷州，次年废岐王珍为庶人后，放溱州安置。宝应元年（公元 762 年）襄州刺史裴义流放费州。大历十一年（公元 776 年）给事中御史中丞源休除名后配流溱州。建中元年（公元 780 年）贬右拾遗李繁为播州参军。李白曾被流放夜郎，虽中途遇赦未至，但却留下《长流夜郎寄内》诗一首（夜郎天外怨离居，明月楼中音信疏。北雁春归看欲尽，南来不得豫章书）以抒其哀怨之情。

三是宋太祖开宝年间（公元 968 ～ 976 年）析罗甸国置大万谷落总管府，任宋景阳为宁远军节度使、都总管领之。因宋景阳能“抚绥劳来，甚得人心”，声名远播，出现“柳州庆远民多归附”，甚至“苏、赵、周、高、兰、蔡、南容七姓则举族附焉”的空前自发移民，一批南来的汉民移居黔中地区。

---

① 参见《资治通鉴·唐纪十一》。

四是南诏攻播州时，唐王朝调泸州、叙州大姓杨端领兵助战（其后裔附会为太原人）。事平留驻播州，世守其土。入宋，其12世孙杨粲袭播州安抚使职。其统治播州期间重视文治，大力引进汉文化，“肇修郡之儒学、琳宫、梵刹、桥道”，“喜儒而好礼”，并制定“尽臣节、隆孝道、守箕裘、保疆土、从俭约、辨贤佞、务平恕、公好恶、去奢华、谨刑罚”等“家训十条”以示子孙遵从。《遵义府志》载，嘉熙二年（公元1238年）播州安抚使杨价请于朝，“岁贡三人”，播州获准参与开科进士，冉从、周始中、周坦等榜登进士。此后，南宋举进士的尚有杨震、李敏子、白震、犹道明、赵炎卯、杨邦彦、杨邦杰等人。杨粲父、子、孙三代皆注重文治武功，致“土酋多濡汉化”，《遵义军图经》谓播州“世转为华俗，渐渍于礼……人士悦诗书，宦儒户与汉俗同”。

五是南宋时，北方战事频繁，马市关停，军马需求却骤增，《宋史·兵志》载，“然北方有事，而马政亦急矣”。于是只得转向西南开辟马市。朝廷在广西邕州专设买马司。马源主要来自云贵高原。据《岭外代答·经略司买马》载，“产马之国，曰大理、自杞、特磨、罗殿、毗那、罗孔、谢蕃、滕蕃等”。除大理、特磨在今云南外，其余皆在今贵州境内。自杞又是大理、罗甸等地马匹转运的必经之地。通常是各地马匹集于邕州横山寨（今南宁境）上市，亦有官员亲自入黔买马。《宋史·兵志》载：“七年，胡舜陟为帅，岁中市马二千四百，诏赏之。其后马益精。岁费黄金五镒、中金二百五十镒、锦四百、绝四千、廉州盐二百万斤。”马须身高4尺[①]以上方能上市，每匹银价40两。其身高增1寸即增值银价10两。长年的马市交易带动了黔中、黔西南商贸的兴起，使贵州与中央王朝的联系更加紧密了。

（三）土司与流官并存时期

元代对西南民族地区的经略，在原羁縻政策的基础上，强化中央对民族地区的

① 1尺约0.33米，下文的1寸约为3.33厘米。

统属关系，制定官分土流、蛮夷参治的土司制度。土司分为文武两类。总管、土府、土州、土县等属文职，宣慰司、宣抚司、安抚司、长官司等为武职。在黔北设播州宣慰，领长官司 32 个；黔东北设思州安抚司，领蛮夷长官司 52 个。元末，明玉珍分思州地建思南宣慰司。黔中至湖广一线新设葛蛮安抚司，领 122 个蛮夷长官司，其领地东达今湖南保靖、桑植一带；黔中设顺元路安抚司辖蛮夷长官司 22 个；黔西北角设乌撒乌蒙宣慰司；黔南设都匀安抚司；原之罗氏鬼国、罗甸国、自杞国，分别改设亦溪不薛宣慰司、普定路，后二者统辖于云南曲靖宣慰司；原八番地（今惠水县）分设罗番、程番、卧龙番、小龙番、大龙番、洪番、方番、卢番等 8 个安抚司，及蛮夷长官司 3 个；管番民总管府则辖及黔南的 39 个土州的蛮夷长官司。当时贵州共有宣慰司 4 个、安抚司 12 个、总管府 1 个、长官司 239 个、土府 2 个、土州 33 个、土县 2 个，各级各类土司达 295 个。元代进入贵州的汉民，集中在乌撒、思州两地进行矿业生产。

明代于水西、水东（以鸭池河为界）区域内设贵州宣慰司，增设安宁宣抚司及黄平、草塘、金筑等安抚司及余庆、瓮水、真州、潭溪、古州、石阡、苗民司、铜仁、德江、答意、治古、都云、平州、六洞等 53 个长官司，原八番境内的安抚司全降为长官司。乌撒改设土府，播州、思州、思南 3 宣慰司保留。永乐十一年（公元 1413 年），思州、思南两宣慰使为夺朱砂矿战争连年，不听朝廷劝阻，土司制被废除，在其属地设置 8 府。明代有宣慰司 2 个、宣抚司 1 个、安抚司 5 个、正副长官司 158 个；土府 2 个、土州 1 个、土县 2 个。各级各类土司共 188 个。经过明清两代的改土归流，至清末，贵州的文武大中土司均已革除，仅余长官司 54 个以及增设土守备、土千总、土把总、土吏目、土外委、土通事、土舍等土弁、土目 144 个。土司制开创于元，完备于明，衰微于清。元代在贵州设八番顺元等处宣慰司都元帅府，坐镇黔中，统辖今贵州绝大部分地区，实行军事统治。慑于元王朝的军事威力，各土司的特权尚未稳定，亦难突出。明代土司既享有辖区范围内固有的世袭政治、经济特权，又得到中央王朝委以的官职，并在承认其享有特权的基础上公开授予全权统治本辖区内的责任与权力。这时的土司尤其是大土司往往骄淫横暴，不仅恣意暴虐境内各族人民，有的还左右贵州局势甚而与中央王朝抗衡，导致朝廷对其实行改土归流。清初，贵州宣慰司废除后，贵州已无大土司，许多大中土司被降职，或分设土弁、土目，限制土司权限，削弱土司权力，加之地主经济兴起逐渐取代领主经济，属于领主性质的土司们大多丧失经济特权。土司数目虽仍不少，但多名存实亡。土司辖区内出现诉讼，“皆决于流官”，土司通常无权过问。土司见流官与乡保无异。

在土司由盛而衰的同时，府州县等流官的设置则由少而多以至遍及全省。二者发展趋势恰好相反。思南宣慰使田宗鼎、思州宣慰使田琛叔侄二人不惜用武力争夺朱砂矿，造成战祸连年。永乐十一年（公元1413年），朝廷派专员调解亦不听，遂派大军5万人围而捉之，押入北京惩治。永乐皇帝朱棣以“思南、思州之民苦田久矣”为由，决定“灭以为府治”，将该两宣慰司废除，于其地分设思南、镇远、铜仁、乌罗、思州、新化、黎平、石阡等8府，委派流官统治；并在此基础上建立贵州布政使司，贵州开始有了省一级的地方最高行政建制，列为全国13个布政司之一。废思南、思州土司改设流官，开全国改土归流之先河，为贵州省级建制的确立奠定了前提条件。嗣后废九名九姓、麻哈、清平3长官司，以其地分设独山州、麻哈州和清平县；废普安土府，建普安州；废永从、印江、铜仁、龙泉、金容、金达、德江等长官司，分别改设为永从、印江、铜仁、龙泉、镇远、安化等县；改贵竹长官司、平伐长官司，合建为新贵县；平播后，以播州宣慰司地分设遵义、平越2府，前者辖遵义、桐梓、仁怀、绥阳4县及真安州，后者辖湄潭、瓮安、余庆3县及黄平州；金筑安抚使金大章乞请改土归流而建广顺州；清代废水西宣慰司，其地设黔西、平远、大定3府，乌撒土府改设乌撒府（后除大定外，黔西、平远、乌撒又降为州）。除上述府州县外，还有因以武力开辟苗疆而设置的松桃、丹江、八寨、清江、古州、都江、台拱等厅，以及清康熙年间（公元1662～1722年）将明代设置的卫所裁除或并或改建州县。如裁龙里、清平、平越、普定、都匀5卫，分别改建为龙里、清平、平越、普定、都匀县，裁贵州卫、贵州前卫，改设贵筑县，裁镇西、威清2卫及赫声、威武2所改设清镇县，裁平坝卫及柔远所改设安平县，裁敷勇卫及修文、濯灵、息烽、于襄4所改建修文县，裁永宁卫、普市所改设永宁县，裁毕节、赤水 2 卫改设毕节县，裁五开、铜鼓、平溪、清浪 4 县改设开泰、锦屏、玉屏、清溪 4 县。经过改土归流、裁卫建县以及雍正年间（公元 1723 ～ 1735 年）省界划拨时自川、湘、桂拨隶贵州的部分府卫州县，至清末，贵州共有 12 府、3 直隶厅、1 直隶州、11 厅、17 州、34 县。

随着中央王朝改土归流的逐渐扩展，内地汉民进入贵州的人数日渐增多。思南府北邻四川，明“弘治以来蜀中兵荒，流移入境”，这批流入的川民“亲戚相招，僵属而至，日积月累，有来无去”。他们入境后多为当地土豪大族之佃户，其中“土豪范姓者数家，各拥佃民数千户”。正德六年（公元 1511 年），“流民入境数多”，而嘉靖十六年（公元 1537 年）川民流入者“络绎道途，布满村落，已不下数万，较之正德六年尤多”[①]。汉民进入者越来越多，以至如《思南府志》卷一称，“府旧为苗夷所居”，“今居民皆流寓者，而陕西、江西为多”。省会贵阳附近，汉民源源而入，隆庆二年（公元 1568 年）贵州安抚使杜拯等即奏：贵竹长官司地，皆流寓子孙，与夷民不同，请改司为县。土司辖区内汉民已成为主体居民。《遵义府志》载，自平播设府之后，府属 1 州 4 县，既有“复业旧民”，又有“入籍新户”，万历时（公元 1573 ～ 1620 年）遵义县即有丁口近 10 万，正安州为 1.2 万多，桐梓县 9000 多，绥阳县 7000 多。清代汉民移居贵州者众，分布面广，以商贩、农民、工匠为主，亦有少数官兵。清初，全国政局混乱，一方面明宗室在南方建立南明小王朝以自保，一些官兵带兵流窜；一方面大顺军于长江中游局部坚持抵抗，大西军据守西南以至发展为联明抗清。此间，内地不愿降清的汉民，有的逃入贵州避难。顺治六年（公元 1649 年），明将王祥兵败退入遵义掠食，刘文秀领大西军于乌江将其大败，“降其众二十万”[②]。王祥所领兵士不少散藏于贵州境内。清军入主贵州后，康熙年间（公元 1662 ～ 1722 年）吴三桂发动叛乱，其所领军队有的亦流落贵州。吴三桂部将马宝（亦名马三宝）兵败湖南，其部众退经古州，为当地侗、苗各族瓦解就地为民。《黎平府志》卷二载，“明逆残兵败将潜奔彼中，勾联土司、苗人结为心

① 参见《思南府志》卷七。

② 参见《南疆逸史》卷五十一。

腹”，“车寨瑶人苗……此种乃马三宝之兵败落，六百名聚此赘苗家，故有六百户之称”。另一部分于遵义战败，隐居于余庆，建寨，名“马家寨”，实为吴姓。至于因经商、垦荒、工艺而入黔者更比比皆是。《军机处条副奏折》载，“黔楚民苗杂处地方……内有江西等处无业游民，始以贸易往来，久则寄居苗境，为之客家”。《黔南识略》载，黄平州“户口倍增于昔……流寓客民共一千二百五十三户，男妇大小共四千五百四十名口”；贵阳府“五方杂处，江右、楚南之人为多”；开州“江右之民麇聚而收其利”；普定县因“黔滇楚蜀之货日接于道，故商贾多聚焉”；镇远府“居民皆江楚流寓”；铜仁府汉民“多来自江右，抱布贸丝，游历苗寨”；松桃厅“城市乡场，蜀、楚、江西商民居多，年久便为土著”；黎平府楚、粤之人“往往混迹于工匠之内”。川东南汉民，只要“彼中稍歉，辄携家就食于黔”，形成务川县“惟川民流寓者多”，思南府及其所属正安、印江等县汉民也“所在多有”。黔西南之兴义县、普定厅一带，嘉庆二年（公元 1797 年）王囊仙等领导布依族人民起义被镇压后，“土著之苗民日耗”，导致“土旷人稀”，当地土目大姓实行“招佃种土”，于是滇蜀失业穷民闻讯“携妻挈子而来”，“流寓之客民日增”。[1] 道光十四年（公元 1834 年），云贵总督阮元奏道，“近因湖北等省频年被水，致有贫民携妇带孺流入黔省”，他们“潜涉入黔，致被混迹苗疆”。[2] 威宁州系清代铅锌矿的重要产地，为铸造铜钱必需之物。此外，清王朝仍将贵州列为充军之地，内地一些官吏被判罪后，常被流放黔地。据道光《大定府志》卷五十一载，道光十九年（公元 1839 年），贵州巡抚贺长龄《复奏汉奸盘剥苗民疏》说：“递年寻常军流人犯现已积至一千七百三十余名，新疆改发人犯又积至一千二百四十余名。此等人犯，或挈眷偕来，或遇赦愿留，生齿日繁，皆与客民无异。”清代入居贵州的汉族人口，除沿袭明代于城镇、交通线路作点线分布外，还逐渐以点为核心、以线为轴心，向农村以面上分布之势散布于全省各地。据《黔南识略》记载，乾隆、嘉庆、道光时期，绥阳县“通属汉庄二百五十，苗寨十一”；仁怀县“通属汉户十之六七，苗户十之三四”；仁怀直隶厅

---

① 参见《黔南识略》。

② 参见民国《贵州通志·前事志》。

“通属皆汉庄，苗民零星散处”；思南府有“汉庄一百九十一处”；安化县“县境均系汉庄”；务川县“通属汉户七十有九，无苗寨”；印江县“并无苗寨”；石阡府“通计汉庄一百三十有奇，苗寨十四”；龙泉县“均系汉庄，无苗寨”；修文县“汉民多于苗户十之八九，苗民不及汉庄十之二三”；开州“汉庄九百有奇，苗寨三百有奇”；兴义县“汉苗户口统计二百八十六寨，三十屯，一万五百七十五户，内仅五十四寨系苗户，其余二百三十二寨及三十屯则均属客民”；黔西州有“汉庄二百四十六，计二万八千六百六十九户，共十二万四千三百二十五名口，苗寨二百有九，计一万一千二百二十三户，共四万五千二百六十三名口”。黔东南苗户区开设新疆六厅后，“恐诸苗之叛服靡常也，因设军于要害杂处以防之，将各叛田收入编户、筑堡，每军各授田六亩”①。安屯设堡，募集众多汉民作屯军军户，计台拱厅1786户，清江厅1918户，丹江厅830户，八寨厅810户，古州厅2519户。众多屯军军户在各交通要道且屯且守。如清江厅，乾隆三年（公元1738年）设左右二卫。左卫治章汉堡，下辖章汉堡、德阜上堡、德阜下堡、九仪堡、柳金堡、宣号堡、绕庆堡、新柳堡、汪泽堡、天培堡、南嘉堡等11堡，右卫治鸡摆尾，辖嘉禾堡、万安堡、镇江堡、松乔堡、南金堡、台列堡、顺安堡、玉梁堡、培养堡、柳荫堡、观摩堡等11堡。左卫各堡安设屯军981户，右卫安设屯军977户，共计设置屯军1958户。各堡皆筑有土城防护。如章汉堡土城城墙周长230丈②、高8尺，墙脚厚4尺、墙顶3尺，开有城门3孔。新疆六厅所设屯军皆为汉人。以屯军为主的汉人于新疆六厅内，以堡为据点呈点状分布。自黎平府属清江厅的赤溪、南洞二土司辖区内原有不少汉民，其中土千总吴氏所管7寨“俱系汉民，并无苗寨”。③

---

① 参见《清江志》卷三。
② 1丈约3.33米。
③ 参见《清江志》卷四。

（四）汉文化在贵州传播的历史轨迹

汉民族人口众多，住居中原，地域辽阔，所在地具有土地较为平衍、气候温和、江河纵横等地理优势。在我国各民族中，其先民率先于周代即进入封建社会。自秦始皇统一六国，在全国实行郡县制、统一度量衡，实行书同文、车同轨，加之汉武帝罢黜百家、独尊儒术之后，在千余年的政治舞台上，汉民族长期稳定地执掌着绝大多数中央王朝的军政权力，在物质文化、制度文化、精神文化诸领域皆处于领先地位。即使是南北朝、五代十国、辽金元及清少数民族建立的地方政权或中央王朝，也广泛保留、吸取或采用汉族的文化体制施行统治。以汉民族为载体的汉文化，具有以中央王朝作保障的先进性，故而得以长期保持发展，具有强大的生命力，一直能够积极主动有效地向周边少数民族地区不断深入扩散，从而成为中华民族文化的主体与核心。

汉文化在贵州高原的传播，是从两个渠道进行的。首先是各王朝凭借其政治权力不断加强经略。根据贵州的实际，在没有根本改变贵州原有的社会体制、在不使贵州社会剧烈动荡的前提下，不同程度地将处于边陲“蛮夷”之地的贵州纳入中央王朝的统治，将中央王朝在内地实行的郡县制、州郡制及府州县制等流官制度逐步在贵州推行。在保留贵州社会既有的地方民族政权——邦国的同时，又分别创制出既符合贵州社会发展不平衡的实际，又有利于中央王朝统治的羁縻制与土司制，使内地通行的政治制度与贵州现存的政治制度有机地结合起来，从而在贵州先后施行复合型的政治制度：郡国并治—经制州、羁縻州、小邦国并存—土流并治—改土归流，历经两千余年，中央王朝对贵州的统治经历了由无到有，由弱到强，由间接到直接的变化。至于各民族民间自然产生的各类社会组织、社会制度，如议榔制、洞款制、石牌制、油锅制、马头制、族长制、家支制、寨老制等，因系协调、维护小社区内社会关系，通常与社会政治无直接关系，无所抵触，故历代王朝皆不予过问、任其存在。其次是汉族人口的不断移入。汉代龙、傅、尹、董等三蜀大姓集团性地移居。两晋时期，南中一些大姓与夷首武装战乱频繁，居今云南境内的许多“晋民”（即汉人）不少东徙未卷入战争、社会较为安定的牂柯郡。

唐宋时期，播州、溱州、费州等经制州成为朝廷对贬谪官员的流放、充军之地，众多的官员长留黔北。蛮州尽管属于羁縻州，但因宋景阳统治有方，颇得人心，以至远在今广西的苏、赵等七姓汉民举旗前来依附。

明清时期，一方面因政治动荡，一部分残明官军、吴三桂属官员藏匿、流落贵州民间；一方面因自然灾害，四川农民大量逃荒入黔垦殖；一方面随着改土归流的深化，贵州社会的封闭状况日趋突破，内地商贩工匠络绎而入，寓居城镇及交通沿线。清王朝以武力开辟苗疆后，除设新疆六厅及松桃厅实行政治统治，以及设古州镇、清江协、松桃协、丹江营等绿营兵作军事弹压外，还安设屯军进行屯防，施行双重军事控制。新设古州左右卫、清江左右卫、台拱卫、八寨卫、丹江卫、凯里卫、黄平卫、石砚卫等10卫，下置128屯堡，募集9847户军户屯防，以加强军事镇压。这近万户屯军皆为汉人，他们以屯堡为据点，分布于苗户区各地，如《清江志》卷三载："苗疆新辟，恐诸苗之叛服靡常也，因设军于要害，杂处，以防之，将各叛田收入编户筑堡，每军各授田六亩。"堡城内有街道，住屋沿横直街道排列，皆以木板作房壁，房顶盖瓦，有楼。楼上或住人或堆放粮食及其他杂物。多系一列3间，为吞口式。中为堂屋，堂屋正壁安神龛，供以香火。堡前有一个大塘，塘宽数亩，塘水供人畜饮用。塘前及堡城左右为田土耕地。堡城后系一片园地，专种蔬菜。菜地周围种有各种果木。城堡建筑结构及耕地之分布与使用与附近苗族村寨风格迥异。汉族人口络绎不绝地移入，逐渐奠定了中央王朝在贵州施行统治的社会基础。日益众多的汉族官、兵、商、民自内地移居贵州，不仅使贵州人口快速增长，甚至导致了贵州民族结构发生重大变化，更使先进的汉文化以之作为载体源源输入贵州而生根、传播，在贵州各族民间产生广泛而深刻的影响。汉代以降，历代都有汉族官、民移留贵州，主要分布在牂柯郡郡治及其属县治所和黔北经制州所在地。

新中国成立后，在清镇、平坝、安顺、兴义、威宁、赫章、兴仁等地发现众多汉墓、六朝墓及其出土文物，如水塘稻田模型、铜马车、铁斧等和大量的陶、铜、铁器，以及巴郡守丞印等，这些即是当年汉族官民文化的留存。但在明代以前，汉族人口进入贵州从数量上而言是零星的，就时间而言是断续的，从布局而言是呈分散的点状。由于人数很少，又很分散，未能构成稳定的社区，也未能形成强大的实力。除龙、傅、尹、董等少数大姓能见于文献记载之外，汉族人口在贵州的传承与发展，基本无直接踪迹可寻。大约是因为长期处在少数民族的文化氛围中，相继“变服易俗”融于少数民族之中。因此，尽管历代皆有若干汉族官民寓居黔地，而官员及文人们所撰写的文献无不谓贵州为“蛮夷之乡”“苗夷之乡”，甚至视为“化外之域”。到了明代，汉族军民批量进入贵州，不仅数量大、分布广，而且有强大的政权、军权作后盾，能形成一个个稳定的汉文化社区，贵州民族结构开始出现“夷汉杂居”“苗汉杂处”的局面。他们大多沿城镇、交通线分布。清代“开辟苗疆”、深化改土归流，社会的封闭状态日趋改变，为内地汉族商民的移居提供了越来越多的社会条件。贵州成为经商者、工艺者、逃荒者、避难者趋赴之地，内地汉民连绵不断地涌入贵州。顺治、康熙、雍正、乾隆时，贵州人口尚属“夷多汉少”或“苗多汉少”，到清代后期，贵州民族结构向“汉多夷少”的方向转化。道光六年（公元1826年），贵州巡抚嵩溥“因各府厅州县寄居苗寨客户甚多，恐苗民生计日蹙，滋生事端”[①]，遂派专员在全省范围内对汉族户口及其经营的田地状况作首次清查。清查结果为：各地买当苗人田土的客民31437户，及隔属买当苗人田土的客民1973户，佃种苗人田土的客民13190户，住居城市乡场买当苗民、客民田土的客民4455户，从事贸易、手艺、佣工的客民2044户。上述各类客民共计在册的有71499户。若以每户平均5人计即超35万人之多。这只是对与少数民族田土发生关系的汉民及部分城镇汉族商贩、工匠等户数的统计，并未包括大量居住在广大农村的汉民自耕农在内。清代的汉民在贵州的分布，继续以城镇、交通沿线由点连线为中心为主轴，向全省各地辐射，除黔东南、黔南大范围连片而居者不多外，汉民族在贵州广大农村普遍分布，尤以黔北、黔中居多。据《黔南识略》所载清代中期的统计，遵义县有汉民13602户，桐梓县仅有苗民117户，绥阳县“通属汉庄二百五十；苗寨十一，

① 参见民国《贵州通志·前事志》。

计五十二户”；仁怀县“通属汉庄十之六七，苗户十之三四”；正安州有22009户165683人，仡佬、苗族“间有零星数名，多依汉民耕作”；仁怀直隶厅“通属皆汉庄，苗民零星散处，仅七八十户”；安化县“均系汉庄”，苗民“仅四百余户”；务川县“通属汉庄七十有九，无苗寨”；石阡府“通计汉庄一百三十有奇，苗寨十四”；龙泉县“均系汉庄，无苗寨”；玉屏县“汉庄二十三，无苗寨”；湄潭县“通属皆汉庄，无苗寨”；余庆县10693户，“苗止仡佬一种，散居各村”；龙里县“通计汉庄一百六十有奇，苗民共计四十余寨”；修文县“大率汉民多于苗户十之八九，苗民不及汉庄十之二三”；贵筑县居民47841户；贵定县苗民仅940余户，开州“户口，汉庄九百有奇，苗寨三百有奇”；兴义县“客民十居七八，苗民不过十之二三”。

人是社会性的。任何人来到世上都属于一定的社会群体。民族是各种社会群体中最基本、最普遍的一种特定历史阶段中的社会群体。同一民族的生产、生活习俗有其社会性及其传承性。任何个人自幼就受其家庭、社区、固有民族文化的熏陶，历经耳闻目睹及参与，自然而然地承袭本民族的文化、习惯本民族文化，对自己民族文化产生亲切的、不可脱离或逆反的思想感情。这种由民族生产、生活习俗特征而形成的民族特性而表现出来的民族意识，渗透于人们的思想言行之中，规定着他们的思维方式及行为模式，在人的思想行为中具有强大的惯性作用。人们通常都会对自己所熟悉、习惯、喜爱、不可须臾而离的传统文化成分，采取尊崇、恪守、维护之势，以保持生产、生活原有的基本定式。只有当所处的自然、社会环境发生重大、持续性变异，个人或群体自身力量不足以维系、抵御时，才会逐渐产生入境从俗或渐受浸染、或根据需要有选择地学习、模仿、吸纳，使自己的民族文化增添新的成分。

雄才大略的汉武帝开辟西南夷，灭且兰，臣夜郎，置犍为郡、牂柯郡，下设若干属县，派官兵治理，又“募豪民田南夷”。成帝时，拥兵自重不听中央号令的夜郎王受诛，中央平定其子等发动的叛乱，汉王朝在夜郎地区的政治权势得以确立。生活在夜郎境内的汉人，上有强大的中央王朝声威的支撑，下有郡县官兵权力的庇护，自身乃豪民、大姓之流，有着较强的经济实力。在此主、客观条件均较优越的社会背景下，汉文化得以在其群体中维系、传承，进而发展。他们当中出现了一批杰出人物。汉武帝时鳖县舍人曾任犍为郡文学卒史，著有《尔雅注》三卷。《经典释文》卷一注云：“犍为郡文学卒史臣舍人，汉武帝时待诏。”又“牂柯名士”盛览曾受教于司马相如，《西京杂记》称他从司马相如那儿得到作赋之真传：“合綦组以成文，列锦绣而为质。一经一纬，一宫一商，此赋之迹也。赋家之心，包括宇宙，总览人物，斯乃得之于内，不可得而传。”他在此基础之上，作有《合组歌》《列锦赋》。他又将其学问在乡土传授。《续宏简录》载：“司马相如入西南夷，土人盛览从学，归以授其乡人，文教始开。”晋《华阳国志·南中志》载，“明章之世，毋敛人尹珍，字道真，以生遐裔，未渐庠序，乃远从汝南许叔重受五经”，“还以教授，于是南域始有学焉”。黔北文风为之一开，影响深远，其不少遗迹留传后世。乾隆《滇黔志略》卷二十一载：“尹珍讲堂在绥阳县东旺草里。又云务本堂，在正安州西二十里，汉尹珍建，今有草堂三楹。又云乐道书馆，在正安州西七十里，汉尹珍建。”务本堂早圮，后经万历、康熙、嘉庆、同治、光绪等朝多次重建。留存至今的务本堂为砖木结构的三合院，坐南向北。正堂为悬山式，一列三间，每间高宽皆 10 米，进深 9.65 米，堂中立“汉儒尹道真先生之神位”石刻牌位。明万历三十二年（公元 1604 年）曾在旺草里发现唐中和元年（公元 881 年）崔炌所立尹珍讲堂碑。清末西南大儒郑珍字子尹，其本名与字即分别取自尹珍的名与姓。民国初年析正安地建道真县，系以尹珍的字号作县名。道光二十一年（公元 1841 年）遵义府学教授莫与俦于学宫建三贤祠，供奉舍人、盛览、尹珍三人。此外，东汉时平夷县（今毕节市）人傅宝字纪图，历任尚书郎、长安令、巴郡太守；夜郎县人尹贡，官至彭城相。《华阳国志·南中志》说他们“亦有名德”。汉民族形成于汉代，刚刚形成民族的汉族人口即伴随着中央王朝的政治统治进入贵州。第一批踏上贵州高原的汉民，生活在完全陌生的自然环境、社会群落里。他们在王朝政权的维护下，顽强地保存着自己的民族文化，以积极进取之姿，克服重重困难保持与内地的密切联系，到内地求学，到内地做官，成为汉文化在贵州高原的最早传播者。舍人、盛览、尹珍、傅宝、尹贡等是他们中的杰出代表。他们代表着古代的贵州名垂中华文化史册。截至 1976 年为止，在清镇、平坝、安顺、兴义、兴仁、黔西、赫章、毕节等地发现了107座汉墓或汉墓群，那一座座巨大的封土，以及出土的五铢钱、铜镜、铜釜、漆耳杯、铁锄、铜车马、水田鱼塘陶模型等文物，生动且深刻地展现了贵州早期丰富多彩的汉文化。

三国两晋南北朝时期，中原长期战乱不已，或群雄割据，或南北对峙。世居中原的广大汉族人民尚如《续晋阳秋》卷二曰，“自中原丧乱，民离本域……或客寓流离，名籍不立”，处于流离失所名籍不定的境地。地处边远山区的贵州，或为割据势力所争夺，或为对峙者无力顾及，地方民族实力集团趁势得以发展。零星散布贵州境内的汉人，在失去中央王朝支撑庇护及四周少数民族势力增强的历史背景、社会环境下，于心态上、行为上往往采取沉默或从众之势。居于黔北的汉人，因毗邻巴蜀二郡，距内地最近，经济文化得以维系。唐王朝以此为基础，在这一带设置与内地同制的若干经制州，派遣流官治理，并成为被贬谪的王公仕宦充军流放之地。为数众多的高层官员络绎不绝地前来寓居，不仅增添了黔北汉族人民的数量，还有力地增强了汉文化在黔北的活力。宋末冉琎、冉璞兄弟营造钓鱼城，明代改土归流能成功地发端于思州思南、清代“沙滩”文化的形成等无不与此有关。

13世纪初，蒙古族勃兴于塞北。铁木真一统蒙古各部，被尊称为成吉思汗，建蒙古国。蒙古军灭西夏、金，并向俄罗斯、波兰、德国、匈牙利等欧洲地区及西南亚、阿拉伯、东南亚、中东等进军。蒙古军以强大攻势在欧亚大陆上长驱直入，肆意剽掠。其间，蒙古国并未忘记偏安江左的南宋，采取了自北、西、南三路夹击南宋之势。淳祐二年（公元1242年）受命任四川安抚制置使兼知重庆府的余玠为抵抗蒙军而“大更弊政，遴选守宰”，特设“招贤馆”，用“欲有谋以告我者……言有可用，随才而任，不可用，亦厚遗谢之”为号召，广集人才，共商御蒙大计。播州乐源郡（属今绥阳县）之冉琎、冉璞兄弟闻之，前往谒见，余玠以礼相待。兄弟俩在馆居处常对坐研讨，或“以垩画地为山川城郭之形”沉溺于抗蒙之策谋中，无暇与余玠交往。最后才求见余玠，提出：“为今日西蜀之计，其在徙合州城乎！”玠立即高兴地站起来拉着兄弟俩的手大喜道：“此玠志也！”玠认真地听取意见：“蜀口形胜之地莫若钓鱼山。请徙诸此。若任得其人，积粟以守之，胜于十万师远矣。”[1] 余玠遂奏准诏授冉琎为承事郎知合州、冉璞为承务郎通判州事，并负责将合州城迁钓鱼山。钓鱼山三面临江、悬岩陡峭。州城移建其上，地势十分险峻，易守难攻。冉氏兄弟还于钓鱼山附近新建青居、大获、止顶、天生等十余座城池，在此屯兵、积粮，形成“如臂使指，连络屯兵”之格局。宝祐六年（公元 1258 年），蒙古大汗蒙哥命忽必烈攻鄂州（今武昌），兀良合台自滇出桂亦指向鄂州，亲领兵入川。次年（开庆元年）二月，蒙古兵临钓鱼城下，大举攻城。城中军民据险奋勇抗击，蒙哥中箭受伤，不久死于军中。蒙古大军围攻钓鱼城 5 月不下，只得撤离。冉氏兄弟倡导修筑的钓鱼山城成为蒙古军攻宋的重要障碍，重挫蒙古军威，客观上起到了延缓南宋灭亡的作用。

贵州省遵义市东乡沙滩村坐落于乐安江畔，原为土司官庄。播州宣慰使杨应龙之乱平定后，土司官庄没收入官，招邻省移民承种。黎朝邦率子孙于万历初自川入黔，住龙里卫，万历二十九年（公元 1601 年）迁沙滩定居。嘉庆（公元 1796 ～ 1820 年）时，其裔黎恂中进士，发任浙江桐乡知县，丁父忧还乡开馆授学，并购回书籍 3 万余册置锄经堂供族人阅读。其弟黎恺为举人，相继任大定府学教授，印江县、开州训导。其子黎庶昌字莼斋，累试落第，因上书言事特赏知县，分发曾国藩大营当幕僚。光绪年间（公元 1875 ～ 1908 年），相继出任驻英、法、西班牙使馆参赞、出使日本钦差大臣，任满归国任川东道。其根据出使欧洲任上见闻，撰有《西洋杂志》，介绍西方政治、文化与科技。在日期间，搜罗国内已佚古籍 26 种 200 卷刻印为《古逸丛书》。其所著《拙尊园丛稿》为六卷本散文集，文风远宗司马迁、班固、韩愈与欧阳修，近师桐城学派，后又受国外文化感染，自成一格，与薛福成一起被时人誉称为“南黎北薛”。沙滩附近尧湾的郑珍字子尹，系黎恂、黎凯之甥且为黎恂之婿，少年时即受教于恂，并遍读锄经堂藏书。青年时选为拔贡，受汉学家湖南提学使程恩泽赏识，特招之授以经学。后任县学、府学训导，撰有《说文逸字》

① 参见《续资治通鉴》卷一百七十一。

《经说》《巢经巢诗钞》《遵义府志》等著作30余种，获“西南巨儒”之称。

贵州高原自汉初纳入中央王朝行政体制以来，除战乱、割据、对峙的两晋南北朝时期系维持王朝的领属现状外，与中央王朝的政治关系处于日益密切、不断强化之势，直至改土归流后形成的政治一体，与内地趋于一致。内地的汉族人口亦因种种原因历代通过不同形式都有移入，且随着中央王朝对贵州统治的深化几乎成正比地增加，导致贵州的民族结构由基本上属于“蛮夷”“蛮僚”“苗蛮”等少数民族，到“夷多汉少”“夷汉参半”，以至发展为“汉多苗少”或“汉多夷少”的情况。中央王朝政治统治的加强，维护封建统治意识礼规的儒学亦随之带进、传入，在各族人民长期交往中，对贵州各民族的生产、生活产生广泛而深刻的影响。明代即出现“夷、佬渐被德化，俗效中华”①，清代进一步发展为“饮食衣服与汉无殊，其俊秀者诵诗读书，且有列庠序登科举者”②。

贵州高原的历史是由贵州各民族缔造的。贵州社会历史的发展又是由贵州少数民族和汉族一起共同推动的，而汉民族在贵州历史发展进程中又起着巨大的、独特的作用。其中明代实行的卫所屯田制及屯军对贵州社会发展有着历史性的影响。屯军的后裔屯堡人，是今天全国范围内罕有的全面保存着明代江南遗风的汉族民系。

① 参见《思南府志》卷一。

② 参见道光《铜仁府志》卷二。

一、屯堡人的由来

元王朝在农民大起义的猛烈冲击下瓦解。1368年，朱元璋大军攻入大都建立明王朝。元顺帝逃往应昌拒不降明，史称“北元”。盘踞在云南的元宗室梁王自恃所在险远，继续奉“北元”为正朔。明太祖朱元璋累遣使招抚，梁王不仅拒降，使臣王祎、吴云仙等还遭到杀害。洪武十四年（公元1381年），明王朝政权已趋稳固，九月，朱元璋遂亲自部署对云南的征讨。任颍川侯傅友德为征南将军、永昌侯蓝玉为左副将军、西平侯沐英为右副将军，并谕之曰：“云南僻在遐荒，行师之际，当知其山川形势，朕尝览舆图，咨询于众，得其厄塞。取之之计，当自永宁先遣骁将别率一军以向乌撒，大军继自辰、沅以入普定，分据要害，乃进兵曲靖。曲靖，云南之喉襟，彼必并力于此以拒我师，审察形势，出奇取胜正在于此。”[①]征南大军出发时，朱元璋亲至龙江饯行，以励士气。征南主力经湖广之辰、沅入黔东北，再由黔中、黔西指向云南。另以都督胡海洋等率兵5万自川南之永宁（今叙永）经黔西北之乌撒，南下滇。两军拟于曲靖会师。梁王把匝剌瓦尔密闻明军来攻云南，即命司徒平章达里麻调兵10万聚集曲靖防御。十二月，两军会战于曲靖，元军大败，平章达里麻被俘，梁王逃往晋宁州自缢。在征南的全过程中，无论是敌我双方的军事部署，还是战略战术及预期效果，都按朱元璋的指令进行、估计实现。

云南为我国边陲之地，元代之普安、普定两路及乌撒、乌蒙、东川、建昌、会川等路分别为其东部、东北部辖区。明太祖朱元璋在指挥大军平定云南后认为，云南既克，必置都司于云南以统率诸军，实行稳定的军事戍防。遂于次年正月建云南

---

① 贵州民族研究所编《〈明实录〉贵州资料辑录》，贵州人民出版社，1983，第20页。

都指挥使司，下设云南左卫、右卫、前卫、后卫、建昌卫、东川卫、普安卫、乌蒙卫、芒部卫、尾洒卫等若干卫就地驻守。

贵州在西南地区具有重要的战略地位。东接湖南、南邻广西、西毗云南，北连四川。滇、湘、川、桂间的东西交通、南北往返，黔省皆为必经之地。且贵州各地高峰林立，山谷纵横，交通非常不便。《天下郡国利病书》谓“行路之难，称天险矣”。东有武陵山脉，南有苗岭，西有乌蒙山脉，北有大娄山脉，乌江、㵲阳河、清水江、北盘江、南盘江、红水河等大河及其众多支流，纵横交错。境内外往来，跋山涉水，起伏盘旋，交通极为不便，军事上却天然形成易守难攻之势。贵州各民族呈大范围杂居小范围聚居的分布格局，大都一度生活在300来个大小土司的统治之下。各土司在其辖区之内享有世袭的政治经济特权，对属民实行封建领主统治，世守其土，世长其民。土地为土司所有，不得买卖，各族人民为土司农奴，为土司无偿地服劳役，一个个土司辖区构成一个个封闭式的社区。民族大杂居小聚居的分布格局，造成一个民族往往分别生活在众多土司的统治范围之内；一个土司经济辖区之内，通常都生活着众多的民族。各村落皆以同一民族或同民族中的同一支系构成，少则三五家，多则数十家。村落内的成员基本上属于同一民族或同一民族支系中的同一家族或宗族，婚姻的缔结只在本民族或本民族中的本支系的不同宗族间进行。通婚范围一般在数里[①]、十数里或数十里相邻或相近的村寨，以姑舅表亲的形式交替运行，故日常生产生活的空间一般局限于本村及有姻亲关系的相邻村寨之狭小范围内。土司征收赋役并不直接面对各家各户，而是通过族长、寨老，以村寨为单元总体催纳。

明王朝是我国历史上唯一一个自南方起兵一统全国建立的王朝。创建明王朝的朱元璋出身农民，以农民起义领袖身份推翻元王朝登上国君宝座。以武力夺取全国政权之后，大量军队如何安置、军队粮饷如何解决、人民负担如何减轻以维持社会的稳定等一系列问题摆在他面前，必须正视与妥善处置。他根据现实状况，参照历

---

① 1里为500米。

代王朝经验教训，制订实行卫所屯田制。其编制是每卫大约5600人，辖前、后、左、中、右5个千户所。千户领百户所10个，每百户分总旗2个、小旗10个。旗是最小也是最基层的军事编制单位，故卫所军又称为“旗军”。各地之卫由都司统辖，全国各卫的军籍统属于中央的五军都督府。都司长官为都指挥使，卫之长官为指挥使，所之长官为千户。都指挥为正二品，指挥使为正三品，千户为正五品，百户为正六品。卫所军丁由国家分拨田土屯种。田土来源为前朝官员圈占之“逆产”、平时荒芜之民田及由官府没收之“官田”。奉命屯戍之兵士须携带家室一同前往，无家室者由政府配给，其装备由该军丁宗族共同筹集。到屯戍地后，通常以3/10的人承担守卫，7/10的人负责屯耕。军队口粮按月发放，名为“月粮”。“月粮”出自屯田。屯军另立户册，名为“军户”。与民户相区别，军户户籍归属于都督府。军户为世袭，世代不得变更。明代对军事体制的重大改革，对明王朝政权的巩固及社会的稳定和发展起到较为有效的作用。明太祖在给户部的一道谕旨中强调卫所屯田这一制度的重要性：“屯田之政，可以纾民力，足兵食。边防之计，莫善于此。”[①] 高度概括了卫所屯田于兵力巩固、社会安定的巨大意义。明末的刘崑在其《南中杂说》中曾作过客观的评价：“明高祖以天下大定，兵多而无所用，故设卫所以分之，号曰屯丁。查元朝逆产及荒芜民田、籍没官田以给之，号曰屯田……此销兵之术，所谓养兵百万，不费民间斗粮是也，数传而后化为农桑。”洪武二十六年（公元1393年），全国共有卫所军180万，设置都司17个、卫所329个。其时的贵州尚未有省级的地方政权——布政使司的划分与设置，仍分属于云南、四川、湖广三个布政司区划之内，但地方最高军事机构却已建立，并早于云南。《明实录·太祖洪武实录》卷一四一载，洪武十五年（公元1382年）正月十八日调陕西都指挥使程暹为贵州都指挥使。云南都指挥使司则是在该年二月设置的。在贵州都司未建之前，贵州境内即已建立卫所若干。以贵州卫最早，建于洪武四年（公元1371年）。而普定、黄平、乌撒、普安、水西等卫皆建于洪武十五年（公元1382年）正月初七，也比贵州

① 参见《明实录·太祖洪武实录》卷一七九。

都司的设置早八天。从洪武四年至洪武二十六年的22年中，明王朝在今贵州境内共建有贵州卫、普定卫、普安卫、乌撒卫（后移毕节改名毕节卫）、尾洒卫（后改安南卫）、层台卫、赤水卫、平越卫、五开卫、安庄卫、兴隆卫、镇远卫、威清卫、平坝卫、龙里卫、新添卫、清平卫、都匀卫、平溪卫、清浪卫、偏桥卫、贵州前卫、古州卫、铜鼓卫等24卫。这些卫中，除镇远、平溪、偏桥、五开、铜鼓、古州等7卫隶属湖南都指挥使司外，皆统辖于贵州都指挥使司。贵州在未建省级地方行政机构以前即设置省级军事机构，且早于云南同级军事机构的设置，而卫所的建置又都布置在自黔东北经黔中至黔西这条线路上。其原因何在？这主要是由贵州的战略地位及贵州当时的省情所决定。《天下郡国利病书》卷一一三言，贵州为“绥服要区，坤维重镇……关雄虎豹、路绕羊肠。天府金城，可战可守。固滇楚之锁钥，亦蜀粤之藩屏”，因其“以肘腋咽喉乎四省也”，故乃历史上兵家必争之地。《黔书·序》亦谓：“无黔，则粤蜀之臂可把，而滇楚之吭可扼……黔治则有与之俱治者，黔乱则有与之俱乱者。”中央王朝若要巩固对湘、粤、滇、川的统治，必须稳定对贵州的统治。众多少数民族错居杂处的贵州，地处偏远，因高山深谷的阻隔，封闭性较强，与中原汉文化差异较大，在王朝实现统治的过程中，累累发生冲突，出现战争。朱元璋在布置征云南时对西南历史认真了解，曾得出如下结论：西南夷地区“终两汉之世，叛者十次”。蜀汉时，“亮殁凡四反”，“终元百年间，前后七叛”。故特别告诫傅友德等，“今之计，非惟制之不叛，重在使其无叛耳”。[①]元代在今贵州境内，设有“参用土人”或“以土人为官”的大小土司有350多个，在政治上利用少数民族首领实行间接统治。在诸土司中，以亦溪不薛宣慰使司的势力尤强。《黔书》上卷称，“黔僻处西南，穷山深箐，所在无非苗蛮。其种类各殊，而部落亦不一矣。爰稽其概，莫大于卢鹿”，“水西之罗鬼……族众而地广；故力亦强，所辖四十八目”。“水西之罗鬼”所指即彝族〔自称倮㑩（汉文记为卢鹿）〕在鸭池河以西建立的土司。该土司还与滇东北、川南毗连的一些大土司有着密切的亲族关系。亦溪不薛宣慰使为霭翠，雄

① 参见《明实录·太祖洪武实录》卷一四二。

踞黔西北一带的广大地区。明太祖对以其为代表的贵州土司的影响与作用高度重视，在得知“云南已克”捷报的同时，并未被这一重大胜利冲昏头脑，而是立即告谕傅友德等千万不可麻痹大意，从战略高度指出“至如霭翠辈不尽服之，虽有云南，亦难守也”①。用兵之道，极为重视“兵马未到，粮草先行”，“一日无粮千军散”之理。明朝大军在经贵州征云南的过程中，在地方上既无官府的支撑，元统治者留下的库粮又极为有限，四川、湖广等地相距数百千里之外，也不能远距离调拨。粮草往往接济不上，军中缺粮之事时有发生。朱元璋在贵州都司禀报的文书中得知“盘江路道尚未通行，兼说目下并无升合口粮”，特指示“各处守城寨官军，若无粮用时，且将城寨不守，尽数去会做一处，将那有粮蛮人都打了取粮用”，“将水西、普定应有军马都会一处，每日去蛮子住处攻打，要粮用”。②为了解决军粮供给，维持军队不散、战局的稳定，堂堂一代开国皇帝竟公然下令驻贵州的部队弃城镇不守，变分散为集中，以武力到少数民族村寨抢夺粮食这样的下策。足见贵州军粮问题的重要除与全国内地有同一共性之外，还关系到明王朝能否保持其对云贵高原实行稳定统治的独特意义。

洪武年间（公元 1368 ～ 1398 年）在今贵州境内所设 24 卫中的平溪、清浪、镇远、偏桥、兴隆、清平、平越、新添、龙里、贵州、贵州前卫、威清、平坝、普定、安庄、安南、普安等 17 卫是分布在自湘西南入黔东北，经黔中、黔西入滇这条线上。如此部署显然是为了扼守这条古道，守住这条明代从内地进军云南的主要通道，以保持与内地和中央王朝密切而直接的联系。正如《读史方舆纪要》所言：“常考贵州之地，虽偏隅逼窄，然驿道所经，自平溪、清浪而西，回环达于西北几千六百里。贵阳犹人之有胸腹也，东西诸府卫犹人之两臂然。守偏桥、铜鼓以当沅、靖之冲，则沅、靖未敢争也。据普安、乌撒以临滇、粤之郊，则滇、粤不能难也。扼平越、永宁以拒川蜀之师，则川蜀未敢争也。”故议兵者皆曰，“欲取云南，必重贵州”。贵州特殊的省情（包括自然环境及社会环境）和贵州在西南（特别是对地处边疆的云

---

① 参见《明实录·太祖洪武实录》卷一四一。

② 参见《云南机务抄黄》。

南）重要的战略地位，决定了明王朝在尚属于川、滇、湖广 3 行省毗邻之地特建贵州都指挥使司这省一级的军事机构，并将众多的卫所布置在东西这条通道的沿线。

现今贵州的安顺一带，唐宋时为罗殿国（亦作罗甸国）。元代相继为普定府、罗甸安抚司、普定路。除罗甸安抚司时隶属四川外，前后皆隶属云南。普定路治今安顺市，辖安顺、习安、镇宁、永宁 4 州。前二者包含今普定县、平坝区，镇宁州含有今镇宁、紫云二自治县，永宁州在今之关岭自治县。明洪武五年（公元 1372 年）普定路女总管适尔归附，洪武十四年（公元 1381 年）朝廷以其地置普定府。《黔南职方纪略》称其为“滇南孔道”。普定府的地理位置，无论对贵州还是云南都十分重要。《黔南识略》卷四评价普定的地位与作用是“黔省之咽喉为镇远，其脊背则安顺也”，“襟带楚粤，控制滇蜀。明洪武中命傅友德等征云南，自辰沅入普定，分据要害，乃进兵曲靖，平滇之功实始于安顺也”，指出普定府有如黔之脊背，且起着控制云南的巨大作用。明大军自辰、沅入黔，在黔境数百里的行军中未遇阻拦，直到兵至普定路方遭元残存势力抵抗，发生战争，但很快平息。《明实录·太祖洪武实录》卷一四零载，洪武十四年（公元 1381 年）底“大军由辰、沅趋贵州，进攻普定，克之。罗鬼、苗蛮、仡佬闻风而降……乃留兵戍守，进兵曲靖”。为巩固征云南的前沿阵地，特筑普定城。普定城成为明王朝在贵州为了军事需要而修筑的第一座城池。次年四月，西堡长官司的仡佬族聚众 1.5 万余人来攻普定城。贵州卫指挥同知顾成据城坚守，不敢逆其锋芒。仡佬族人累攻不下。顾成“徐俟其怠，将兵出北门击之”，官军方得解围。因普定路当时隶于云南，为元梁王的势力范围。明军攻下普定，加强普定防御工事，稳住阵脚，使普定成为明军进军曲靖与元军开展大会战的前线军事据点。因此《黔南识略》的编修者爱必达（贵州巡抚）在评估这段历史时得出“平滇之功实始于安顺也”这样的结论。

鉴于普定府所处地理位置及行政隶属的特殊重要性，洪武年间（公元 1368 ～ 1398 年）明王朝在其境内先后设立了普定、安庄、平坝等 3 卫。一府之内设 3 卫，大大突破了明代“连郡者设卫”的军事机构设置的常规，反映出明太祖朱元璋对普定府所处战略位置的高度重视。卫所官兵以少部分驻扎城市，大部分驻扎农村，两者之比大约为3:7。驻城者专事防卫，驻农村者主要从事屯田，农闲时操练，战时从征。屯军按编制分别择关隘之地屯戍。屯军驻扎之地称屯堡，或称为屯、堡。百户所在地称官堡，总旗、小旗所在地称旗堡，少数兵丁驻守道口，负责瞭望、盘查之处称为哨。故屯、堡、哨皆为戍卒住所，即如民国《镇宁县志》卷一云："凡四所曰保、曰旗、曰屯、曰哨，皆卫之属土。"《昌黎先生集》卷二十一《送水陆运使韩侍御归所治序》言："屯堡相望，寇来不能为暴。"是见早在唐代，屯堡即已作为军事戍守地之专称。堡之读音为bǎo。随着历史的变迁，居住者人口增多、成分变化，逐渐发展为集镇，军事屯戍性质淡化以至消失，这里的"堡"则读作bǔ。在古驿道上，文武官员、公文往返络绎于途，为保障官府人员及文书传递的畅通，沿途特设置军士专事接待，以保障人力、马匹供给，称为铺。《日知录·驿传》载："今时十里一铺，设卒以递公文。"据嘉靖《贵州通志》卷二载，普定卫设有6铺、安庄卫设有11铺、平坝卫设有5铺。各屯堡多筑有围墙作为防御工事，墙内房舍列于街道两侧，为屯军军户住宅。屯军屯种的田土皆在屯堡附近，多数来自对当地少数民族耕地的强占，少部分为垦荒而成。屯田有定额，嘉靖《贵州通志》卷三载，贵州各卫旗军"会计口食，则总旗十六亩，小旗十四亩，军人一十亩"，是按规定的级差定额配给的。屯田为军户世袭不得买卖或转让。普定府是苗族、布依族、彝族、仡佬族等少数民族杂居区之一，各少数民族均生活在土司的封建领主制统治之下。府境土司众多，有普定土府、安顺土州、康佐安抚司、康佐长官司、宁谷长官司、十二营长官司、西堡长官司、阿破长官司、顶营长官司、募役长官司、沙营长官司、盘江巡检司、打罕土守备等等。众多屯堡以卫所为中心，以路为轴线，纵横分布，相距十里、十数里、数十里，自成大大小小的军事据点，守屯相望，互通声息，构成小则能各自分散防御，大则能集中统一出击的军事网络。各卫所屯堡驻地，原皆为土司辖区。卫所屯田制在普定的推行，使中央王朝的实力具体伸入土司领地，这种点线式的军事布防，突破了封建领主的自我封闭与割据的历史格局，形成"土司与卫所相搀，军伍并苗僚杂处"的局势，起到对土司势力的削弱与控扼作用，为汉族军民与当地少数民族群众经常、直接的交往接触提供了广泛的社会条件。

明王朝灭亡，清王朝建立。随着中央王朝的更迭，明代的卫所屯田制亦为清代的八旗、绿营兵制所取代。康熙十年（公元1671年），经贵州巡抚曹升奏请，普定卫改为普定县，裁安庄卫并入镇宁州。康熙二十六年（公元1687年）以平坝卫及柔远所地改设安平县。卫所制的废除，卫所区划的撤销，使明代卫所屯田制之实与名通统不复存在。失去以政权为依托的卫所军户自然地转为民户，卫所军人也就转变为民。卫所的军户及军人既没有了军人的权利，当然也就不再承担军人的义务，完全成为普通的百姓。普通的百姓人家，不再以军人视之、称之。只是原之屯、堡、铺、哨却在民间按旧时称谓沿袭下来。但前代屯军的后裔中的大多数仍住在屯堡之内，仍聚族而居。其语言、女性服饰、婚丧、节庆等习俗并未因改朝换代而受到冲击、改变，依然按照其先祖们自江南一带入黔时带来的传统文化生产、生活着。屯堡社区的语言、服饰、习俗及居民成分、社会历史与明、清两代因经商、技艺、逃荒、避难等原因而零星流入，分别散居各地的其他汉民均有明显区别，故这一带屯军的后裔被特称为“屯堡人”。光绪《镇宁州志》卷五载：“屯堡人，一名凤头籍……相传，明沐国公征南，调凤阳屯军安置于此……间有与汉民开亲者。”民国《平坝县志》对“屯堡人”这一名称的由来做出了明确的解释：“迨屯制既废，不复能再以军字呼此种人，惟其住居地名未改，于是，遂以其住居地名而称之为屯堡人，实则真正之屯堡人即明代屯军之裔嗣也，决非苗夷之类也。”屯堡人还有屯军堡子、屯堡、堡子、屯田子等别称或简称。此外，又有依其特有习俗或原籍被称为“大脚”“凤头笄”“凤头鸡”。“凤头鸡”实乃“凤头籍”或“凤阳头籍”，是由于音近音似导致的误写。外地人不知其详，见其穿着打扮与内地汉民不同，以为是贵州的少数民族，于是呼之为“凤头苗”：“凤头苗，惟安顺府有之。此族原系明初征苗来黔，其始祖皆凤阳人也。女子绾髻于顶，与各苗迥殊，俗以凤头苗目之。”[①] 屯堡人近邻的布依族呼屯堡人为“布阿”，苗族对屯堡人，则有“多撒”“烟艳”“沙皮”“梭屯堡”等称呼。因苗族支系众多，各支系间语言有别，故不同支系苗族于屯堡人有着不同

① 参见民国《贵州通志·土民志》。

称谓。屯堡人是清代撤除卫所并入府县后，对平坝、普定、安庄卫所属原卫所屯军遗裔的专称。他们分布在平坝、镇宁、普定、长顺等地，人数约为40万。其中，屯堡文化特征保持较完整、突出的屯堡人主要聚居于平坝、镇宁等地。

二、石头的屯堡建筑

步入安顺平坝、镇宁等地的乡镇或农村，你会看到除有瓦木结构、砖瓦结构、钢筋水泥结构及少部分茅顶土墙之类常见的民居之外，还常常会有许许多多的鳞次栉比的石板房映入你的眼帘。那连片的石板房、石头建筑群落成为黔中地区的一大奇观。曾有“安顺一大怪，石板当瓦盖”之类的俗语流传。屯堡人聚居的屯、堡、旗、关、哨、铺民居多系石材建筑。这些以军事据点或与军务相关的驿、铺为名的村镇的建筑格局、特色起源于明代，延续发展至今而不衰。

但凡以屯、堡、旗、哨、铺命名的村镇，多分布在通道沿线或关隘处，背靠山丘，面向平畴，有利于交通、易守难攻、利于生产、方便生活等地理优势。如云山屯坐落于安顺城东10千米处的云鹫山峡谷中。它背靠云鹫山，面向云峰坝。金氏为该地大姓。据《金氏家谱》称，其先祖于明初自金陵入黔，后分为3支，分别驻扎于平坝卫、普定府（今安顺市）之旧州、曹家街、章家庄及云山屯。居民聚居于屯墙之内。屯墙（俗称拦马墙）长达千余米，墙高7～8米，厚1.2～2米，全以石头垒砌而成，有前后两个墙门。前墙门为拱顶结构，拱顶上之门碉用1尺见方之石墩建成。门碉上耸立着木石结构的两层门楼——箭楼。墙垣顶部有凹字形垛口。后墙门为骑式箭楼（已毁）。屯墙四周险要处设有哨棚14座。前墙门在东，后墙门在西。由东门进入屯内，一条用石头铺就的长为580米、宽4.6米的街道直贯西门。街道两侧弯弯曲曲的巷道从街道分别延伸向南北。一座座三合院或四合院分布在沿街道、巷道两旁。屯中心有文庙一座，另有戏台一座与之相对。庙与戏台之间是一宽敞坪地。屯内有大小水井20余口，屯民饮用水主要取自大水缸和接水坡两处。两处皆系山泉，流经石槽注入宽长都在4尺许的大石板镶就的水池内，池水清澈无染。洗用之水，多取自胡家井，或将衣物蔬菜带到屯外的龙潭处清洗。潭边建有龙王庙。沿街住房均有铺面，铺面当街一面有石头镶砌的柜台，供当年商贾们做生意用，其中的“德生昌”是专事卖药的中药铺。文庙与戏台间的坪地是赶场天集市所在地。

屯内民居为一座座院落式建筑，每座院落围以石墙。院门门框以整齐的方形石块镶成，上架以木质门楼，门楼有雕花额枋和垂柱。院门内为石块铺就的宽敞院坝——天井。天井底边为一列三间的正房（中为堂屋，两边为耳房），天井左右两侧为厢房。院门一侧隔天井与正房相对的房屋为倒座（四合院才有倒座）。房屋皆以石块砌作屋基，正房屋基高于厢房，厢房屋基高于倒座。正房与厢房连接之角落处往往建有 2 ～ 4 层不等的大小长方形石硐。住房多系两层，外为木石结构，内为穿斗式木构架承重。前后墙及两侧山墙均由石块垒砌。屋顶为屋面两侧伸出山墙外的悬山式，盖以薄石板，屋脊盖以青瓦一列。堂屋正中壁上安设神龛。镇宁自治县县城原为安庄卫地。民国《镇宁县志》卷四载，“城中及附近房屋，十九为石房石墙”，时至今日，虽有众多的钢筋混凝土房屋兴起，但石板房的比例仍居多数。四旗堡有秦、刘、黎、龙、张等姓，其中秦姓人口最多，聚居于周长 3 千余米的堡墙之内。堡墙高 2 米，厚 1 米余，开有墙门 6 孔，全用石块砌成。其中最大的一孔墙门称大门洞，为出入四旗堡的主要通道。每逢婚丧大事则须经过大门洞。堡内有 6 条石板街道，分别通向 6 孔墙门。堡墙门俗称为“门洞”。街道两侧分列着一栋栋石墙、薄石板屋顶之住宅。一条清澈的溪水流经堡内。大门洞前为耕地，荞子河于堡前流过。

城南 3 里许，靠近黄果树的祝英哨有石砌哨城，城高、厚皆 2 米，城门有 2 米高。据说吴三桂之妃行至此分娩，待足月才离开，遂曾有“足月哨”之称。民居分布在今贵黄公路两侧。祝英哨村背靠山丘，面向田土，有耕地 1313 亩。哨前原为滇黔孔道，1987 年始改建为贵黄公路，以 900 元 1 亩的价格征拨耕地 100 余亩以扩宽路面和建筑房屋。祝英哨居民昔汲用井水，现皆铺设管道改用自来水。

平坝区的天龙镇原名饭笼铺，位于滇黔驿道之左侧，坐落于龙眼山、大河山、烟堆山、堡头山、上楼坡之间的长方形坝子上，形如饭笼，故名。后因为此名俗气而改称为“天龙”。天龙村有陈、郑、张、沈等姓氏。该村背倚大河山，面向驿道

（今改为贵黄公路）及田畴。一条溪河与驿道平行，住户以大井园、小井园、郑家园、张家园、沈家园等 5 个毗邻的聚落沿河排列。铺内中街、南街、北街 3 条主街平列，分别可通向 20 条巷道，其中南街有 5 巷、北街有 4 巷。中街围以石墙，通道处设筑墙门。聚落中的各户顺着街巷建起一座座庭院。石砌院墙开一扇大门朝向街道或巷道，许多庭院的大门上装罩着木质垂花门罩，进大门为方形石板院坝，院内房屋系石墙、石板楼房，向院坝之屋壁上开窗，镶以雕花窗杈。

屯堡建筑十分注重层次性。堡、旗、哨、铺各自为一社区单元。各社区砌以围墙与外界隔开，仅留墙门供进出通行。屯墙（堡墙、旗墙、哨墙、铺墙）内各户依姓氏宗族沿街巷分布住居。各户住房又围以院墙自成院落，形成一座座三合院或四合院，仅留一大门出入。院内房屋无论正房、耳房、厢房、倒座皆各自隔为单间，门皆开向天井，隔天井相对，形成屯（堡、旗、哨、铺）墙、街巷、院落、房间等由大范围逐渐到小范围的平面分层结构。屯堡碉楼高于屯墙堡墙，院落碉楼（俗称哨棚）高于院落围墙及住房。住房中基于石台阶上的正房依次高于耳房、厢房或倒座，形成碉楼、屯墙、院墙、正房、耳房、厢房、倒座等由高而低的立体层次结构。屯堡建筑的层次具有防御、实用和美观三大功能。

屯堡所在原皆为彝族、仡佬族、苗族、布依族等少数民族地区，明王朝依靠强大军事力量将他们征服后，实行卫所屯田制对他们进行军事控制，于交通要道关隘处设置屯堡作长期屯戍。众多的屯、堡、旗、哨、铺作为一个个军事据点分布在少数民族地区执行直接监控、管制和镇压反抗的任务。各少数民族村落布满平坝卫、普定卫、安庄卫这一广阔空间，屯堡等军事据点周围都是少数民族村寨。武力征服，导致武力的反抗。少数民族反抗明王朝统治的斗争，常常将矛头指向驻扎于民族地区、对他们构成直接威胁的屯军。屯、堡、旗、哨、铺往往成为少数民族反抗斗争首先冲击、攻打的重要目标。

屯、堡、旗、哨、铺是明王朝部署在少数民族聚居地区的前沿阵地。这些前沿阵地以五里、十里、二十里等不同距离，在广大少数民族地区作点状分布。屯堡数远远少于村寨数，屯军人口远远少于少数民族人口，屯军奉命实行军事进攻的次数、时间有限，少数民族进行反攻、袭击的次数、时间则无限且难以预料。屯堡与屯军犹如明王朝插入少数民族地区的匕首、利刃，对少数民族起着威胁、镇压的作用，但其实际上处于少数民族村寨的重重包围之中，犹如一片汪洋中的一个个孤岛。屯军既要执行朝廷规定世代屯戍和临时征调的作战任务，又须承担随时会遭到四周少数民族反击和偷袭的风险。在此历史背景下的严峻形势中，军事防御必然成为屯军设防必须首先认真考虑的突出问题，否则不仅难以完成朝廷规定的任务，连自身亦难立足与保存。因此，屯堡聚落皆选有山可依，有田可种，有水可饮，有路可通处。屯军聚居于石围墙内，形成一个大聚落。大聚落内按宗族关系沿街巷分布，形成若干小聚落。每个小聚落又分为若干互不相通而又毗邻的小院落。平时，各小院落、小聚落之间经由街巷互相来往。战时，在高耸的哨棚（碉楼）瞭望放哨，若发现有军情即鸣锣示警，关闭墙门以抵御。屯堡围墙被攻陷可行巷道战，巷道遭攻占可行院落战，院落被占领还可行室内战。坚固的石头建筑层层设防，能起到各自为阵、易守难攻的军事防御作用。

为使屯军能安心屯戍而无后顾之忧，明王朝规定屯军须携带眷属前往屯戍地，无妻室者由官府为之选配。屯军与其眷属在屯戍地以家为单位世代过着且耕且守的生活。每一屯军及其眷属组成的家庭称为军户。每一军户住在一座三合院或四合院里，过着长幼有序、男女有别的家庭生活。军户繁衍的后裔，子孙长大成婚后分家，独自建立小家庭，仍属军户，即在其父、祖老宅旁建立新的庭院。如此按宗族关系相邻的庭院沿街道或巷道构成一个小聚落，如四旗堡的张家院、吴院子、黎院子及秦氏的大房院、二房院、道士院（该院秦氏子孙以为丧家开路、堪舆、做道场为业），6 个庭院形成 6 个小聚落，各分布在一条街道上。天龙铺的郑家园、张家园、沈家园、小井园（陈氏）等各小宗族聚落也各自在一巷道上。屯、堡、旗、哨、铺内以宗族为纽带的小聚落居点称为院，或称为园，有的将院写为苑。

每天，各军户在自己的三合院或四合院内自成一统地过家庭生活，每逢婚丧祭祖，各院（或园）的宗族成员便聚集交往互助，逢年过节则全屯堡人聚于戏楼前或场坝上观看花灯、戏剧，共庆共乐。许多屯堡因人烟稠密，交通方便及宽敞的场坝，往往成为方圆一二十里范围内各村寨物资交易的中心，从而形成集市。届时，附近村寨的各族群众会背挑着自己的农产品从四面八方汇集于屯堡，日中为市，进行集市贸易，一些城镇商贩也相应赶来收购货物带往城镇销售。屯堡街道上的人家在这一天也打开柜台，陈列出日用物品供前来赶场者选购。每场集市贸易的参与者，多达数千人。这时的屯堡已从内部的血缘关系、地缘关系组成的团体扩展为军民关系、民族关系相联结、交往的桥梁、枢纽。

屯堡内以街为主轴、为经，以巷为纬，将各聚落、院落有机地串联在一起，外环以长形或方形的围墙，耸立于屯墙、院墙上的一座座碉楼，形成一个个内外有别、既层层封闭又相互连通、高低错落有序的社区板块。三合院或四合院以正房为主、以院坝为中心，堂屋、耳房、厢房、倒座对称地排列于院坝四方，既互不受声响干扰，又易于相互呼应，利于采光，整体结构谨严、匀称、协调、舒适而美观。

屯堡建筑不仅注重军事防御性、生活实用性及美学的审美观，人们还将江南汉族在建筑上的力学原理与屯戍地的特殊实际相结合，进行了创造性的运用与发展。屯堡屋基必须挖去表土，以本土为地基，地基上砌以大石作墙基。每块石头皆以较宽一面着地，使之着地面宽，承受力强。石砌的山墙通常宽约 3 尺，墙基石较大、面平，墙体自下而上渐窄，石块可略小。如此砌就的石墙，墙基的稳定性强、受压力小，不易倾塌。石墙内的梁柱为木质，其梁、枋、檩、枕、瓜、柱等皆以榫眼纵横穿斗，为穿斗式结构。穿斗式结构使水平方向的力相互作用而实现紧密牢固，有“墙倒屋不倒”之功。石质的山墙、后墙垂直承受力的合理运用与木质梁柱水平拉力合理运用相结合，确定了房屋整体框架结构的坚实与稳固。民居屋面基本上为两侧伸出墙外的悬山式，盖以约 18 毫米厚的薄石板。石板有规则的和不规则的两种。规则的石板为正方形，宽、长各约 1 尺，不规则的石板宽窄不等，形状各异。盖屋面须从屋檐开始，逐渐层层往上压盖。正方形的石板按照“边对边角对角”方式铺盖成菱形，除屋檐第一排每块边并列连为一条平行线外，各层石板皆使一角朝下，利于导流雨水。石板结构比瓦紧密，故经久耐用。又因其比瓦宽而薄，同面积的屋面，石板屋面比泥瓦屋面的总重量略轻，可减少椽、柱的承受力，利于延长房屋的使用期。如此盖就的屋面远看有如鱼鳞，整齐、美观、大方。屋脊盖青瓦一列，横于两侧屋最高处成为屋面分水岭，一线青瓦的屋脊与两面灰白色的石板屋面相映衬，给人以线面结合、黑白相间的和谐视觉。

屯堡的水井用石头镶砌而成，屯堡人户的许多生活用具也以石头凿制。碾子、磨子、碓、擂钵、水缸、粑槽、饲槽等都以石头凿制。人们根据屯堡建筑和生活用具与石头的密切关系这一特点，得出“石头的街面，石头的墙，石头的瓦盖石头的房，石头的辗子石头的磨，石头的碓窝石头的缸”这一民间特有的顺口溜。外地人看到这里的房屋普遍不盖瓦而盖以石板，感到不可思议，甚至说“安顺一大怪，石板当瓦盖”，认为是怪异之事。

安顺屯堡所在地镇宁就地貌而言，属于黔中丘原盆地。在这带地域里，山地、丘陵占总面积的95%左右，到处山峦起伏，零星、狭窄的盆地、槽谷散布在万山丛中。岩溶地貌约占总面积的85%，绝大部分为石山。山上土层薄，林木稀少。岩石多为石灰岩，石灰岩中起层的薄灰岩不少。遍地皆有易于开采、剥取的岩石，成为屯军所需丰富、理想的天然建筑材料。人们开采石材砌墙、铺路，制作磨、碓等各种生活用具，剥取薄石片代瓦盖屋，既结实坚固又大方、别致而美观。明代初期，平坝、普定、安庄3卫的屯军利用丰富的石头石片作为建筑材料，仿照江南汉族传统的城堡、民居格式，结合屯戍地的任务及社会背景，创造性地建造起一座座屯堡聚落。这一具有特殊风格的建筑群因其比瓦木结构的建筑更具牢固、经济、美观等优点，为屯堡人所喜爱，数百年来一直传承至今。民国以来，当地已无大范围民族矛盾及大规模军事对抗，屯堡建筑原有的防御功能随之消失，颓塌者不再修复。改革开放以来，屯堡人的生产发展、生活水平提高，许多人有条件改建或新建房屋，其中仍以石墙、石瓦的石头房居多。由于盖房需要的石板量大，1958年安顺县轻工局即兴办石板厂，有12人专事石板开采出售，颇为畅销。1974～1978年间，安顺的宁谷、陇灰、江平、旧州、宋旗等亦纷纷建起石板厂，共有111名职工经营采石业，产品主销农村盖房用。

20世纪80年代以来，交通沿线有岩山、近厂矿的一些村寨也兴办起石厂，开采石料出售供作建筑材料，成为一种具有特色的乡镇企业。石板厂及石厂的兴起是屯堡人石建筑文化发展的需要与延伸。但当时也仅限于石板的制作及石料的开采上，且销售范围仅在上述不多的几个城镇。广大屯堡村寨建筑石料的开采、制作以及构建，仍由民间的石匠按照传统的方式来承担、完成。屯堡村寨中的石匠是民间专事石料开采、石器制作的手艺人。有的专事雕刻，如龙柱、墓碑、牌坊。有的专门打制石缸、石碓、石磨、石槽。有的专门打制、铺砌基石、石墙、石坎、石院、石井。石匠师傅受人尊重，其手艺或祖传或按师徒传承。

屯堡人生产生活在石山区，与石头结下了不解之缘。他们的先祖在特定的社会环境里，利用特殊的自然环境与资源，构建起严密、坚固，且具有军事防御性的石建筑群。这种有着丰富、深刻历史文化内涵的石建筑群落，在屯堡人的生存与发展历程中曾起着重要的维护作用，其有效性及实用性不因岁月的流逝而消失，历经600余年的沧桑，得以传承与发展，形成独特的石建筑文化，引起海内外诸多人士的瞩目与惊叹。而安顺宁谷镇屯堡人春节期间的打石头仗这一群众性娱乐活动，又是屯堡人石头文化特有的一种表现形式。每年正月初一至初五，该地屯堡村寨的男子无论老幼，云集于坪地上，以一条干沟为界，分站两侧，各用石头、土块相互叫嚷、追逐着对击，各自以最快速度、选择最适当距离奋力砸击对方，同时注意避开从对方飞来的石块、土块。场地上人群激烈地奔跑躲闪，喧嚣震天，石头、土块穿梭飞舞，形成十分壮观的战斗拼搏场面。有的人往往在乱石的砸击下受伤，血流不止，但皆由自己承受，从不责怪砸伤自己的人，也不因此畏惧、泄气。今年受伤，明年又来参战，如此方显英雄本色。被石头砸伤的人认为受伤、流血越多，来年庄稼的收成就越好。宁谷屯堡人以此实战方式来保存、训练自己群体的尚武精神，不惜付出伤痛流血的巨大代价。

今之宁谷镇，元代为宁谷寨。明洪武十八年（公元1385年）废普定土府，次年降土知府者氏之子为宁谷长官司长官，别令土酋顾兴仁为宁谷长官司副长官。正统（公元1436～1449年）初，者氏率领人于一夜之间迁往水西，朝廷令顾兴仁之三世孙顾为雄任宁谷长官司长官，累传至顾维城。宁谷长官司于清康熙五十四年（公元 1715 年）废除。土司衙门对面山上有一个大坑，深 10 余米，宽 20 米，是当年土司关押“人犯”之处，俗称“天牢”。宁谷土司废除，政治特权虽已丧失，但经济实力仍在。传说顾土司后裔在与兴起的大地主邵氏斗富时，除仿邵氏将谷子一袋袋从家门一直排列到安顺城南口以显示富有外，还在每袋谷子上放银一锭而取胜。宁谷在安顺城（即普定卫城）东南 17 里处。在宁谷长官司辖区的数十个自然村寨中，仅有大五官屯、小五官屯、小呈堡、邓家堡等少数几个军事据点杂处其间，当时设置这些屯堡的目的是对宁谷土司进行监控，成为普定卫防范宁谷土司骚扰、进攻的屏障。因距大本营卫城不远，有强大军事后盾，故上述屯堡得以不被拔除而能长期存在。但又是分别安插在土司辖区内，土司的政治、军事实力随时都会构成对上述屯堡的巨大威胁。屯军军民在严峻的环境里生存，不敢有丝毫懈怠，必须保持高度的军事戒备。即使宁谷土司已废除，但土司的余威犹存，屯军的后裔——屯堡人仍需以团结、尚武的精神维护自己的生存与发展。宁谷屯堡人一年一度会集在一起开展打石头仗的实战活动，就是他们团结、尚武、示威传统历史的再现与传统心态的延续与展示。

打石头仗不仅是一项特殊的节日活动，也被视为一种实战演习，在有的屯堡村寨甚至直接作为一种解决争端的主要手段。今长顺县属的黄家堡与西秀区属的山旗堡为毗邻而又有着世代姻亲关系的屯堡村落。村民平时往来颇为亲密，但常为土地边界、争水放田等起纠纷冲突，导致两村群体斗殴。两村群众发生斗殴时，既非拳脚击踢，也不用刀棍砍打，而是各站一方，相距三四十公尺相对峙，用石头攻砸对方。上阵者皆为成年男子，双方妇女则各在后面捡、挑石头以保证供应。对战时，但闻双方吼声震天，只见或冲上前，或退朝后，猛力攻击，快速躲闪，满天石头飞扬，极为激烈，异常壮观，直战到双方都无力再战时方自动停歇下来，各自扶着受伤者或抬着被砸死者缓缓归去。伤亡一方只怪自己倒霉，各寨自行照料，决不追究对方责任。1968 年山旗堡的生产队队长即在石头战中阵亡。虽然人命关天，最后还是不了了之。每次石头战一停，双方有关老人即焦急地去对面村探望，看自己的女婿是否受了伤。黄家堡与山旗堡两村之间，平时亲情很重，乡情亦浓，但认为集体利益受损时，人们决不为亲情、乡情所制约，会立即站到维护集体利益、屯堡荣誉立场上，毫不犹豫地向对方大打出手，决不相让。“战后”双方又情亲如故，乡情依旧。这两个屯堡村落对立统一的关系已成传统，为其他汉民所无法理解，这个传统常作为一件怪事为人们津津乐道。

三、古老的江南着装

人类的需求多种多样，但归纳起来无外乎是生存与发展。前者是最起码的、低层次的，后者是必然的、高层次的。生存与发展的基本表现形式是生产与生活的基础，生活是生产的目的。不同民族、不同地区、不同时代的人们的生活无论其内容与形式都是既具有许许多多相同之处，又具有许许多多不同之处。相同之处是规律所在，不同之处则显示出丰富多彩。生活的内容与形式因族而异、因地而异、因时而异，是在错综复杂的动态中不断变化发展着的。生活的基本内容可归结为必不可少的衣、食、住、行四大项，其中的衣所指为穿着打扮，即所谓的服饰。服饰于人而言，起着保暖、遮羞、美观、实用和表现身份等诸多作用。斗转星移、改朝换代，人们的生产生活亦随之而不断地发生变化。在历史的演变中服饰的变化尤其值得关注。

中国的封建制度历史在世界上最为久长，发育又最为完整，封建等级观念表现得严密而充分。封建社会里的官与兵，官与民，兵与民，不同级别的文武官员，不同职业的士农工商，其各自的穿着装扮皆有明显区别。服饰成为人们所处的社会地位、从事的社会职业的一种鲜明的外在标志。除了“脱去蓝衫换紫袍”之类少数随着身份的变化服饰亦发生变化外，或因某种特殊原因脱离原生活的民族社区、群体，移居到另一民族的社区、群体中去“变服从俗”者外，通常情况下服饰是不得随意地更改或混淆的。由于服饰是表示人们社会身份的明显而又相对稳定的一种外在标志，是封建统治者稳定社会关系、维护封建礼教、便于统治的一种客观需要。这就使原来仅具有生活属性的服饰不可避免地包含着政治属性，染上政治色彩。每逢王朝更迭，后一王朝所规定、提倡的服饰往往会取代前一王朝通行的服饰。最为典型的是清军入关后，清王朝规定所有归顺男性臣民改穿长袍马褂，皆须剃头，否则就只有“留发不留头”的悲惨命运。长期生活在内地的汉民族，是中国封建社会的主体臣民，改朝换代导致的制度变更对其影响最为直接、强烈而深广，他们在服饰上的政治属性更浓，更要以不同统治者的意志为转移。每当此一王朝取代另一王朝之后，往往出现官易服、民易衣的现象，各个朝代的官民有着不同款式的服饰。汉民族服饰文化的历史内涵，使汉族服饰具有明显的历史烙印、具有明确的时代规定性：汉代的着装与南北朝相异，唐、宋、元、明、清的着装也各不相同。仅就衣着打扮观之，就知其是何朝何代之人。服饰竟然成了识别朝代的一个显形特征。明代江南民众的穿戴是何模样？尽管文献有记载、文物有留存，但十分简略且极为罕见，很难得到详尽、准确、全面、直观的形象。人们万万料想不到在数百年后的今天，在僻处贵州高原腹地的贵州安顺有一支汉族民系——屯堡人居然还保持着明代服饰的基本原型。

由于时过境迁，历经清王朝统治，汉族服饰普遍发生了巨变。清末及民国年间由内地来到贵州的文人士绅，看见少数民族的着装迥然有别，又看见屯堡人的服饰也与内地汉民大不一样。在“不识庐山真面目”意识影响下，竟然将这批穿戴着明朝江南服饰的汉人的后裔错视为少数民族，认为是少数民族中的一种——“凤头苗”，如民国《贵州通志·土民志》谓“凤头苗，惟安顺府有之。此族原系明初征苗来黔，其始祖皆凤阳人也。女子挽髻于顶，与各苗迥殊，俗以凤头苗目之”，虽然已知屯堡人系明初调北征南而来之屯军后代，但因不知其装束乃明代江南汉民着装（因江南汉民服饰于清代已发生了变异），以为是受贵州少数民族影响，改着少数民族服饰，故将其视之为一种少数民族。那么，引起人们如此误解、误称的屯堡人的着装究竟是什么样式呢？

道光《安平县志》卷五载：“妇女青衣红袖，戴假角，以银或铜作细链系簪上，绕发髻一周，以簪绾之，名曰假角，一名凤头笄。女子未婚者，以红带绕头上。已嫁者，改用白带。男子衣服与汉人同……女不缠脚。”光绪《镇宁州志》卷五记：“妇女不缠脚，勤于农事。”咸丰《安顺府志》卷十五载：“妇人以银索绾发髻，分三绺，长簪大环。”《百苗图咏》卷五谓：“男子衣服与汉人同，女子燕尾梳于额前，状若鸡冠……头披青帕，腰系大带，足缠白布，善织带子。”民国《平坝县志·民生志》言：“此种妇女头上束发作凤阳妆，绾一笄，故又呼之凤头笄。”从上述各志书所载可知，清代后期至民国初年屯堡人着装的大体形状为：男子服装已与当时汉族民间通行的相一致，即头围青布帕，身穿右衽大襟蓝布或青布长衫，腰扎布带一条。妇女服饰与当时一般汉族妇女的服饰有别，发分三绺，挽于额前，束以银（或铜）链，绾以竹笄，身着红袖青衣，腰系大带，腿裹白布。清末民初时，屯堡妇女装束发生了变化，主要表现在头饰上。抗战期间衣服的式样也有所改变，主要表现在衣袖上。据平坝区天龙镇年已古稀的陈列先生回忆，幼时见其祖母的头发梳编为中、左、右3绺，全合于脑后，挽为圆髻，髻上横插玉簪一只，直插梅花银笄一只，簪笄交叉于发髻呈十字形。其母的头发虽仍分为绺，但梳而不编，头顶之发直往后梳，两侧之发亦自左右往后梳。3部分头发交于脑后，挽为圆髻，仍插以簪笄。民国年间的妇女，头发不再明显地分为3部分，除两侧少许头发梳为椭圆形将双耳遮住外，其余全部梳向后脑挽髻。

抗战期间，华东、华中大量难民避徙西南，安顺城镇人口骤增。这些移居的外省人之前从未见过屯堡妇女所穿宽袖大衫，感到好奇，常发出“你们是什么族”“是不是苗族”之类的疑问。为避免奇异的眼光和不断回答、解释疑问的麻烦，她们遂将原尺宽之大袖逐渐改为3寸之窄袖。除了头饰与衣袖的上述局部发生改变外，屯堡人的传统装束普遍地保存至今。今天屯堡人的中老年男子，许多人仍然头围折叠手帕或戴毛帽，身穿青布或蓝布右衽大襟长衫，腰系布带，下着青、蓝色大口长裤。青少年男子或穿夹克，或穿牛仔衣，甚至穿上西装。屯堡女子身穿蓝、绿或紫色的宽大长衫，长至小腿。衫为圆领右衽大襟，袖仅至肘。冬季，另用金丝绒制作，长近一尺的袖套一对笼至手腕以保暖，俗称为手笼。襟边及袖口皆镶以花边。花边多以图案化的“寿”字、“万”字组成。腰束宽3寸、长1.4丈，两端有缨穗的腰带，因用蚕丝织成，俗称丝带。丝带环腰而系，交结垂吊于后，长齐膝弯。外罩一条长方形青布围腰，围腰长至膝下。下装为青布长裤，俗称中衣。姑娘的头发额前梳为刘海，其余梳于脑后编为独辫垂至背或腰际。已婚妇女两鬓之发梳遮双耳，呈椭圆形，发端拈为绺向上并入，连同其他头发一起梳至脑后挽为圆髻，套以马尾编成的圆形发罩，围以 3 ～ 6 尺长褶为 4 指宽的白布头巾（露顶、露髻、露鬓），横插 1 支簪于髻上。用棉线绞去额上汗毛并修理眉毛。老年妇女的衣衫多为蓝色，头巾为青色。做客（走亲戚）或节日婚宴，常戴银耳环、玉手镯、金戒指。有的左手所戴戒指多达 4 枚。春冬季节，足穿钩尖平底绣花布软靴。鞋帮绣花滚边，并以长幅布条缠腿（年轻妇女用白布，老年妇女用蓝布或青布），缠腿布条俗称“裹腿”。布条自脚腕逐层裹至膝下。劳作时系一长方形蓝布或一幅青布围腰于前，以防衣裤遭污染。农忙时，妇女背着幼儿锄地或挑担，专用以背幼儿的物件称为背扇。背扇用多层布夹布壳做成，呈长方形，面部绣以几何图案、花鸟和带有吉祥意义的文字。背扇两侧钉上宽长的深色布带。背孩子干活时，将孩子面贴于大人背部，再以背扇包裹全身（仅留出幼儿头部），再将背扇上端两侧之布带分别从肩上往下交叉于胸前，复自两肋后横将背扇系牢。因背扇长宽软硬适宜，小孩由大人背在背上，身体始终处于直立舒适状态，既不耽误哺乳又能从事生产劳动。

屯堡妇女的着装是明代江南汉族着装的传承。因为贵州屯军基本上自江南征调而来。他们按官府规定携带眷属前来贵州屯戍，广大农民被征从军，脱去农装换军装。随军妇女虽从农户编入军户，但毕竟不是在册军人，她们虽住在屯堡之类的军事据点内，仍着原籍之民装。明亡清兴，清王朝强令汉族剃发易装以示归顺，防止其萌发二心。但中国漫长的封建社会属于男权社会，男子在家庭、社会以及政治、经济、文化意识诸领域都处于主导、统治的地位，认为要造反、叛逆的是男子，男子是官府防范的主要对象，因而剃发易装的规定只限于男性。清康熙年间（公元 1662 ～ 1722 年）在贵州实行裁除卫所、并入或改建为府州县后，屯军遂由军人转变为普通民众，即“屯堡人”。屯堡人中的男子则须按清王朝的命令剃发留辫改着长衫，对屯堡人中的女子则无易装要求，故屯堡妇女的服饰能得以保存。屯堡妇女服饰能够保存的更重要原因还在于她们对江南故土的眷念、对江南民风民俗的习惯、尊崇与喜爱，还在于她们的先祖是以军属身份移入贵州，世代聚居在相邻的屯、堡、旗、哨、铺内，人数众多，交往频繁，在思想、感情、民族意识上有着共识，其习俗不易被外界、外族冲击和影响。基于上述主客观原因，屯堡妇女的服饰格调在数百年来能一直基本保持至今。咸丰《安顺府志》卷十五谓，屯堡“妇人以银索绾发髻，分三绺，长簪大环，皆凤阳汉装也，故多江南大族”。屯堡人自己声称她们的穿着打扮式样是老祖宗从明朝时候传下来的。其服饰与南京博物馆收藏的明朝妇女服饰实物相同。据到过安徽边远乡村的同志说，那里还有少数妇女的穿着与贵州屯堡人的穿着差不多。随着社会的不断变迁，明代江南妇女的着装除留存于博物馆作为文物鉴赏外已普遍不复存在，而竟然在数百年后于数千里之外的贵州高原屯堡人中广泛、完整地传承和使用着，不能不令人惊奇、叫绝！

屯堡妇女衣之领与袖所镶的花边俗称辫子。辫子与丝带（腰带）都是屯堡妇女服饰中不可或缺的重要部件，其制作有特定的工艺流程，有特定的代销地。辫子是以各色丝线做原材料编制而成。编制者首先将不同色的丝线分别缠挽于大如酒杯的圆形绕料物上，状如线团，再集各条线之末端束于炕笼顶部正中，各线团依序排列垂吊于炕笼处。炕笼用竹片编为直径约 2 尺、高亦 2 尺左右、底面平口、顶与周围皆是大格空孔状如馒头的拱形物。编者面对炕笼而坐，根据所需花色、纹饰揽丝编织。辫子和丝带皆通称为带子。屯堡妇女所必需之辫子、丝带一般都并非自己生产，而是购自安顺市属之鲍家屯。鲍家屯街上两侧人户，几乎家家都做辫子、丝带的编织业，将所编带子销售给远近屯堡人。由于各地屯堡妇女所用带子都从此买走，故此处有“带子街”之称。但奇怪的是这条街上并不赶场，也未设销售带子的摊、铺。因各处屯堡妇女会根据自己所需带子的色彩纹饰而采取订做方式，届时前来按订货要求取货。

四、花灯与地戏

花灯与地戏是屯堡民间喜闻乐道的民间传统艺术。道光《安平县志》载："元宵遍张鼓乐，灯火爆竹，扮演故事。有龙灯、狮子灯、花灯、地戏之乐。"民国《镇宁县志》卷三亦载，春节期间，"入夜，龙灯、花灯开始出灯，挨户申贺"。民国《续修安顺府志》载："时当正月，跳神的村寨，锣鼓喧天，极为热闹。跳神者头戴青巾，腰围战裙，额戴假面，且唱且舞。"花灯因其表演时载歌载舞，故有唱花灯、唱灯、跳花灯等称谓。又因其多在场地上表演，故又名为地灯。跳神因有剧情，且也是在场地上演出，故又名为地戏。

（一）轻快的花灯

花灯流行于云、贵、川三省，是汉族民间歌舞。贵州花灯全省各地多有，其形式、动作、曲调大同小异。以其各自特色结合方位，分为东、南、西、北四路花灯。铜仁的花灯称为东路花灯，独山花灯是南路花灯的代表，遵义的花灯为北路花灯，西路花灯流行于安顺。东路花灯又称为"转转灯"，尤为重视矮桩动作，并有猴形舞蹈动作。南路花灯不仅在汉族中流行，在布依族、苗族中亦流行。黔南花灯的音乐曲调受到广西"彩绸调"影响。北路花灯受川剧影响大，剧本、服装、道具、表演皆有川剧痕迹，花灯演员中，往往有若干人原是川剧演员。明初，盛行于江苏、浙江、安徽一带的南戏声腔主要为昆山腔和弋阳腔两大类。昆山腔较优雅而步入社会上层，弋阳腔以鼓击节，无定式曲谱，以一唱而众和的形式显得较随意、喧闹而进入民间。贵州西路花灯的基本调式即为弋阳腔及江南民间小调，如西路花灯常用的

《英台调》与江西汉族民歌《采茶谣》两者之调式、音程及旋律都近似。

屯堡人居住的村落，多有花灯班子，俗称为灯班或灯会。民国《镇宁县志》卷三如此表述花灯："此为一种农村娱乐。扎花灯数个，扮旦、丑各一。以一人拉大胡琴，旦、丑唱各种小曲，载歌载舞。"因系夜间演出需要照明，故编扎出若干各色各形的灯笼以示喜庆。这种特定的灯称为花灯。以此灯开道，以此灯围场，在此灯照耀下，跳跳唱唱，内容多是男女情爱方面的俚词俗语，故名"花灯"或"跳灯"。班子的领头人称为班主或灯头。花灯班子通常由20人左右组成，有丑角（唐二）、旦角（幺妹）、负责说吉利话的报子，扮演土地、神仙者，有敲击锣鼓的伴奏者。全部成员均系男子。唱花灯的时间主要在春节期间。有的在春节之外，农历七月中旬也举行。春节花灯从正月初二晚上起，一直玩到元宵之夜。花灯队主要于本村寨内表演。也有通过散帖子给其他村落或人户，表示欢迎接待后也去他村或人户家中进行表演。外出表演遇土地庙时要参土地神，遇寺庙要开山门，至接灯之寨的寨门前要开寨门，到接灯人户门前要盘灯、开财门。表演毕入接灯人家堂屋要参门神。"参土地""开山门""开寨门""参门神"时灯班之人根据所面临的对象唱上相关的歌词一段。如参土地神的唱词为："正月里来正月正，来到贵境参寨神（指土地）。土地公公哈哈笑，土地婆婆笑盈盈。花园姐妹参过后，众姓人等保清平。""盘灯""开财门"则为接灯之家主人在门内，灯班在门外，隔门一问一答地对唱。门内唱着问，门外唱着答，答对了方能进屋。出发前需亮灯，将元宝形、鱼形、虾形、兔形、蝴蝶形、荷花形、白菜形、方形、菱形、球形、走马灯等各式各样灯笼内的蜡烛点燃，一人用一个长竹竿高高挑起，然后在敲锣击鼓者的引导下出发，分作两排行进，表演者走在中间。花灯队来到宽阔场地上演出。演出前有开灯仪式，灯班全体人员在灯头带领下先唱一段开灯词："正月里来正月正，仁宗皇帝闹红灯，皇帝娘娘眼睛疼，许下三十六盏大红灯。"演出时，总是由旦、丑两角结对表演，对唱对跳。丑角称唐二，旦角叫幺妹（男子扮演），丑执扇，旦执帕，边舞边唱插以说白。舞时挺胸、收腹、腰灵、肩松、手腕灵巧。舞步有二步半、快三步、慢三步、四方步等步法。其中，唐二多作矮桩步、飘步，幺妹多作梭步、拧扭步和摇步。表演难度最大的动作是“和板”，即旦角直立边唱边舞，丑角则须半蹲式地左右踢腿唱念“行行走走，走到幺妹家门口，幺妹在不在”之类俚俗风趣的语句，并大幅度地不停转动，异常吃力。手巾有翻、耍、缠等动作，花扇有摆扇、抱扇、盖扇、扑蝶扇、风摆柳扇、胸前立耍扇、圆圈花扇等动作。所唱有《梅花调》《飘调》《闹五更》《打四门》《梳妆调》《问路》《行程调》《二十四孝》《八仙过海》《渔、樵、耕、读》《送夫》《采妹》《绣荷包》《开财门》《劝郎》《杭州打货苏州卖》《拜庙》《卖杂货》《小放牛》《英台调》等数百首。如《飘调》唱词：“一把扇子（嘛）二面青（嘛），南京买来到北京。两姐妹，玩花灯。”“南京城内是雪花儿飘飘，雪花儿飘飘是燕儿高。”唱词内容多为庆贺、劝善、劝孝、戒赌之类，皆以第三人称的形式表述。花灯的唱腔高亢婉转，舞步轻快飘逸，说白以俚俗言语打情骂俏，风趣逗乐。花灯虽然有歌有舞，但非载歌载舞，而是舞时不歌，歌时不舞。歌时，常常是一人领唱，全队和唱，甚而场外观众参与应和。如此一对一对丑角和旦角依次演唱完毕之后，全班合演一场方告结束。花灯表演者不停地舞扇子、玩手巾、扭跳步，使出浑身解数献技献艺，数百上千的观众摩肩擦踵喜笑颜开地指点品评。场内外在灯光笼罩下，在鼓锣伴奏下，人们如痴如醉，一片欢腾，直至深夜。此时，一些人家紧接着前来接灯，邀请灯班全体成员到家中吃夜宵，以慰其辛劳。灯班又在锣鼓声中涌入接灯人家进行朝贺，又吃又唱，祝贺主人家四季平安、五谷丰登，往往唱闹到二更时分方兴尽散去。民间传说“灯从唐朝起，戏从宋朝兴”，俗谓“唐朝花灯宋朝戏，元朝世人看杂剧”。或相传宋仁宗之母李氏流落民间，长期思念儿子伤心哭瞎双眼，待母子相认后于王母娘娘庙前许愿：他日若重见天日，定让百姓大唱花灯，普天同庆。李氏果然复明，宋仁宗为还母愿，许百姓于春节时唱花灯。以前安顺花灯班子须到娘娘庙（今大龙井处）向观音礼拜后才开始演出。安顺北门轿子山、小屯街、袁家屯、吊屯场、单家屯一带是花灯班子最集中的地区。上述村寨的花灯队于每年元宵之夜要汇集到吊屯场一起表演。久而久之，吊屯场便因之被改称为“跳灯场”。

民国《续修安顺府志》所载，演唱者化妆男女若干对，男执扇，女执帕，相对边唱边舞，以月琴、二胡伴奏。词极俚俗，甚得一般民众欢迎。各对依次演完后，全班合演一场。演唱毕，接待之家酬以喜封。此情此景，即屯堡花灯的真实写照。

屯堡花灯，以歌舞为主，其间亦夹有剧情，名之为“花灯戏”。李宗昉《黔记》所录《贵阳竹枝词》有：“板凳条条坐绿鬟，娘娘庙看豫升班。今朝更比昨朝好，烤火连场演下山。”如表现家庭生活、男女情爱的《干妈问病》《刘三妹挑水》等花灯小戏称为“灯夹戏”。抗日战争期间一些文化人来到安顺作抗日宣传，其中的话剧演出，启发了正在安顺中学读高中的方德升、方宏章。他俩是兄弟，是曹家屯人，自幼喜欢花灯，在中学读书期间积极参加文艺活动。1947 年他们改编的花灯剧《洪江渡》首次在曹家屯戏台上演出。这是西路花灯的第一部花灯剧，也是第一次从台下搬到台上演出的花灯。此后他俩带领曹家屯灯班于各屯堡演出，推动了许多屯堡的花灯向花灯剧发展，也由台下移至台上演出。之后，他们为曹家屯花灯班编出《芦花训子》《破碗记》《柳荫记》《金陵记》《朱痕记》《荆钗记》《荒山泪》《十五贯》《梁祝》《生死恨》《碧玉簪》等花灯剧本共 36 个，以安顺为代表的西路花灯盛行于屯堡村寨，其音乐特点为“高腔调”。安顺灯班主要分布在周官屯、刘官屯、旧州、二铺、大西桥、曹家屯、头铺、蔡官屯、颜旗堡、大屯、幺铺、荡上堡、詹家屯、苏吕堡、双堡、左官屯、北汴蔡官屯、小屯、安庄屯、狗场屯、吉昌、云山屯、中所、三铺、王家阮院、郑家屯、跳蹬场等屯堡村寨。每当正月十五或七月十五花灯演出结束之后，全体成员集中到野外跳一场采茶舞之后，举行烧灯仪式。跳花灯所需之灯笼、蜡烛、二胡、月琴、锣、鼓等由屯堡村寨各户集资集体制备，服装和扇子则由演员自备。屯堡村寨花灯的普遍流行，为文艺工作者提供了丰富的文艺创作题材与深厚的沃土。新中国建立后的数十年间，安顺文化馆先后编创出《白毛女》《生死恨》《自由结婚》《送公粮》《锣鼓声声》《范九告状》《卖茶叶》等花灯剧曲调。其中，《幺妹摘菜》一曲曾于《上海歌声》刊发，因被贵州花灯剧团、贵州歌舞团、中央歌舞团、前线歌舞团等专业文艺团体选唱后，在全国广为流传。

（二）庄重的地戏

春节及稻谷扬花的农历七月，是屯堡人唱地戏的时节。春节期间演出的叫“玩新春”，七月演出的叫“跳米花神”。届时，各村寨于锣鼓喧天的场景中将数以百计、千计的男女老幼村民集聚在一起，聚精会神地观看富有神奇色彩的地戏。表演者庄严肃穆，观看者如痴如醉。场内外人们的神情无不随着剧情的发展而发展，转换而转换。地戏又称为“跳神”，其含意在于借助孔武有力的诸神以驱瘟逐魔、祈丰收保平安。因有其固定剧本，演员按故事情节进行装扮，在空地上通过唱、白、跳、打斗等综合艺术进行表演，故又称为“地戏”。道光《安平县志》载：“元宵遍张鼓乐，灯火爆竹，扮演故事，有龙灯、狮子灯、花灯、地戏之乐。”较大的屯堡聚落，往往以大姓为主，建有地戏班子。一个地戏班子称为“一堂”。每堂约有二三十人，全为男性。地戏班子的领头人俗称为“神头”。每一戏班只演一部历史剧，或是《封神演义》，或是《东周列国志》，或是《楚汉相争》，或是《说唐》，或是《杨家将》，或是《说岳传》，或是《英烈传》，等等，其中以《三国》《说唐》及《杨家将》为多。一堂只演其中的部分剧本，全剧演完常需十余天。剧本的脚本多是七言或十言的叙事说唱本，以第一人称表述主人公，以第三人称叙述故事情节。说唱本往往以“自从盘古开天地，三皇五帝治乾坤”这一固定的套式开头。唱词为七言或十言句的韵句，一般均为七言句。如《薛丁山征西》中王不超大战罗通的唱词为：“二家说话翻了脸，拍马前来大战争。双亲并举龙摆尾，二马奔腾虎跳林。一来一往无胜败，一上一下定输赢。”在叙述调兵遣将或复杂情绪时，则用十言句。分段唱词之间常夹用说白，用以转换剧情。扮演的有文、武、老、少、女等五种角色，俗称“五色相”。

地戏演出程序有三。

一曰“开箱”。开箱也称为“请脸子”，或“开财门”。开箱选在吉日举行。戏班子成员穿着戏装列队至保存脸子的寺庙或人家前，在空旷场地上设神案、供祭品（刀头、酒、菜），肃立案之两侧，从屋内将装有面具的专用木箱抬出置案前。由扮演正面主帅之演员于木箱前焚点香纸，咬破一雄鸡鸡冠，以其血点木箱各部位，向木箱跪叩念祝词：“雄鸡点柜头，村中百姓寿白头；雄鸡点柜腰，五谷丰登收满仓；雄鸡点柜脚，财源滚滚福禄多……开箱已毕，百事大吉。”祭毕，演员们列队跨过置有火炭的净水盆表示净身后，开箱取出面具，演员们各自按所扮演的角色取戴额上，列队在前，村民们簇拥至村落之寺庙、水井，或溪流、山林等公共场所燃香纸、放鞭炮，表示驱邪。戏班行进时沿路各户堂屋内设果品等候迎接。队伍在鞭炮声中来到门前，装扮小童者一手执帕，一手执扇，载歌载舞唱四句吉利话后，由正派主帅行逐邪纳吉仪式。主人家即以茶食相敬。

二曰扫开声场。戏班来到演出地时由 2 名扮小童者执扇子、手帕先入，边念着吉祥语边将人群分开，空出演出场地。所念为：“扫开场来扫开场，扫开乌云见日光……扫条大路为跑马，扫条小路好走枪。”最后又念：“和合二神仙，两手把住肩，有人侍奉我，金银万万千。奉请四将下教场。”至此，正反双方各派出 2 将请 2 名童子下场。场地的北面放装面具的箱子——“神柜”及方桌一张。神柜左面置锣、鼓。场地东北和西南各放一张桌子表示正反两方金銮殿或军营，君主或主帅各坐其上。扮演双方成员的演员们分列其侧。表演时演员根据情节出列到场地中央做戏，演毕退场还列，其他演员随之接上，如此据剧情需要进退。神柜后立一根挂有月牙边三角旗的长竹竿，上书某屯某堡地戏班名称，下写年月日。任其迎风招展，让远处人看见，告知正在演地戏。

三曰演正戏，又名之为“跳神”。正式演出是地戏的主要部分，称之为“正戏”。扮演君王者、主帅者端坐场坝之中，各自“出马门”亮相，在唱一段诗文的过程中自报姓名。亮相后开始“朝王”：帝王升朝，文官武将向其叩拜后分列两侧。帝王念“有事出班启奏，无事卷帘退朝”。紧接着一“番邦”使者下战书，君王听后勃然大怒，斩惩来使后即命将帅点兵祭旗出征“番邦”。随着剧情的发展，正反双方角色按剧情安排相继出场。演员们面罩青纱、额顶面具、腰围战袍、背插战旗，手执刀枪（木质），在咚咚锣鼓声中，通过唱、道白、打斗（以杀、打、拼、刺等动作为主）等形式逐一将剧情展开。双方打斗是很认真的。攻者看准对方的头、腰、腿快而猛地砍或刺。守者退避亦须快速，且及时用力挡架住对方的砍刺。反攻时亦然。

打斗之激烈常令围观者惊呼，犹如战争场面的再现，而非轻易比画一下招式就了结的。地戏伴奏仅锣、鼓各一面。演出时，由登场演员主唱，其他未登场者帮腔，以一唱众和形式进行。唱词分上下两句，若每句有10个字，主演者唱上句及下句前半句之6个字后，后4字为合唱，尾音拖长、高挑。所唱基本腔调属“弋阳腔”。“弋阳腔”的特点为“其调喧”“以一人唱而众人和之”“其节以鼓”等。演出结束，进入最后一个议程——“扫收场”。这时演员们按敌我双方各列成弧形队形相对，由扮演和尚、土地神者出唱，唱念驱邪纳吉诗文。双方主帅各带兵将于鞭炮声中绕场3周毕，卸下戏装，杀雄鸡、焚香纸酬神后，用白棉纸包裹着一个个面具放入箱中，送至寺庙、祠堂或负责保管的演员家中，待下次再启用。

春节期间的地戏最为普遍、隆重，通常于正月初三起一直演至正月十五。其间无戏班的村的村民除前来看热闹外，有的还邀请戏班前往该村演出。如新中国成立前，镇宁县四旗堡的地戏到该县的十三旗，到普定县的玉官堡、大窑上，以至到远达60多千米的紫云县白石岩演出过，新中国成立后又应邀到白石岩及六枝的底冈进行演出。龙井铺的地戏班子也先后到刘官堡、镇宁县城和30千米外的陇西进行表演。演一个剧本通常称为演一堂戏。一个戏班只演一堂地戏，一堂地戏往往有若干剧目，像《三国》这一剧本，就包含有“桃园结义”“斩华雄”“战吕布”“吕布大闹凤仪亭”“战长沙”“古城会”等许多剧目。各戏班选演的剧本一般是相对固定的，世代传承。镇宁自治县果寨、龙家寨、龙井铺的传统剧本都是《三国》，和尚堡演的是《薛仁贵征东》（简称《征东》），张胜铺演的是《薛丁山征西》（简称《征西》），花红堡唱《薛仁贵征东》，凯佐、洞口唱《薛丁山征西》，唐基堡唱《四马投唐》，燕旗堡唱《五虎平西》《精忠传》。但个别戏班的剧本也有发生改变的情况。如镇宁自治县张官堡传统的剧本是《罗通扫北》（简称《扫北》），20世纪90年代初则改演《征东》。长顺县的青山（原名六塘堡，后因人口繁衍、住地扩展改名青山）原唱《大反山东》，后改唱《薛丁山征西》。一般一个屯堡村落只有一个戏班，只演出一堂戏（一个剧本中系列性的若干剧目），几个大姓并存的屯堡村落会有2堂以至4堂戏。安顺市大西桥九溪村系由大堡、小堡、后街3部分组成，各有一堂戏。大堡跳的是

《封神·出五关》，小堡跳的是《四马投唐》，后街所跳为《封神·过五关》。四旗堡，顾名思义，其地原住有4个旗的屯军，共有秦、刘、黎、龙、张、苏、邵、尧等8个姓氏。他们每2个姓氏组成1旗，合计为4旗。其中，以秦、黎、张为大姓。故四旗堡的地戏班子有4个。3个大姓各有1个戏班，其余姓氏共组一个班子，每个班子各演一堂戏，民国二十八年（公元1939年）后，合组一个戏班，共演《说唐》《说岳传》2堂戏。

往昔，地戏演毕，装面具的木箱常置于五显庙内。“开箱”“收箱”仪式也总在五显庙内举行。除春节及七月两次群众性、社会性演跳地戏外，一些许过心愿或事业如愿者，常在冬季3个月内选一个吉祥日子，请地戏班到家中“跳神”，俗呼之“庆坛”。庆坛又称为“赛菩萨”。民国《镇宁县志》卷三在表述庆坛情况时是这样记载的：“祭品用羊一、豕一暨鸡、酒、斋饭之属，悬诸神五彩画轴于堂。燃香烛，端公着各种戏衣，戴面具（所扮之神称将军、元帅、仙娘等，皆不可考），载唱载舞（所谓跳神）。佐以锣鼓铙钹，法事三日。有放兵、打老曹、榨磴诸节目。赛神之家，门贴红联，招宴亲友（亲友送礼用鞭炮）。”在这种场合中的地戏，其功能与性质则发生了变化，由社区文艺活动转为为私家服务的宗教祭祀。唱地戏所需之服装、纱帕、背包及木质刀枪等皆扮演者自备，战裙、野鸡毛、面具、鼓、锣等则由各户凑钱，由地戏班子统一购置。扮演者上身所穿之衣和脚下所穿鞋袜都与平常无异，仅扮演文官者穿长衫。武将背上系着方形双层皮背包一个，将四五支三角形小彩旗插于夹层间，再用几支野鸡尾与其间隔相插，下围桶裙或片裙，桶裙长且是百褶，片裙为两大片各盖住一腿。打斗激烈时，背上小彩旗、野鸡尾飞舞，下身裙子飘扬，显出威武气势。裙上绣以图纹，有茶花边。腰上系以绸带并将两端结为球形。清代镇宁乾隆庚午（公元1750年）科解元余上泗在其《蛮洞竹枝词》中写的“伐鼓鸣钲集市人，将军脸子跳新春。凭谁认得杨家将，看到三郎舌浪伸”对屯堡地戏的表演场面及效果作了生动的艺术概括。

地戏面具，俗称“脸子”，乃地戏必不可少的、最重要、最富特色的道具。每一堂地戏都有脸子数十上百面。脸子的形象及面数依该堂戏所演人物而定，总归为文武两类。文者有帝王、文官、道人、小童、小军、歪嘴、和尚、土地、菩萨、账房先生、夹舌头及龙、虎、牛、马、鼠、狗等动物形象。小童、小军都是传令兵。小童属于正派，面为红色，小军属反面，面为蓝色。民间将二者统称为“文将”。武将脸子按年龄性别分，有老将、少将、女将，且又按封建正统观念分有“正将”“反将”之区别。以王朝的将帅为正将；以番邦的将帅为反将。脸子系木质，传统是以丁香木为上。后因丁香日少，渐以白杨代之。之所以选用丁香、白杨，是因其质细柔，易雕琢而不易变形和断裂。脸子系用雕刀雕琢而成，手法粗犷、精细、繁简皆有，但夸张则为最主要的表现手法。武将额须饱满、眉须突出、眼须圆睁、鼻须怒张。其眼、鼻、口之比例往往大过常人之一倍以上，俗谓立眉、皱眼睛。眉毛的雕刻手法着重于“少将一支箭，女将一根线，武将如烈焰”。眼珠的雕刻手法着重在“男将豹子眼，女将弯月亮，少将精气足，文将菩萨样”。嘴唇的特殊表现形式有三：“天包地”“地包天”及歪嘴。前者表现为上齿咬着下唇，以示勇猛；次者表现为下齿咬着上唇，给人以威严；只有老歪（亦称歪老二）的嘴和眼是大幅度地歪咧朝同一方向。在脸子上着色以示褒贬：表示忠勇者用红色；表示刚烈者用黑色；表示奸险者用白色；表示怪诞者用绿色；表示果敢者用蓝色。

脸子的制作十分庄重、讲究。地戏中的正将往往被视为神，人们认为他们有驱逐恶魔之威和赐福纳吉之力。脸子即是神的象征。故地戏脸子的制作在匠人们的心目中是神圣之举，不得丝毫马虎，以免亵渎神灵。在制作过程中，匠人始终以庄严肃穆之情，举行相关的仪式，施以精巧的技艺。每当班子需更新面具时，由神头——班主择吉日至匠人家恭请。匠人受请后又选吉日来到主人家，主人备好香纸烛及茶、饭、米、鸡、鞭炮和红包（俗称利市钱），于堂屋正中安放木马凳。匠人焚点纸、香、烛叩头祭请鲁班师父：“请师敬师。抬头看青天，师父在眼前。弟子焚香请，请到堂前受香烟。阴传阴教师，阳传阳教师，不传自教师，请来堂前受利市。拿起银斧亮晶晶，鲁班赐下来塑神。一塑天地长久，二塑地久天长，三塑荣华富贵，四塑四季安康，五塑五子登科，六塑六畜兴旺，七塑七子带财，八塑福寿康宁，九塑久长久远，十塑金玉满堂。自从今日来塑起，贵境荣华富贵大吉昌。”请师毕，复以鸡祭："日吉辰良，天地开张，今日开工，百事其昌。子鸡子鸡，头顶九宫八卦，身穿五色毛衣。凡人拿你来报晓，弟子拿你做个开工鸡。金鸡点斧头，工作顺利又顺手；金鸡点木凿，工作顺利事不拖；金鸡点木马，百事昌盛财源发。大吉大利，事事顺手。"鸡祭毕，匠人取一截原木放马凳上，用斧砍一下，以凿一下表示"起工"后，即由神头陪其用餐。次日正式开工，先雕正派帅、将、卒，次雕反派人物，最后才能雕君王。在雕关公、岳飞、杨老令公、佘太君等人物时，尤其慎重，不得让孕妇观看，不能让孩子笑闹碰撞，匠人自己也不能随意说话或开玩笑，必须集中精力虔诚而庄重地雕琢。给脸子上色称为"开光"。匠人选一临近之黄道吉日，于一有寺庙之屯堡村落，将新制脸子一起放于神龛前或跳神场地处，依正将在上、反将在下的秩序排列。面向脸子，焚香纸念开光词祭祀："明明亮亮好蓝天，南天门外接圣贤。迎接圣贤无别事，来到人间保平安。手拿香烛敬神堂，黄道吉日来开光。敬请神圣下凡后，保佑贵境大吉昌。"接着掐鸡冠再念："手提一只鸡，就将此鸡说原因。鸡从哪点起，鸡从哪里生？王母娘娘赐下五个蛋，送到凡间来孵成。吃了主人米，费了主人心。大哥飞到天上去，天中明、天中长，取名叫金鸡。二哥飞到峨眉山，山上明、山上长，取名叫野鸡。三哥飞到紫竹林内去，林中明、林中长，取名叫竹鸡。四哥飞到田里去，田里明、田里长，取名叫秧鸡。只有五哥飞得高，飞来弟子手中提。凡人拿来无用处，弟子拿来作个开光点将鸡。雄鸡点神头，贵境辈辈儿孙中诸侯；雄鸡点神心，贵境辈辈儿孙穿朝衣；雄鸡点神脚，贵境辈辈儿孙中高科。点将已毕，百事大吉。"祭毕，将脸子装箱收藏备用。神头陪匠人吃了收工酒后，匠人将祭用的雄鸡、米和红包带走。

一面脸子的制作共分为取材、出坯、白面、上彩、装饰等 5 道工序。将晾干的树干锯为 1.2 尺长之一段圆木，并将其均分为两半作为原材料，将半圆木去皮，自剖口处掏空，放入石灰水中煮沸（防虫蛀），取出去皮正中弹上竖墨线后，分别按头盔、鼻底、嘴之比例（头盔及面部之比为 1:1，额宽、鼻长均为 3 指，鼻至下腭宽为 5 指）横弹出数道墨线，依此雕出面部雏形之粗坯；作精刻打磨；据剧本角色要求涂以颜色；安装上耳翅、镜片，或胡须。头盔及脸子相连在同一块木料上，耳翅是另以小木板雕就，用线穿附于脸子上。脸子的头盔有平盔、尖盔、龙盔、凤盔等不同类型。男将多用龙盔，女将多用凤盔，君王则用龙凤盔。耳翅有龙翅、凤翅、龙凤翅、葵花翅等不同类型。通常男将以龙翅、葵花翅为多，女将则以凤翅为多，“关公”“尉迟恭”用的为龙凤翅。此外，凡属星宿类人物，还以其特定的星宿作头盔装饰。如薛丁山、樊梨花传说是金童玉女转世，其头盔则分别雕刻出金童、玉女；薛仁贵为白虎星转世，其头盔雕以白虎；盖苏文为青龙转世，其头盔的图形为一条青龙；秦叔宝为大鹏星转世，其头盔刻以大鹏；程咬金是打不死的福将，其盔上刻以蝙蝠。经过匠人们倾心专攻和娴熟、精巧的手艺雕制出的脸子，由一段段原木变为一尊尊栩栩如生、活灵活现、充满生机的历史人物形象，屯堡人的脸子成为世界面具文化中不可多得的瑰宝。面具的眼、鼻、口处皆有孔，演员通过孔可向外观察。面具是戴在额上而非盖着脸，必须留出嘴唇，使声音的传播不受阻拦，因为演员们是在平地上表演，与观众在一地平线上，地窄人多，一些人还得站在坡坎上观看，又无扩音器。如此戴面具，便于远处、高处的观众能通过看面具，得知该角色身份，也才易于听清所说唱的内容。

地戏与花灯同是屯堡人社区具有广泛性、社会性、群众性的文艺活动，数百年来于屯堡民间一直盛行不衰。跳地戏、唱花灯的时间都主要集中在春节，都是屯堡人普遍喜闻乐道的民间活动。两者都是有组织有领导地进行，由神头、灯头分别担任组织领导。戏班和灯班都是以屯堡为单元的民间业余文艺团体，其成员都是各村庄的普通农民群众，无宗族关系无师承关系。只要是同一屯堡之男子，喜爱者，无论是何姓氏都可参加，不像傩坛戏有严格师承关系。地戏班里有一两名老人作指导，当指导的老人能背诵剧本，熟悉剧本中相关的打斗情节，以及演出的议程及规矩。他的身份相当于顾问，与演员们非师徒关系。他们演出的场地及其观众都以本村本庄为主，是为本地村民驱疫、纳吉、庆丰和娱乐服务的，演出场所均不在舞台而是在村庄内较为宽敞的场地上。虽有男角女角之分，但其中女角都由男子扮演。其活动经费昔日由该村的公田公土收入开销，或由村民按户凑集。解放后基本上采取按户凑份子的方式提供，演出全系自愿、义务，无任何报酬。

地戏与花灯虽然同是屯堡人所普遍共有的民间文艺，在上述诸方面有着许多相同之处，但它们之间又存在若干相异之处。就表演时间而言，两者均在春节期间，但各自分时段进行，互不重叠。地戏表演均安排在白天，花灯表演全安排于晚上。就表演的内容与形式而论，地戏全是历史上的战争故事，有正反之分、有文武之别、有君臣之等第、有忠奸之标识。其矛盾冲突，随着剧情的发展，通过唱说相关诗文和激烈的打斗拼搏而展开、深化，体现结局。表演从起始至终结的全过程，都贯穿、浸透着神圣、庄严的神情与气氛。花灯表现的内容则为民间的生活情趣、男女情爱，以轻松的小调、诙谐的说白、欢快的舞蹈，以收娱乐热闹之效。就表演目的而言，地戏在于驱邪逐疫祈福，花灯的目的在于庆贺、娱乐。就两者在民间文艺的地位来说，地戏乃屯堡人在特定的时代和特定的社会环境里为了特定的需求所独创的，而花灯则是汉族民间广泛流行的一种文艺形式的传承。

无论是轻快的花灯或是严肃的地戏，其唱腔皆属弋阳腔系统。弋阳腔本是元末明初产生于江西弋阳一带的戏曲声腔，其特点是一人唱、众人和，其声高亢，只用锣、鼓等打击乐器伴奏，明代曾流行于江南。清代以来属于弋阳腔系统的剧种已渐消亡，唯其发源地江西的赣剧保有弋阳腔的一些腔调和剧目。明初来自江南的屯军就将刚刚兴起的弋阳腔引进贵州，并实际运用于原有的花灯和自创的地戏之中，这是在歌舞艺术领域中一种成功的创造。花灯中的弋阳高腔，正适合屯军作为农民一面的朴质、爽朗、粗犷的性格；地戏中弋阳高腔则反映出屯军作为军人一面的英武威严的形象。当弋阳腔剧种基本消失之后，以弋阳腔为基调的地戏却完整地得以保存和发展，以弋阳腔为基调的花灯歌舞竟发展为花灯剧，这不能不说是屯堡人在戏剧领域中的一大贡献。花灯的轻快，反映出屯军作为农民一面日常生活的情趣、交往与追求。地戏的庄严反映出作为军人一面对忠奸、敌我的爱憎分明和顽强拼搏的勇武精神。花灯与地戏分别将屯军、屯堡人现实生活中一紧一弛的丰富内容和谐、辩证地浓缩于这两种密切相连的艺术形式之中。

五、严密的宗族关系

自从有了人，就有了人类社会。社会是人类所独有，为人类所创造，其含义是以共同的物质生产活动为基础而相互联系的人们的总体。人类的生产生活是为了自身的生存与发展，其生产生活绝不是个人独自进行的，每个人的思想、行为都是在一定的群体中传承。群体无论大小与古今，每一群体内的个人都与该群体发生必然联系，构成各种各样的社会关系。社会关系的种类多种多样，有民族关系、阶级关系等。尽管人类社会关系繁多，且在不同时间、空间有着不同的内容及表现形式，但都是由简单到复杂、由低级阶段向高级阶段发展、变化着，即最初为血缘关系，继而发展到地缘关系，最后进入业缘关系，依照这三个层次逐渐进展、运行，不断扩展与复杂化。但不管发展到何种阶段，后一层次的关系并未否定或取代前一层次，即前一层次的社会关系总是继续延伸至后一阶段中，后一层次的社会关系阶段里，往往积淀、掺杂着前一阶段的社会关系，只是前一社会关系的紧密度与功能大小强弱有所区别而已。即使是进入商品化、工业化的当代社会，人类已进入业缘关系的高级阶段，人们的血缘关系及地缘关系仍然广泛存在着，并依然起着一定的作用，尤其是血缘关系的地位和功能还相当明显，人类这一最原始、最基本的社会关系，在屯堡人中的表现是很广泛而突出的。屯堡人的住居、婚姻、家庭、年节、祭祀、宗祠、家谱等方面，无不表明其以族群关系为主线的血缘关系的重要与严密。

屯军被征调来黔时是按照规定携妻挈子一并移驻的，每一军士及其家属一起构成一户军户。卫所依官兵等级就地授予田亩，军户屯田自食。军户户籍归兵部管，以别于属户部管理的民户户籍。军户户籍为父子世袭，不得变更，军户屯田亦世代承袭，不得买卖。兵丁在入伍之前系农民。农民是我国社会人数最多、散布面最广的社会成员。农民及其所从事的职业——农业及其活动的区域——农村是我国封建社会的社会基础。我国农村长期处于自给自足的自然经济阶段，以分散的小农经济为特征。小农经济的生产与生活都是以户为单位独自进行，每户都是一个实行父子承袭制的父系家庭。通常人家是由父、子、孙3代人组成，故一个家庭，实际上是一个以血缘为纽带构成的社会生产生活的基本单元。屯军由农民变为军人，其眷属由农户转为军户后，其家庭的血缘关系不仅不因职业的变迁而被削弱，相反因户籍和赖以生存的屯田世袭而得以延续、巩固，并随着子孙的繁衍、姻亲的联结得以加强与扩展。屯军的后裔——屯堡人虽然历经众多的历史变迁，但其社会的生产、生活直至今天仍然按着血缘关系这条纽带来运行、展开。

屯堡民居，多是一座三合院或四合院，一座三合院、四合院就是一户人家。高大、坚固的院墙将院内与院外截然分离开来，自成一个封闭式的庭院，院内住房按辈分、性别安排。以三合院为例，与院墙朝门隔着院坝相对的称为正房，正房一列三间。正中堂屋两侧为住房，两侧住房皆隔作前后2室，前室为明室，后室为暗室。堂屋设置神龛，用作供奉祖宗。两侧之明室分别作厨房及家人烤火处。暗室之一是父母起居室，另一室为已婚子、媳起居间。与正房两端垂直相交者为厢房，祖父母及未婚子女分住其中。军户代代相传人口日渐增多，根据“树大分叉、人大分家”的原理，子孙成婚后从原家庭中分离出来另立门户。受制于父子军籍相袭的规定，屯堡人一般不得脱离其出生的屯堡，新建的宅居大多以原庭院为中心向两侧或后面逐一延展。于是在屯堡村落内，往往形成一个个以同一姓氏聚居的片区。片区常常是以街或巷为分界线，以同一姓氏聚居的片区称为苑或园。这些片区中有许多是以其主体住户的姓氏来命名，如镇宁丁旗堡沿街分布有郑家园、张家园、沈家园、新园、小井园，其中前3园分别为郑、张、沈3姓的聚落，后两者则为陈氏聚落。平坝饭笼铺（今天龙镇）有小井、新房苑、郑家苑、张家苑、沈家苑。前两者乃陈氏住区，后3者为郑、张、沈3姓住区。有不少屯堡是以初建屯堡时，该屯堡中屯军同一姓氏最多者的姓作为屯堡名称，如安庄卫属之毛旗堡、梅旗堡、陈家堡、侯旗堡、蒋旗堡、牛旗堡、田旗堡、孔旗堡、魏旗屯、廖家堡、董家堡、丁旗堡、郭家堡、桂家堡、皮家堡、白旗堡、龙旗堡、吕旗堡、单家堡、刘旗堡，普定卫属之宋旗屯、颜旗屯、詹家屯、鲍家屯、马家屯、郭家屯、单家屯、袁家屯、郑家屯、甘堡、孔旗堡。还有许多屯堡名称直接来源于率领屯军创建该屯堡的军官——百户，如平坝卫、普定卫、镇宁卫所属之周官屯、刘官屯、王官屯、朱官屯堡、小王官堡、罗官屯、金官屯、蔡官屯、汪官屯、姚官屯、田官堡、夏官堡、贾官堡、庞官堡等，以姓氏作名称的屯堡比比皆是。

从庭院的结构、园苑的形成以及屯堡的名称，我们明显可以看出，小至一家一户，大到一个聚落，甚至整个屯堡都是以宗族关系为主轴来营造的。庭院以石院墙包围，仅留朝门与外界相通；园苑以街巷为界，街口或巷口常设既大且厚的木门，必要时可闭门将街巷封堵；屯堡多有高而厚的石围墙与外界隔绝，仅留门洞若干供进出，必要时可将洞门关闭。屯堡民居、村庄均按防御性功能构造，以宗族关系布局，充分反映出屯军“作战还靠父子兵”这一强烈而鲜明的传统宗族意识。《尔雅·释亲》谓“父之党为宗族”。同一宗族的群体，基于其内在的血缘关系，相互之间于关系上天然密切，于利害上有着诸多关联及共同之处。宗族内部成员之间虽然不可避免地会不时发生矛盾与冲突，但平时联系、交往、团结、互助居多，一般情况下宗族群体的整体利益、力量总是高于、大于局部的冲突与矛盾。尽管不少统治屯军的军官对同宗的屯军也施以欺压，屯堡人中的地主对同宗的佃农也实行剥削，但屯军、屯堡人中的农民始终占据绝大多数，屯军及其后裔屯堡人的宗族链并不因之而中断。宗族关系至今仍为屯堡人所珍惜，仍继续发挥着广泛的作用。

家庭是社会最基本的细胞，也是宗族的最基本细胞。它是以姻缘和血缘为基础的社会生活的最基本形式。我国民间的家庭两千多年来属于父系核心家庭，即主要以父亲为家长，由夫妻及其未成年子女组成。每一家庭成员间必然存在着姻缘和血缘两种关系。婚姻的目的是生育繁衍后代和体现人生特定价值。没有婚姻就不可能产生家庭。生育子女是婚姻的必然产物，同时也是婚姻的重要目的所在。夫妻之间属于姻缘关系，而父母子女间则是血缘关系，其中血缘关系又重于姻缘关系。血缘关系中又以父子关系为重，因为家庭财产、父母未竟的事业与愿望是由儿子承袭，由儿子去继承与实现。因为婚姻是组成家庭的前提条件。

屯堡人对子女的婚姻十分重视，当作其人生的头等大事来抓。做父母的无不希冀自己子女姻缘美满，有一个幸福兴旺的新家。咸丰《安顺府志》卷十五载："男子自十岁至十五岁，父母即为定亲，始议婚。"当儿子进入少年时期，父母就要着手为其婚姻大事操劳了。议婚程序繁琐而漫长，但须按固定的仪式进行。在议婚的全过程中，宗族的意志、作用贯穿始终。儿女的婚姻全由父母包办。父母相定某女，即托请亲友中善于言词者做媒向女家提亲。经多次往返，获该女父母允诺，女家即以女儿生辰八字告知媒人，男家以此与儿子的八字请人合议。八字相合则定，八字相克则否。婚事确定后，男方父母备办布、线、茶、糖及猪肘子一方作礼品托媒人送至女家。女家则正式写出女儿出生年、月、日、时八字交媒人带回。男方备办更丰盛的礼物连同写有男儿八字于左方的鸾书，由媒人送至女家。女家复书女儿八字于鸾书右方，媒人带回男家作为聘证。至此，男女双方的婚约关系形成，即完成了订婚的程序。订婚的当天，男女双方父母各宴请自家的内亲（母亲之兄弟即舅），告知订婚状况。此后三年内，男女两家相互时有来往，并互请对方父兄叔伯作客。若遇年节，女婿须备礼物亲往岳家拜望，女家则回赠以刺绣品等物。

待男女成年，男家父母请人择定吉日为婚期，托两位夫妻健在，儿女双全的妇人押送鸡、鸭、酒、肉、糖、茶、布、脂粉等礼品送至女家，并报送结婚日期，俗称"送日子"。该天，男女双方设宴大请各自的亲戚。婚期之前一日，男方父母将与"送日子"同样的礼物加上猪羊各一头，请人抬送女家"过礼"，女家则以床上盖垫及箱、柜等嫁妆作为陪嫁。婚期当天，男家备花轿一乘，在彩旗导引下，在鼓声、唢呐吹奏声中前往迎亲。与此同时，女家请有"福"之少妇为新娘"上头"——梳发作髻于脑后，穿上红绿色新嫁妆、头盖罗帕，胸前悬挂皇历、铜镜及装有盐、茶、米、银等物的宝瓶。新娘先后向神龛拜别父母后，由其伯叔或兄弟背着，从置于地面的斗上踩过背出家门。新娘之母边哭边赠予吉语送出门上轿。上轿时新娘须放声大哭，以示与亲人痛别。由两位有"福"的中年妇女及两名儿童代表女方送亲。男家于门前置方桌一张，上陈酒果。待送亲队伍至轿停，男方请的两位有"福"老妇一人端盘，一人斟酒敬送亲者，以示接风。接风毕，进入“回车马”仪式：在罩有大伞的方桌上放斗一只，内装满稻谷，上插烛 9 支，陈设剪、戥、麻、镜等物。由熟悉礼规的长者提雄鸡一只掐破鸡冠，以血染轿前后，对轿小声地念道：“红绫高掀，天喜盈门……东方青帝、南方赤帝、北方黑帝、西方白帝、中央黄帝、白虎圣君、六丁六甲……有坛归坛，有庙归庙。无坛无庙，各散四方。吾奉太上老君，敕敕如令！”以此驱邪逐怪，使之退走、回避。小声念后接着高声念道：“钱纸地灰白如云，上下马纸收与五方军马神。五方军马滚回去。下轿，下轿！”同时捏着鸡的两翅根部，提着鸡连续地绕轿顶、轿门、轿杆。礼毕，新娘掀起轿帘自轿内下轿，在送亲者搀扶下缓步走向大门，伫立门前。门槛上放马鞍一副，门槛内置箩筛一张，筛内点有七星灯一盏，待长者念完“眼望一盘鞍，新人到此间。相请新人鞍上过，富贵万万年”，新娘即跨过马鞍、箩筛进入堂屋，与新郎并肩而站，面对燃有大红烛的神龛，公婆端坐案桌两侧，新人在长者主持下行拜堂礼。长者此时所念内容为：“外国进来八宝瓶，新人捧宝进家门。堂上公婆来接宝，富贵荣华万万春。请新郎，请新娘，相请新人来拜堂。今年今月今日夜，请得堂前来成双。女是谁家嫦娥，八宝罗裙四地拖。昨日家中辞父母，今日堂前见公婆。夫妻堂前来结拜，结拜夫妻百年多。铺一条来又一条，谁知路远与山遥。一拜阴，二拜阳，三拜香火进家堂，四拜神灵与祖宗，夫妻相拜百年长。今日拜堂是一周，夫妻二人转回头。房门结彩高挂起，洞房花烛引千秋。”新郎新娘拜堂毕，双双进入洞房。长者拿尺一把、秤一杆随其进入。新郎新娘依男左女右方位并坐床沿，续听长者唱念：“一进门来四角方，鲁班造下好新床。上打黄粱樱桃口，下打夫妻睡得长。十四十五月团圆，周公制礼好姻缘。夫妻洞房来结拜，结拜夫妻一同眠。方巾原是周公造，美女将来头上搭。便将此秤来揭起（同时以秤杆掀开盖着新娘头面的红方巾），朗朗相见一枝花。东边一枝梅花放，西边一枝杏花开。昨夜鲜花在娘处，今日移来一处栽。相请新郎伸过手，慢慢摘下一枝来。一封书信进厨房，传曰杜康造酒浆。洞宾提壶沾美酒，王母将来贺新郎。手指东京一宝瓶，三斤四两敲打成。上打红娘狮子盖，下打玉兔献麒麟。（这时有人用盘端来酒一壶、杯两只，斟满酒送至新郎新娘面前。长者复唱念。）

金杯金盏金谢液，二人同上吃交杯。吃了一杯又斟上，三杯喜酒古人行。二人再饮长命酒，荣华富贵万万春。”新人喝了交杯酒，将余酒洒在地上。是日，新郎家大摆酒席宴请男性宾客，唢呐队于门前吹奏迎送来宾，由家长领着新郎逐桌行礼谢客。宴毕，新郎立于门旁恭送客人。新娘父母同时在家设席宴请亲友。次日宴请女性宾客。新娘父母上午即请人将外家请客所收礼品及新娘在娘家时给新郎舅父、姑父所做之布鞋一并抬送至新郎家，陈列于堂前，设香烛肴馔供奉祖宗。中午，新郎、新娘自洞房入堂屋，双双拜天地、祖宗、父母后，又拜在座的叔伯、姑、舅、姨，再拜其他亲友。亲戚、长辈依辈序一一回赠，曰“丢拜钱”。新娘叫新郎之父母为爹妈时，新郎父母要给新娘“开口钱”。拜完，宴请宾客后，阖家吃团圆饭。新娘依长幼序一一称呼敬酒。夜间，亲友前来闹新房，除青年人外，本家长辈皆可参与，因为有“三天不分大小”的习俗。第三日再次宴请男性宾客，名之“复席”。入夜，新婚夫妇并坐床沿，各将自己前襟拉平，由福寿双全之妇女将新娘带来的宝瓶内之物来回倒入新郎新娘襟内。银锭落入谁之襟，今后即由谁掌管新家财产。全套婚事礼仪至此方才结束。

婚后三日、十日或十二日，女家遣新娘之兄弟设宴接女儿、女婿“回门”，请本家长辈及同辈作陪。新妇首次生产，婆家即备雄鸡一只、红蛋（鸡蛋煮熟染以红色）、核桃各十二个，请人送至娘家报喜。娘家回赠以婴儿衣布、肉、蛋以及雌鸡一只，连同报喜之雄鸡。婴儿出生三天，须以红蛋分送内亲（妻之亲属）。内亲即以蛋、鸡、肉、豆油、布等满月礼相贺，娘家所送为婴儿衣裤、背扇及蛋、鸡。婴儿满月，须请满月酒，以酬谢夫妇双方亲友。婚姻自议婚经订婚至结婚历时数载，议程纷繁，且需大量物力、财力与人力。

婚姻虽是青年人的终身大事，但均由父母包办、媒妁撮合、家族料理，配偶自身无选择权利，平时亦无往来。许多青年男女在结婚拜堂时，新郎新娘还不知对方名字。姨表开亲、姑表开亲现象比较普遍，不像同一区域内其他汉民对表亲婚姻持反对态度。婚配男女双方尚处于少年向青年过渡期，既不懂婚礼的仪规，更不具备所需人、财、物等诸种不可或缺的条件，故儿女的婚事的全过程，皆系双方父母主持操办。其间，祭祖宗、拜父母、宴请亲族等诸般事宜，以至包括初生婴儿的种种礼节，无不在亲戚中运转，种种活动都脱离不了宗族圈。宗族的群体也视男女青年婚姻为大事，都给予关注，热心参与、竞相支持，使婚礼办得光光彩彩、热热闹闹。

老人病故举办丧事，是每户人家的又一件大事，也是宗族的一件大事。丧家固然须要认真操办，宗族成员也都主动参与。父（母）病危，家人须通知远近子孙会集侍候。在其弥留之际即移至堂屋（俗称中堂），扶坐于椅子上待“落气”。气绝，纳银死者口中，家人环哭尽哀后，为之理发沐浴、更衣履，停卧于长板上，以白纸蒙面及神龛，纸钱一束握死者手中。板下点油灯，板前焚纸钱。堂前用木条架接成高两米余、下宽上窄、如塔形的一座灯架。每层置木雕小菩萨若干个，每个菩萨前放油灯一盏（多用小土碗装油，内置棉条灯芯）。当道士念经时，孝男孝女及亲戚中的老年妇女们绕灯架徐徐转动。经念毕，转者亦停，即持亮槁争相点灯，自下而上直至全数油灯点亮为止。灯架上的油灯像灯塔一样将室内外照耀通明。点灯者看着颇高兴，认为灯亮意味着人发、财发。故丧事时燃灯又称“发灯”。请道士制引魂幡（用长竹竿挂屋外侧）、写灵牌（死者牌位）、焚香烛、设酒饭为亡人“开路”。之后由一人带领头顶白纸的孝子至亲邻门前叩头报丧，同时其他人在堂内将死者装棺，待亲友诀祝毕合盖。亲友带香、烛、纸钱来灵前拜悼，孝子跪灵侧逐一还礼。孝婿须抬猪羊前来祭奠，故民间有“猪羊齐备，孝衣拖地”之说。入夜，亲邻毕集，击鼓唱孝歌至深夜，以示“伴灵”，于丧家门前围桌而坐。桌上备有烟茶招待，击鼓为节唱孝歌。敲鼓数声，唱者即以“无人开声我开声，无人接音我接音”这样的句式开头。孝歌内容为《二十四孝》《散花》或《水打兰桥》之类孝行或情爱故事。孝歌是以七言四句形式你唱我接地竞相争唱，如“我散花来就散花，我散对门那一家。大哥出来眨巴眼，二哥出来眼眨巴，只有三哥生得好，眨巴眨巴萝卜花”。除表示对亡人赞美、怀念外多是些有情趣的逗笑，以冲淡悲伤气氛，营造轻松欢快的氛围。歌手们也借此一展歌喉和才智，以此吸引人群，维持与增添守灵的热闹情趣。丧家门额贴白纸，写有“当大事”三字，门枋贴以素联。

次日孝子穿麻衣、麻冠、草鞋，跪灵前。孝孙之孝帕正中贴一小圆形红纸，孝重孙孝帕则贴一小圆形绿纸，以不同颜色表示辈分的不同。亲友送来挽联、彩幛或奠金听念祭文。中午举行“点主”仪式：延请地方上德高望重者或官宦端坐灵前，谓之大宾。孝子捧灵主牌跪向之。一人将孝子手指刺破，用笔蘸指血递大宾。大宾执笔于牌上填写“神主”（“主”字上缺一点）二字。随之宴请前来祭奠之亲朋。入夜在道士或和尚导引下，孝家及其家族人员各执燃香一炷，鱼贯绕棺。绕至灵前需作一揖。道士对亡灵念“救苦经”“开路经”时，孝子须弯腰拄着丧棍（刮皮之木棍，长仅 7 寸，上缠带须白纸）不停地绕棺而行，不得伸腰。三更后，蒸糯米饭一甑，盛三碗供奉，给死者作衣禄饭，余由众人分食。供饭倒入小罐中，放以少许酒药，封罐口称为“凉阴罐”，待葬时埋于棺侧。黎明前，撤灵，移棺门前。

清晨发丧：系公鸡一只站在棺上，同宗亲族于两侧执绋，孝子杵哭丧棒于前，孝女跟棺后，往墓地行进。沿途抛撒纸钱，称为“丢买路钱”。放棺入墓坑（俗称为圹），先由孝子三次背土丢棺上后方垒土掩埋。葬毕归途中不得回顾。至家，道士祷祝后，将封龛白纸揭去，为“安神”。葬后三日，丧家带祭物于新坟前祭奠，称为“复山”。道士念经一通，并写契纸一张埋于坟侧，曰“买土”。

室内设案，置神主牌于上，早晚供奉，连续四十九日。两年后，孝子方去孝服，换着常装，奉神主牌入神龛，门枋换贴红对联。在百日服丧期里，孝子不得剃发，孝女不得扯面。在为时两年的守制期间，孝子不得饮酒划拳，不得坐上席。整个丧事的仪程，都浸透着亲情、宗族情。同宗成员主动参与了绕棺、伴灵、出殡、安葬、复山等主要活动，使丧事隆重而热烈。

婚、丧、生育为人生必经、意义重大的转折与大事，家庭、房族、宗族都予以不同程度的重视。对平常的年节、祭祀，所有亲族群体也不轻易放过，对相关传统习俗热心而虔诚地遵循着。宗族成员认为，逢年过节相互走动、交往是应守的礼规，也是联络、加深情谊的机会和方式。俗谓“越走（交往）越亲”。在生如此，死后也应继续维持。他们认为人是由灵魂与肉体虚实两部分合成的。人死只是肉体的死亡，而灵魂却依然存在。人在生时，是以肉体形式活动于阳世，死后留存的灵魂则活动于阴间。灵魂在阴间仍然需要衣食住行，依然有意志、欲念，甚至有超人力量庇护或作祟于子孙。为了缅怀祖宗的恩情，使祖先在阴世无忧生活，以及为了得到祖先的护佑，子孙后代需适时祭祈。祭祀祖宗的处所分为室内、室外两处。室内是在堂屋神龛前，于堂屋正壁处贴以写有“天地君亲师神位”的长方形大红纸一张，纸下端横搭一块长板，上置香炉、烛台作供案。神位与供案构成神龛。供案下放方桌一张陈列祭品。室外主要在祖坟墓碑前。除夕之夜，各家备办丰盛肴馔于供桌上，焚香点烛燃纸祭享祖先。祭毕阖家围桌吃团圆饭。团圆饭又称年饭。饭后，围火闲聊，至深夜，或通宵达旦，陪老祖宗过年，谓之“守岁”。次日正月初一为新年之始，清晨燃香烛供茶果拜祭天地、祖宗后，儿孙还须向父母礼拜，称之为“拜年”。父母即给未成年的儿孙散发压岁钱。下午到祖坟前焚香纸拜墓。初二日以甜酒、汤圆供祖。十五复陈祭品供奉祖先。若有新坟（未满三年）的人家，元宵之夜须于坟前上灯。寒食节（清明）前一日，请土工修理祖坟，为祖坟添土。坟地通常在屯堡村落之左右侧或后面的山麓、坡脚。墓前皆立有石碑。碑上刻有墓主及其子孙姓名和立碑之年月。

每年清明挂青乃屯堡人各家族十分重视的祭典。首先宗族全体成员用全猪供祭始祖坟（指最早落籍该地的祖宗墓地）。各姓氏在祭始祖坟时人山人海，少者数百，多则数千，热闹非凡。因始祖坟是全宗族都要共祭的，故又有“大众坟”之称。共祭大众坟之后，各房族再分祭各房之祖坟。祭毕，就地垒石为灶，架锅煮饭做菜，各以八人一桌就地会餐。挂青所需费用物资由同宗各户摊纳。每年由三五户承头负责组织挂青活动。专事清明祭祖的轮值形式称为“编把”，轮值者称作“把首”。七月初一至十四日这段时间，称“七月半”。户户月初在门前插香烛迎祖回家，早晚于堂前以香茶糖果酒肉祭祖。十四日夜烧包（用数张纸钱裹为长圆筒，用白绵纸制为长方形纸袋，袋面写上已故三代娉妣名称，五支钱卷平列地装入袋内，封口为一包，如此若干包，专用七月半室外焚祭用），供祖先于冥世使用。对新亡的老人，烧包则提前一日进行。通过年节祭祀表达对先祖的缅怀，并将宗族血缘的亲友，从阳世延续至阴间，从有限引申为无限，达到生与死的联系、阴与阳的沟通。

国之史、地之志、家之谱，分别属于国家、地方、宗族之历史记录。家谱又称族谱或宗谱，起于宋代，盛于明清而流传于今。它记载一个姓氏的世系及重要人物的事迹，并附有忠孝尊卑、戒恶扬善、重本崇文等要求族人子孙遵从的族规。家谱是望族大姓中有权势的士绅长者发起、倡议、组织、集资修纂的。子孙的繁衍、人事的重大变迁到一定阶段，有条件时后代人又在前代的老谱基础上续修新谱，使世系不断、祖宗重大事迹不致淹没。家谱修成，正本由族长家世代珍藏，抄本若干分给各房族长者保管。各家子孙按家谱所定之字辈取名。宗族成员，常据家谱将宗族世系、先祖事迹作为家史、宗族史告知、教育儿孙，使之明谱系、别亲疏、遵礼仪、图上进。屯堡人对家谱的重视、流传，增强了宗族的凝聚力、认同感。在农村的中老年人，尽管其文化程度不同、职业各异，对其宗族的发展、变化很可能不甚了解，但有两点他们是普遍清楚的：一是他们知道其入黔始祖为谁；二是他们清楚自己属于哪一房、第几代。有的甚至直接以房族作地名。如镇宁四旗堡的城堡内，除有詹家苑、吴家院子、肖家苑外还有大房苑、二房苑。它们分别是陈氏长房和二房的聚落。据安顺汤官屯的姜氏族谱所载，其入黔始祖为姜洪，洪武十四年（公元1381年）调北征南来黔，所立字辈为“洪廷大应国，承辅文金朝，发士林尚贤，兴礼义廉洁，思维乃洁然，守正保家箴，有德全其美，恩盛自逢春”，分支于砂锅寨、石龙穹、鹞子岩、吊屯场、沙家马场、猴场等地。据平坝区天龙镇陈氏族谱载，其入黔始祖为陈谀、陈谟、陈信、陈诰四弟兄，原籍南京应天府。后三者分别派驻毕节、贵阳及云南，陈谀留住安平卫之饭笼铺（即今天龙镇之天龙村）。传十代后方定字辈为“日荣怀先德，忠孝家茂兴，国庆开景泰，伦明世永泽”，至今才到“茂”字辈。二世祖的第三子和第六子迁去镇宁之繁化，其第五代孙中有的又从繁化迁去今六枝的则溪、关岭的沙营、普定的大坪地。笔者曾到安顺的大蒙沙做调查，这个苗汉杂居的村寨，苗语自称为“蒙”，称汉族为“沙”，故寨名为“蒙沙”。笔者在该寨调查时，竟发现在这偏僻山区竟有当年屯军将领顾成的后人，更想不到他们还保留着一部《顾氏宗谱》。据六十五岁的顾正沛说，“文革”期间他在供销社工作，某日去看望其叔（其叔系地主，时常被批斗），无意中于其叔家床下的一只胶水鞋内发现卷塞其中的宗谱。为避免发现被当作四旧销毁，冒着危险悄悄带回家秘藏至今。此谱为光绪丙申年（公元1896年）所修，谱谓其入黔始祖顾成为“隶籍江南松江府华亭县人”。洪武十四年（公元1381年）“从傅友德征云南为前锋，首克普定，留公栅以守”，死“葬九溪坝”。“臂力过人，能于陆地行舟”，“来黔子孙之聚族于兹者日愈繁，十三府所在皆有焉”，“吾乡之王宪寨，修文之马家寺，清平之香炉山三支”，“一世至八世因乱谱失，仅闻”，“以初迁小五官屯之九世祖，开我支之宗”，此支所立字派为“自树正名作肇基，走家有本定宗支，德延世泽惟忠孝，亿万年来永若斯”共二十八字。该宗谱记录了顾氏入黔始祖顾成的籍贯、勇武情状、来黔的缘由、葬地。又说明由于长年处于战乱，原有宗谱丢失，顾成的二～八代子孙具体情况已不得而知。只知道是顾成的第九世孙中有顾朝元、朝辅、朝选弟兄三人，朝元为长，朝辅居二，朝选为弟。其中朝辅自小五官屯迁至大蒙沙，故大蒙沙的顾氏儿孙遂以辅为本宗支的始祖，为顾成九世孙的二房后裔。

人多势众的大姓氏，在其聚居的屯堡内还建有宗祠（俗称祠堂），作为同宗子孙供奉、祭祀祖先的处所。以镇宁为例，屯堡的宗祠就很多，如城南五里李广堡的徐氏宗祠、城西北二十二里郭旗堡的李氏宗祠。城西十二里十三族的张氏宗祠，城北十五里雷召堡的王氏宗祠，城北二十二里河上堡的长氏宗祠，城西北十二里张官堡的刘氏宗祠、伍氏宗祠，城西二十五里李广堡的王氏宗祠。镇宁各屯堡中，丁旗堡的宗祠尤多。丁旗堡位于镇宁城西二十五里。《镇宁县志·前事志》载引之《丁旗堡战守纪略》称，丁旗“为附城精华地方，烟火辐辏，田土肥沃，人尚称富庶”。该堡人多地饶、民富，几个大的氏族都建有宗祠：叶氏宗祠、汪氏宗祠、皮氏宗祠、庄氏宗祠。其中皮氏宗祠还有两处。丁旗堡的宗祠就有五姓六处。宗祠内供奉着该宗族历代祖先牌位，为同宗之人祭祖、议事之处所，解放后多已废圮或改作他用。

屯堡人通过住宅、园苑的建筑，将宗族关系稳定于点（家庭）、面（聚落）结合的生活空间内，又将婚姻、生育、丧葬、年节等习俗活动，作为宗族成员间必然、广泛、实质性参与、相互交往的重要时机和特定形式。他们不仅在社会生活中固定的年节和不固定的红白喜事中积极热心地你来我往，还利用祭祖、宗谱、祠堂等形式，将历代已故祖先和在世的儿孙们相联系、相沟通。经由现实生活中家庭、房族、宗族间日常和具体相处，以及围绕同祖共宗这根主轴开展种种意念性的群体祭祀与达成共识，这实与虚的两种渠道不断地定时或不定时地轮番、交叉进行，把相邻区域内的同宗族群体的荣誉感、责任感、信任感及一定程度的依赖感稳定、持续地建立起来，与宗族的荣辱兴衰联系在一起。

六、独特的"方言岛"

语言是人类独有的一种社会现象，是人们用于社会交往的重要工具。不同民族有其不同的语言。民族语言一旦形成，便有着相对的稳定性。因语言具有群体性和社会性，各民族的语言在其群体内代代相传，在家庭、社会的生产、生活诸领域内天天使用，习以为常，不可或缺。每个民族的语言并非一成不变，随着社会生活的发展、变化，以表达、反映社会生活为目的的语言也必然相应地在发展变化，相关的词语、语义必然丰富起来，但语言的基本结构与规律则不会轻易发生变化。一旦语言的基本结构及规律发生变化，那一定是该民族、该群体的社会发生了剧烈、广泛、深刻的变迁，或者是与不同民族、不同群体长时期、大范围错居杂处密切交往所致，或者是被强大的政治权力强行更改的结果。

语言是由语音、语词、语法三要素组成。语音是语言的物质外壳，语词即词汇，是构成语言的材料，语法则是语言结构。语法包括词法与句法两部分。语言就是由语音、语词、语法三者构成的完整体。不同民族有着不同的民族语言。民族语言是民族特征的一种标志。一个民族的语言存在着不同的方言土语。同一民族内不同支系的群体之间，在语言上除总体相同之外，还有一些差异。如苗族的语言就分为三大方言、七个次方言、十四个土语。我国汉族的语言有着不同的区域性，可分为北方话、吴语、赣语、客家语、闽北语、闽南语、粤语等八个方言。贵州绝大多数地区、绝大多数汉族人说的是北方话中的西南官话。在北方方言中又有川黔、黔东南、黔南等三个次方言。而屯堡人的语言则不属北方方言及其所属三个次方言之列，具有鲜明的特性。屯堡语言在屯堡人中传承，在贵州汉语的广泛分布区形成一个独特的方言岛——屯堡话。屯堡话以安顺的二铺为典型，以二铺、旧州、华严、蔡官、长顺、么铺等乡（镇）为中心，延及平坝、镇宁两县的屯堡人中。屯堡话流行于屯堡农村，其所属之县市城镇及一般汉族村寨所说语言则为北方话中的川黔次方言。

屯堡话与流行于贵州各地的北方方言的区别主要表现在语音上。语音是由音高、音强、音长、音质四要素组成。此一声音区别于彼一声音的基本特征即为音质，即声音性质。据音质分析出的最小语音单位称为音素。音素有元音、辅音两大类。发音时，气流较弱，在口腔里不受阻碍之音为元音，反之为辅音。由一个或数个音素构成的最自然的语音单位便是音节。每一音节开头处之辅音称为声母，声母后之音素叫作韵母。韵母常是元音或元音与辅音的结合。屯堡话与流行于贵州各地的汉族北方方言中的川黔、黔东南、黔南次方言在语音上均有不同之处。屯堡话的声母有二十三个，川黔次方言和黔东南次方言的声母只有十九个，黔南次方言声母也只有二十一个。屯堡话的韵母有二十九个，而川黔次方言的韵母有三十六个，黔东南次方言的韵母有三十四个，黔南次方言的韵母有三十三个。屯堡话的韵母分别比上述3个次方言的韵母少七个、五个和四个。与流行于贵州北方方言中的3个次方言相比较，声母比之多，韵母比之少是屯堡话的一大特征。川黔次方言在贵州分布最广，流行于铜仁、贵阳、安顺、遵义、六盘水等地的四十九个县（市、区）。以安顺市城区为代表的川黔次方言与安顺市郊区二铺为代表的屯堡话相比较，城里人的汉语和二铺人的汉语，除声母、韵母的数量有差别外，于声调上亦有别。

音节中能区别意义的发音高低叫声调。声调主要分布在音节的元音上。音节在单说时都有固定的声调。我国语言学界通常采用“五度标调”法作为声调标记。声调之高低系由发音时声带振动之快慢而形成。分为平调、升调、降调三种调型。标记声调的调号写在音节之末尾处。安顺城区与安顺二铺话声调之区别主要表现在阴平和去声上。前者语音的阴平近于高平，记为55，后者之阴平为中平，记为33；前者之去声近于低升，记为13，后者去声为高升，记为35。由于二铺语音去声为高平调，故听起来使人感到屯堡话有音调高、高音多的特色。有卷舌韵母和儿化韵是屯堡话的又一特色。卷舌韵母即卷舌元音。发音时，舌尖向硬腭翘起。如“日头”（太阳）发音的声调为ər^{33}t’əu$^{21-33}$，“昨儿天”（昨天）发音的声调为tso^{21}ər^{33}t’ian^{33}，“马”

发音的声调为 mər^{42}。在讲述一些名词时常带“儿”韵，且儿韵多为高升调的发音。如黄豆说为“黄豆儿” $\text{huaŋ}^{21}\text{tər}$，坟坝说为“坟坝儿” $\text{fən}^{21}\text{pər}^{35}\text{pər}^{35}$。

屯堡话是屯堡人文化信息的重要载体，屯堡人的社会历史、政治、经济、文化都能从屯堡话中得到反映。屯堡民间流传着许许多多的谚语、歇后语和言旨话，都是从屯堡人长期生产、生活中积累、提炼而成的，包含着屯堡人社会历史的轨迹与文化内涵。屯堡人的先民原为江南农民，被征调从军于贵州屯戍后变为屯军，改朝换代后又由军变为民，无论其如何衍变，屯堡人及其历代先民就整体而言都未脱离农村、农业，都离不开对土地的耕耘。农业及与农业息息相关的节令、气象，所谓风调雨顺成为与屯堡人生产、生活关系重大的因素。他们对有关事象认真观察、总结经验，形成谚语，世代相传，作为自己和儿孙能在自然经济基础上生存与发展的一种知识与警示。

谚语是劳动人民长期生产生活的经验总结与概括，具有教训意味，富有哲理成分。其句法上多取对仗式。屯堡人在农事方面的谚语丰富，如“小满不满，干断田坎”“若要棉衣送，吃了端午粽”“白露白茫茫，谷子满田黄”“白露不低头（指白露时谷穗不垂吊，即谷粒不包浆），割来喂老牛”“寒露胡豆霜降多，立冬油菜种不得”“十月无霜，碓中无糠”“早霞不出门，晚霞晒死人”“天上鲤鱼斑，明天晒谷不用翻”“月亮打伞，晒得鬼喊”“盐罐还潮，大雨难逃”“蚂蚁搬家，淋得眼花”。

农业是屯堡人赖以为生的基本产业。屯堡人的农业有相互关联的两大部类：一是种植业，以粮食为主兼有果蔬的种植；二是养殖业，以食用为主的猪的喂养及以役力为主的牛、马的喂养。种植业为主，养殖业为辅。养牛养马主要是为了满足耕种的需要。农业的丰歉直接关系着生活的好坏。要能获得丰收，在正常年景下生产者的知识、技能、勤劳及合理配置起着决定性作用。他们一生的主要精力、体力都投入到农业生产，掌握积累了作物生长、家畜繁衍的相互关系及其规律，将其归纳、总结、提炼为简明扼要、通俗易懂的农谚，代代相传，如“肥是庄稼宝，平时要积好”“庄稼一枝花，全靠粪当家”“要得庄稼好，家肥不能少”“人靠粮养，苗靠肥长”“庄稼不认娘，功夫到家自然强”“要得肥常有，粪筐不离手”“犁得深，耙得烂，一碗泥巴一碗饭”“栽树栽草，人畜两饱”“栽树栽桐，子孙不穷”“房前屋后，种瓜种豆”“家庭富不富，先看宅院树”“桃三李四梨五年，枣树栽下当年钱”“牲口要好，夜草要饱”“牛要满饱，马要夜草”“养猪不赚钱，肥了自家田”。

在生活起居、社交礼仪、人生哲理等方面应注意的思维模式、行为方式的谚语也很多，如“勤勤俭俭粮满仓，大手大脚仓底光”“雪怕太阳草怕霜，过日子害怕瞎铺张”“吃不穷，穿不穷，不会划算一世穷”“新三年旧三年，缝缝补补又三年”“百治不如一防，百愁不如一笑”“不喝隔夜茶，不饮过量酒”“食多伤胃，气大伤身”“狂饮伤身，暴食伤胃”“萝卜上街，药铺不开”“冬吃萝卜夏吃姜，不劳医生开药方”“大蒜是个宝，常吃身体好”“寒从脚下起，病从口中入”“吃药不忌口，枉费医生手”“夏天一碗绿豆汤，清热解毒贵神方”“桃饱李伤人，花红吃了养精神”“三天不吃青，心里冒火星”“瓜果开水烫，吃了把心放”“一顿吃伤，十顿喝汤”“每餐八成饱，保你身体好”“要活九十九，每餐留一口”“笑一笑百年少，愁一愁白了头”“饭后百步走，活到九十九”“不怕慢，只怕站”“学好三年，学坏三天”“人强比不过家什硬”“人正不怕影子歪”“水清无鱼，人恶无友”“手巴掌遮不住太阳，脚底盖不了大地”“坏人好说别人之短，好人喜赞他人之长”“人要忠心，火要空心”“快马不用鞭催，响鼓不用重捶”“吃人三餐，还人一席”“有借有还，再借不难”“帮人帮到底，救人救到头”“无风不起浪，无水不行船”“公不离婆，秤不离砣”“旧的不去，新的不来”“肥肉上添膘，鸡脚杆上刮油”“牛不知角弯，马不知脸长”“马屎外面光，里面全是糠”“会看看门道，不会看看热闹”“跟上好人学好人，跟上端公学跳神”“好人不听狗怂”“人有小九九，天有大算盘”“人怕老来穷，谷怕午时风”“成龙上天，成蛇钻草”“重阳不打耙，讨个老婆不坐家”“有风吹大坡，有事找大哥”“吹牛皮不犯死罪，冲壳子不上厘金”“逢人说人话，见鬼说鬼话”。

除把从生产、生活、为人处事的实践经验中积累到的知识、常识、行为规则用谚语的形式来认识事物、教育子孙之外，屯堡社会还有“言旨话”“歇后语”之类的特殊语言形式，以增添在茶余饭后见面交谈时的诙谐与风趣，在劳累、繁忙的生活间隙带来一点愉快、轻松。“言旨话”是运用四个字构成的成语或俗语，交谈时，只说出前面三个字，故意隐去最后一个字。隐而不说的这个字，正是所要表达此话的意思，听者自然会根据说者话语明明白白地领会该话的含义，起到画龙点睛的巧妙作用。嫩皮细（肉）、粗茶淡（饭）、对河二（面）、剐骨熬（油）、两面三（刀）、班门弄（斧）、风调雨（顺）、儿多母（苦）、八爪金（龙）、四季平（安）、四马投（唐）、三战吕（布）、刘备招（亲）、八仙过（海）、万盏明（灯）、青山绿（水）、乡亲父（老）、哑口无（言）、面黄肌（瘦）、山遥路（远）、定海神（针）、浑水摸（鱼）、大务小（事）、无精打（采）、毛风细（雨）、鸡毛蒜（皮）、挨冷受（饿）等均为言旨话。歇后语的特点是诙谐、幽默而形象，着重于比喻是否贴切、有趣，不在于含义深刻与否。其结构分为前后两部分，前一部分是比喻，相当于谜面；后一部分为本意，相当于谜底，往往用谐音双关语来表达。如泥菩萨过河——自身难保、耗子爬秤钩——自称、蜘蛛爬对子网字——（枉自）、口袋装钉——头多、马尾穿豆腐——提不得、快刀切豆腐——两面讨光、跛脚下田——离（犁）不得、老变婆带素珠——改恶从善、大姑娘坐花轿——头一回、猪八戒过河——倒打一耙、关老爷卖豆腐——人硬货不硬、癞头打伞——无法（发）无天、屠户拉胡琴——油（游）手好闲、穿钉鞋拄拐棍——稳上加稳、屁股夹扫把——尾（伟）大、癞头包帕子——围（危）癣（险）、包公断案——铁面无私、窗户上的白纸——一戮就破、半天云里打灯笼——高明、白布进染缸——洗不清、高山顶上打锣——（鸣）名声在外等，歇后语能让人们在闲谈中感到轻松、带来情趣，也为屯堡人所喜闻乐道。但要能运用自如又恰到好处，是须具备一定条件的。首先要能掌握并熟悉一定数量的相关成语、俗话和通用的专有语句；其次要根据交谈中需要表达或说明有关事物时，能迅速而恰当地从平时记忆里众多的成语、俗话、专有语中抽出与之对应者，用言旨话或歇后语的语言形式将其很自然地说出，这需要平时有较强记忆力，临时又要有较强的联想力。如对人说："我这次去的地方真是山遥路。"听的人就得知这地方很"远"。问人："我这着棋你看如何？"回答"不错，真是半天云里打灯笼"，一听即知是称赞这局棋下得"高明"。在屯堡人的言旨话、歇后语中，有不少是屯堡文化特色的反映。"半天云里打灯笼""高山顶上打锣"体现的是屯堡哨铺等村落附近山坡高耸的地势及于山上放哨、走夜路的现实；“穿钉鞋拄拐棍”，是指冬天、雨天路上冰冻泥泞，屯堡人穿着钉满特用大圆头铁钉的牛皮底鞋行路的状况；“四马投（唐）”“三战吕（布）”“刘备招（亲）”等皆出自地戏的剧本故事。言旨话或歇后语只能在平常宽松、闲聊的生活环境里在同辈人中使用，在婚、丧、祭祖等隆重的场合及老年人面前则是忌用的，否则不仅不会收到活跃、风趣的效果，反而会引起反感，会被指责为不懂事。

大凡使用人口多、分布区域广的语言，其内部都存在着方言的差异。方言是一种语言通行于不同地区而彼此有一定差别的地方话。方言差异，主要表现于语音上，其于语法上的分歧并不显著。在贵州，屯堡人分布较集中而又互为毗邻的安顺等地通行的屯堡话，有着独特的语音，与其他地方的汉语存在着较明显的差异，犹如湖海中突出的一座小岛，故可将屯堡话比作一座“方言岛”。方言土语是区域文化的一个明显而重要的特征，是这一区域的人区别于另一区域的人的一个标志，也是被认同为同一区域者的一种简明自然的根据。语言的稳定性较强，即使长时期远距离地脱离开说同一方言土语的群体，为适应新环境，为了入乡随俗，必然要逐渐学习当地的语言。先是能听懂，继之亦能说。原有的语言虽客观上无机会继续运用，但在家乡时听惯、说惯的语言是不会忘记的，主观上也是不想忘却的。泰国华人很多，他们祖籍多是我国广东、福建、云南等省。泰国对华人实行的是民族同化政策，规定在泰国出生之华人后裔须加入泰国国籍、取泰族名字，入泰国学校说泰语写泰文。故华人的第二代大多数既能说泰语又懂汉语，而第三代仍然知道自己的祖籍是中国的某地，与前往参观访问的中国人交谈时，尽管存在着语言的障碍，还是免不了要流露出一份亲切之情。屯堡话的卷舌音与儿化音比较突出，如将“今天是龙明天是兔，后天外天赶二铺”说成“今儿龙明儿兔，后儿外儿赶二铺”、“吃”读为“痴”、“茶”读为“叉”、“罐”读为“关”、“各”读为“果”、“信”读为“新”、“箩”读为“啰”、“出”读为“楚”、“镰”读为“拈”、“祖”读为“租”、“轿”读为“交”、“石头”读为“尸偷”、“什么”读为“尸妈”，称小石山为“岩包”，称桥孔为“桥洞”。

俗话说“美不美家乡水，亲不亲故乡人”。远离故土之人，在异国他乡乍然遇着同胞、遇见老乡总抑制不住一种思恋故乡的思绪与情怀的激荡。唐代诗人贺知章的"少小离家老大回，乡音无改鬓毛衰"这一名句，涵括了游子思乡的种种复杂感情。由故土到异地，从农村到城市，衣食住行都容易入乡随俗，三年五载可改变，如同当地人一样，而语言的改变却很难，从小所说的母语即使长期不用也是终生难忘的。笔者的母亲出生于湘西吉首龙洞河畔吭纳寨，与家父结婚后辗转定居贵阳。在筑城生活数十年，期间为了谋生，逐渐能说并不准确、流畅的汉语，但一直未能使用自己的家乡话，因为在贵阳不认识说苗语东部方言的同胞。1982 年组织《苗族简史》审稿时，参审的湘西苗族代表团曾推举石美琼同志为代表到家看望我母亲。她俩交谈的大部分时间，使用的都是湘西苗语。后石美琼同志十分感叹地说："老人离开家乡六十余年，竟然还能熟悉家乡话，而且许多属于老苗语，真是了不起！"

语言看似简单，只不过是语音、语词、语法的有序组合，是人们交流思想的工具，其实，语言很复杂，包容量最大、涵盖面最广。语言的词汇囊括着说此语言的人群的认识，涉及事物的各个领域，无论是自然的、社会的，历史的、现实的、未来的，静态的、动态的，定位的、定量的、定性的，虚的、实的，无不以语言符号来为之命名、来进行表达。人们的行为方式往往决定于思维模式，而思维模式又都是根据各种语词的排列组合形式来运转的。人的思想与行为一般是以语言为基础运转的程序或结果，语言一旦改变，其表达思维的符号及程序即会随之发生变化，但原有的思维符号与程序极难中断或改变。新的思维符号与程序的形成，有着接受、积累、掌握、熟练的漫长过程。因此，纵使完全掌握了新的语言，要完全取代自己原有的母语并不容易。这不仅是因为思维在起作用，还涉及人们记忆的本能和思乡、恋故之情愫。故土的山、故土的水、故土的田园房舍、故土的父老亲友的音容笑貌在游子的心里是不易消失的，尽管随着岁月的流逝会逐渐淡薄或被掩藏，倘若一旦有机会"触景生情"，通常会牵引起万千思绪，涌现出亲切之情。屯堡人中有些人或经商或从军在外，常会遇到一些屯堡同乡。为确认是否真是同乡，人们往往通过讲屯堡话来考查、判断。如天龙镇的陈列，解放初期在西南特种兵文工团工作时，组织上派他与一位新同志去炮兵学校挑选一位有文化的士兵来文工团工作。在炮兵学校与一位姓吴的小兵交谈中，小兵自我介绍说是贵州平坝肖家庄的人。陈听后说："你是平坝人，就打点乡谈来听一下。""打乡谈"意为说家乡话。小吴见陈不相信自己是平坝人，既气又急地回答道："你新就新，不新就算嘛！"一下子说出"标准的屯堡话"，意为"你相信就相信，不相信就算了"。镇宁四旗堡城墙开有四个城门，其中南城城门最大，乃出入城的主要通道，也是婚丧必经之地，俗呼为大门洞。大门洞外有三座小石山，洞内有一座三孔石桥。因四旗堡在外做事者较多，乡情观念又比较浓，去找他们攀亲认故者也不少。为防止外地人假冒乡亲捞好处，当地人特根据四旗堡的地形特征用屯堡语编了三句顺口溜："一出门洞三个包，一进门洞三洞桥，桥上面有把尸拈刀。"意为"一出大门洞有三个小岩包，一进大门洞有座三孔石桥，桥上面有一把石镰刀"。这就是将特殊的地形用特有的屯堡话编成四旗堡人老幼皆知的顺口溜，作为长年在外者识别乡亲或寻找乡亲共用的标志的典型例子。屯堡话在屯堡人中成为相互认同的一个标志。屯堡话对屯堡人及屯堡社会而言，具有独特而强大的凝聚作用。

屯堡话之所以能于数百年来一直传承至今，是因为说此方言的人在明代是一个强大的军事集团，这一军事集团一直没有溃散过，其在清代是一个人数众多、屯大堡连且经济实力较为雄厚的群体。这也是因为与之相邻的各少数民族政治、经济相对落后，势力较弱，语言殊异，对屯军、屯堡人不能起到较大的影响，相反有的还受屯堡影响，如居住于安顺二铺境内大石板、燕子窝、黄家庄、云鹫山下寨、小关口、夏官屯、雷屯等许多村寨的苗族在讲汉话时，普遍带有"儿"化音，这批讲汉语带"儿"化音的苗族约有万人之多。明清时期虽陆续从外省移入一批又一批汉族人口，尽管人数越来越多，但住地分散、职业繁杂，其各自的方言也不足以影响到屯堡话。屯堡人不仅在日常生产、生活、对内对外交往等方面都广泛地使用自己的语言，还在群众喜闻乐见、十分重视的花灯、地戏等群众性文娱剧本、排练、表演中使用屯堡方言，接受观众检验，如果语音出现走样，也会遭到非议和嗤鼻。上述种种条件，使屯堡话至今能稳定保持，其方言特征突出、方言体系完整，是我国语言学研究的一片难得可贵的沃土。

七、重农、善商、崇教的风尚

屯堡人的经济基础是农业，屯堡人的商贸活动历史悠久长盛不衰，屯堡人的教育意识强烈而普遍。重农、善商、崇教既是屯堡人的优良传统，又是屯堡人的突出特征，为屯堡人生存与发展奠定了坚实的基础，起着巨大的维护与促进作用。

贵州屯军大多来自江南，即今江西、安徽、江浙一带，在被征从军前，基本上属于农民，在家从事农业生产。三国至南北朝时期，随着政治局势的变化，政治、经济、文化重心逐渐南移，水乡泽国的江南社会发展快，经济文化得以迅猛发展，在全国处于领先地位。他们被征调从军驻守贵州后，虽属于卫所军事编制，专列为军户，但因王朝实行的是卫所屯田制，军士除十分之三驻扎城镇专事守卫征战外，十分之七分布在各屯堡屯戍，一面从事屯田，一面负责戍守。平时农耕，农闲时进行操练，战时担负守卫，即如《天下郡国利病书》卷一〇七所载："天下皆有卫所。守有军，皆可屯……洪武制，外卫军七分屯种，三分备操，盖以七人所种之谷养三人也。"嘉靖《贵州通志》卷三载："贵州自国初置军卫，设屯田，官军三分守城，七分下屯住种。人有定名，田有定额。故田不抛荒，粮无缺乏。"除少数驻城官军专事守卫城池外，大多数军士散布于各屯、堡、旗、哨、铺，以务农为业，兼事戍守、传递军务。明代卫所屯田制是对我国军事制度的重大改革与突破，有如下突出特点：第一，仅以少量部队集中驻扎城镇，而以大量部队分散屯驻于广大农村，呈以卫为中心之网状部署格局。第二，农民被征为军后，须带领眷属共赴屯戍地，即如咸丰《安顺府志·地理志》谓："屯军堡子，皆奉洪武敕调北征南，当时之官，如汪可、黄寿、陈彬、郑琪作四正，领十二操屯军安插之类，散处屯堡各乡，家口随之至黔。"这样，使军士与眷属一起生活，以免除屯军后顾之忧；使戍边军士生活有着落、不单调，除操练、防务及临时征调外，平时与百姓生活无异。第三，每一屯军及其眷属于屯、堡、旗、哨、铺各军事据点内构成一个个栉比而居的家庭，如此既屯且守的家庭称为“军户”。军户不由府州县等地方政府管辖，而编入小旗、总旗，逐级隶辖于百户、千户及卫指挥，属军事编制范畴。第四，军户为世袭制，不仅军士本身不得转为民，就是其繁衍的子孙后嗣仍须代代纳入军户编制，使卫所屯田制成为定制，而非临时性、短期的应急措施。屯军所领之田亦由屯军及其子孙世代使用。第五，屯军组织严密，委有官员专事提督屯田。《大明会典》卷十八载：“令各处卫所，凡屯军一百名以上委百户一员，三百名以上委千户一员，五百名以上委指挥一员，提督。不及一百者亦委百户一员提督。”屯田所产分作“正粮”与“余粮”。以十二石为正粮交纳入仓，作为屯军口粮支取自给，以六石为“余粮”上交作所隶卫所军官之俸粮，供卫所军官及守城士兵食用。并规定交纳“余粮”者有赏，所缴不足者受罚。第六，屯军的任务是既屯且守。贵州土司林立，少数民族众多，各屯堡散布于土司辖区及少数民族村落之间。土司与中央王朝存在着权力冲突，少数民族群众因不堪军政官员的苛虐不时起而反抗，紧急事件时有发生，屯军常处于戒备之中。民国《贵州通志·前事志》载，崇祯六年（公元1633年）朱题仪在其《清理通省新旧田赋》中谓，“剽掠之警一日数报”，致贵州屯军军户，“即承平时，男子荷戈，妇女栽插”。在长期的具有紧繁军务的特殊社会历史背景下，军户的妇女在承担传统的家务外，还须走出家门，担负起本由男子劳作的各项农业生产劳动。汉族的女子与男子同样进行农业生产活动，成为卫所屯田制在贵州独具的历史特色。清康熙年间（公元1662～1722年），裁卫改设州县后，屯军转为民，军户改民户，“军丁耕田纳粮，与民无异”[①]。明代的屯军又变成了农民，他们又世世代代依附于田土上，仍然以务农为生。

多为农民出身的屯军尽管受征从军离开了故土，于远征云南之后留戍在贵州高原，由原来的农民变为军人，其家庭从原来的民户改为军户，但在卫所屯田制的这

① 参见咸丰《安顺府志》卷四十四。

种特殊的军事制度中，在贵州这样特定的社会背景下，其身份虽然发生了变化，其原从事的实际职业却并未改变。除要承担一定的军事任务之外，平常的任务仍主要是务农，甚至连妻女也一改传统，既要沿袭承担家务的传统，又普遍走上田野参与劳作。屯军为了能自给和上缴“余粮”，需重视农时，勤于农事、精心经营分内定额田土。他们把江南修水利、行牛耕、耕作的技术及作物品种带入屯区，促进了贵州农业生产的发展，将贵州很多地区实行刀耕火种的原始农业逐渐带入精耕细作的传统农业阶段。

明代平坝卫、普定卫、安庄卫在今平坝、安顺市市区、镇宁等地。这一带在贵州高原上属于黔中丘陵盆地，地势较为平坦，河流纵横，分别属于长江和珠江水系。源于安顺旧州流经平坝的猫跳河及源于平坝活龙的清水江归为长江水系；源于安顺林哨流经镇宁的打帮河，源于镇宁箐口的清水河，流经平坝的格凸河等则为珠江水系。这一带气候温和，为典型的湿润季风气候区，常年平均气温为14℃或15℃，雨量充沛，适于农作物生长。咸丰《安顺府志》卷十四对此概括为：“安郡地势平衍。夏鲜酷暑，冬鲜严寒。”郭子章《黔记》载，安庄卫“有贺家溪，源出东坡山东……溉田甚广”。弘治《贵州图经新志·镇宁州》载，在十二营东北四十里，“公具河……旁有公具寨，故名。灌溉田亩，居民利之”。《黔南职方纪略》卷一载，安顺“郡以东地势渐平，原田每每，流泉灌注”。《黔南识略》卷六载：安平县“焦家桥河，亦名马路河，两岸水田数千亩，皆资之”。河岸高的田亩，往往以器械提水浇灌。提灌器械主要为竹筒水车和龙骨车。水车是在岸边河下竖木桩横木轴，轴上支撑巨大轮圈，圈上等距离束以众多大节竹筒。轮圈须高于岸。桩之上游筑成喇叭形槽堤，以窄口处对准水车。河水自喇叭口进入，激涌至窄口处推动水车不停地旋转。车轮上的竹筒在一一装满河水后自动倾入枧中，顺枧流入田内。高水位之河流及水不流动之池塘，不宜安置水车，则用龙骨车提水。龙骨车长则2丈，短则1丈。主体为长而窄之木板槽，槽两端装有木轴毂，一毂置岸上，另一毂放塘中，以木块连接之龙骨拴串等距离之方形薄木板套毂上置槽中，用手摇毂柄带动龙骨转动，一块块木板隔留水于槽不断上提注入田里。咸丰《安顺府志》卷十载，镇宁州属之灵龙潭，“潭水流注公具河，两岸水车排列，溉田甚广”，安庄卫西三里之石泉“出石窦中，引流溉田”，与石泉相近之丰泉，“浸灌颇广”。安平县之焦家桥河，河中有水车数十具，灌溉田亩极多。水利的兴修与利用，为农业的丰收与发展提供了重要条件。除靠雨水及利用河流灌溉外，屯军还于低凹处开塘蓄水，于河流平缓处作堰拦水，至春耕田水不足时，提引塘水堰所拦蓄之水以灌田，从而不误农时。稻田耕作须用水牛。水牛力大能深耕；水牛喜水耐水，适宜长时间在水田里作业。贵州主要产黄牛，所养之牛少为耕地而多用作祭祀。屯军初来乍到，农业是以水田种植稻米为主，黄牛只宜耕地不宜犁田。耕牛之不足，影响耕作效率。洪武二十三年（公元1390年）六月，朝廷在贵州置平溪、清浪、镇远、偏桥、兴隆、清平、新添、威清、平坝、安庄、安南、平夷等十二卫，但因耕牛不足，延安侯唐胜宗等奏准以沅州及思州宣慰司、镇远、平越等卫官牛六千七百七十余头，分给屯田诸军。耕牛是农业生产中最为重要的生产工具。用牛犁田，大大增加了耕地的数量并提高了质量，犁得深，所犁数量超过人力之五至十倍。使用水牛耕田，将贵州的农业生产推上新的发展阶段。水牛耕田展现出的高效，为屯军固守屯田、繁衍子孙奠定了较为坚实的物质基础，同时也为以黄牛耕地起到启示和带动作用。贵州山多田少，耕地不足。屯堡人用牛耕田包括两道工序。先是犁田，将板田泥土犁翻，使之疏松。其次为耙田，用耙将凸凹不平的田泥耙平耙碎。如此反复两次者称为两犁两耙，三次者则称三犁三耙。犁得深、耙得细，既便于栽插，更利于作物生长。农谚谓“犁得深，耙得烂，一碗泥巴一碗饭”。屯堡人对施肥也很重视。插秧前须放底肥，用耙将其均匀地散布田中。中耕时又须施追肥，以保证作物生长期的养分。农谚称“人靠粮养，苗靠肥长”。为保证肥料供应，平时注意积肥，外出劳作粪筐常不离手，路见牛、马、狗之粪便即顺手捡入筐内带回。所用之肥为人畜粪便、垫厩之类的草、油枯及草木灰等农家肥。为适应人口不断增多的需要，须于缺水源或较平缓的坡地开垦扩大种植面积、增加粮食产量。旱地的开垦及旱地作物的种植，使黄牛耕地派上用场。水田、旱地皆用牛耕，加速了屯区农业经济的发展。作物品种增多，粮食产量增大，屯军有条件、有精力因地制宜地进行多种经营。

历经屯军及其后裔屯堡人数百年的辛勤经营，屯堡人积累了一系列符合本地特点的知识。他们可据农时及气候的变换安排农活、预测丰歉。如“谷雨播种，小满插秧，小暑耘禾，处暑结实，寒露收获”。麦于“秋末布种，夏秋收获”。“荞种二季，春分前后播种者，小满可收；秋分前后播种者，小雪可收”。“布种五十余日即可成熟”。“红稗于三月布种”，其栽插、中耕及收获期均与稻同，农历六七月间忌干旱，因为这正“当田禾发秀吐华炼浆结实之时，尤宜得雨，晴多则害稼”。“害稼”所指为谷粒不包浆。又“忌寒露太早，则不能成实”。端午晴，芒种雷雨皆主丰年。立秋在六月则减产。他们将气候与作物的生长归纳为农谚便于记诵与掌握，以不误农时、不作无效劳动或作好度荒准备。“春社无雨不种田”“四月初一见青天，高山平地可种田”“夏至逢端阳，扫尽万年仓”“重阳无雨看十三，十三无雨一冬干”“十月无霜，碓中无糠”“八月小，萝卜白菜当猪草；八月大，萝卜白菜当肉价”“雷打雪，田开裂”“芒种打田底开裂，夏至栽秧已上节”“六月六，谷子出”“三伏不热，谷子不结”“立夏不下，犁耙高挂”。屯堡人重视传统，以之指导生产、安排生活，但又不墨守成规。当常年气候发生大的变化，他们看准之后便将栽种时间作相应的修正、调整，使作物生长能适应气候。以稻谷为例，传统是在谷雨后始播种，小满时始栽插，小暑开始中耕，处暑始结实，寒露始收割。由于“近十数年来，气候既催”，农时季节便随之提前：“以春分为早秧，清明次之，谷雨又次之。”当秋收粮食快吃用完，而夏收作物尚未成熟之际，食粮接不上，俗称这段时期为“青黄不接”。平坝、镇宁一带的青黄不接原在六七月间，嘉庆至道光（公元 1796 ～ 1850 年）时这一带“青黄不接在二三月”。玉米俗称包谷，是明代由国外引入我国的旱地作物，其耐旱、产量高、早熟——“较之高粱、小米、豆可早月余”。道光《安平县志》卷四载：“包谷一名玉米。凡种红稗小米必择肥土。其人工及粪亦数倍于农功。若包谷，不论高山峻岭及岩石之中均可种植，功省收倍。而且粘谷一石得米五斗，包谷一石竟可抵食米八斗。味甘养人，略同于稻。故数年之间即遍种于西堡，今各乡亦渐遍矣。”[①] 表明

① 参见曾芸：《二十世纪贵州屯堡农业与农村变迁研究》，中国三峡出版社，2009，第 67 页。

包谷自清代传入后，因其不择地之高低肥瘦，所需劳力及肥料皆少于稗、小麦，且产量高、质量好，便以很快的速度在屯堡社区大范围引进推广。屯堡人于道光年间（公元 1821 ～ 1850 年）普遍种植："近年山上多种包谷，早者二月布种，六月可收成。"包谷引种之后，其优越性日益显著，历民国至今，逐渐取代高粱、小米成为山地粮食作物的主体，取代高粱、小米成为山区农民的主粮。[①] 红稗这一质低量少的粮食品种亦随之日渐淘汰。屯堡人的基础经济是农业，粮食作物是农业中的主体。粮食作物又以水稻为主，稻谷称为谷，有粘谷、糯谷之分，两者品种皆多。咸丰《安顺府志》卷十七载，有早谷名早市香即蝉鸣稻，"粒圆性芳，熟先他谷"；有晚谷，"早秧若缺，则种迟谷以济之"，其成熟期晚，又耐寒；有红谷，谷红粒白，可作食；有羊毛谷，有长毛短毛两种，以"长毛者佳"；有大油粘、麻粘、白谷红粘、白油粘、金包银。另有旱稻，因其耐旱，"可种山地中"。糯谷有黄香糯、白香糯、杉木红、棉花糯、老鸦糯（一名冷水糯）、金钗糯（又名尖担糯）、矮子糯、岩尖糯等。乾隆年间（公元 1736 ～ 1795 年）水稻平均亩产 200 斤，民国年间亩产达 300 斤，到 1976 年亩产达 460 斤。有些老品种，因其量高质优至今仍在使用。如白谷红粘抗旱力强，适于中下等田栽种。香糯糯性强，味香，每亩单产达 700 斤，穗粒达 400 粒。旱稻有白稻、花稻、乌糯、籼糯、红果谷、麻粘谷，山地至今仍在种植，产量每亩达 300 ～ 500 斤。稻谷之外的粮食作物有高粱、小米、麦、荞、稗等。高粱有糯高粱、饭高粱两种，小米亦有饭小米、糯小米两种。麦有大麦（亦名老麦、米麦）、小麦（一名面麦）、燕麦（又名香麦）、谷麦（有壳如谷）等。1946 年安顺么铺、华严等地引进栽种过大洋麦和黄花麦等品种。荞有甜荞、苦荞之分，稗有红稗、毛稗之别。豆有黄豆、绿豆、黑豆、豌豆、扁豆（或称稼豆）、饭豆、蚕豆、豇豆、四季豆等。

除耕种田地之外，屯堡人还于住宅后面或两侧开辟菜圃（俗称菜园），四季栽种蔬菜以佐食。所种蔬菜有青菜、白菜、菠菜、莴苣、芥菜、韭菜、芹菜、黄瓜、冬瓜、丝瓜、南瓜、苦瓜、金瓜、搅瓜（"凿一孔以物搅之有如线然"）、瓠瓜、茄、

① 参见咸丰《安顺府志》卷十四。

葫芦、黄萝卜、白萝卜、慈姑、苋、芋、辣子、大头菜等。佐料有葱、蒜、芫荽等。20世纪70年代安顺的幺铺、头铺和蔡官屯的一些生产队改为蔬菜队，专事蔬菜种植。80年代更扩展至华严、小屯、四旗、宋旗等乡镇，蔬菜种植面积达1.24万亩，以供应城镇需要。

屯堡人还于住房附近种植果树。桃树有黄蜡桃、米桃、胭脂桃；樱桃树有朱樱、蜡樱两种；李树以紫李最佳，俗称麦熟李；梨树有雪梨、沙梨、冬梨、香水梨、棠梨；杨梅有紫、白两种；葡萄有紫葡萄、水晶葡萄两种。此外，还有花红、白果（即银杏）、橄榄等。品种繁多的果树林，既有丰富的水果供食之用，又有装点风景、调节气候之用。屯堡外围或附近山坡上则广植经济林木。所种竹有金竹、慈竹、凤尾竹、紫竹、南天竹、水竹、绵竹和棕竹。所种树有柏、杉、松、白杨、槐、西河柳（俗称三春柳）、冬青、梧桐、椿、楸、枫香、榆、化槁、皂角、枸、漆等。林木以油桐种植为多。民国《镇宁县志》卷三载：“今只须有桐百株，八口之家终岁不愁温饱。”有的屯堡村寨喜种茶。咸丰《安顺府志》卷十七载：“茶，俗名丛茶。谷雨前采者名毛尖，色味俱佳。多出鸡场屯、狗场屯。”卷十四又谓：“安郡四乡及安平所属，近多种茶。其嫩芽如雀舌者，于谷雨前采之。”屯堡人对采茶时间、制茶方法颇为讲究。《安平县志》卷五载：“谷雨采茶，以烈火炮制三次，复用微火焙干之。”① 在谷雨天所采茶经过如此炮制后，“味颇香美”。新中国成立后，于大西桥镇建有安顺地区茶场。平坝建中坝农场，农场以种茶、产茶为主。

平坝、镇宁等地多有白蜡树。白蜡树是一种较容易生长的灌木，河岸边、田坎上、山谷中皆易栽种，不畏砍伐，越砍越易丛生。白蜡虫喜生其上，故名白蜡树。每年初夏时，用十数根长3寸的稻草包白蜡虫壳七八枚，待虫壳大如针孔时，连同所包稻草一并束于树枝上。每树可系虫壳数十或百余个。立夏前数日摘取其壳，可有数碗（约1升）。多者每树收取二三升。按每升壳装为1箱，32箱为1挑。道光（公元1821～1850年）时，每挑值银十五六两至二三十两不等，可获重利，屯

① 刘祖宪：《安平县志》，贵州人民出版社，2019，第130页。

堡人养殖较多。白蜡虫壳大如毛栗，紫红色，壳内之虫细如面粉，每壳可产虫卵数千。摘取之虫壳主销湖南沅州各府。湘商贩去转卖给农民以之放嫩树枝上，长变如花，谓之蜡花。取而煮之，即为白蜡。虫蛋有雌有雄。雄卵温暖易化为虫，于贩运途中飞走。湘贩运虫壳至重安江，雄虫往往飞出，故有“蜡虫不过江”之说。湖南有制蜡技术而无虫种，屯堡有虫种而制蜡技术差，同数量之虫花所制蜡不及湖南之半。故，湖南从平坝、镇宁等地购虫制蜡，屯堡人则养蜡虫作原材料出售之，形成互补关系。“一树可收虫二三斤。”①《黔语》卷下亦谓“利在虫者，曰白蜡树”，“安顺多蜡树，产蜡虫。虫负壳，大如栗。以数枚置树上，壳破虫出，细如虮；延缘枝叶间，雨至匿叶底。秋风动摇，雌者化雄者蛰树肤中……然至夏，大如鸡头，子累累然如树之结实，将遗卵也。于是急摘取之，而布之树蚍之，既尽，则虫无有，而树皆缟矣。割之、鬻之，滓去液留而蜡以成”。

清代至民国年间，镇宁等地的稻田，秋收后不少种植罂粟，不种荞、麦、油菜等小季作物。“水田皆种罂粟”，与小季作物争夺田亩，影响粮食生产，造成屯堡农业一度畸形发展，对广大民众起着严重的毒害作用：“本县昔年盛产鸦片，因之，本地染芙蓉癖者，遍于城乡，几占全县人口半数。”②烤烟于民国年间称为美烟。屯堡地区原无此物，1938年农推所于安顺城东门外试种成功后，次年继于二铺、跳灯场扩栽亦获成功，之后各乡屯亦逐步推广。1954年底省农业厅于安顺举办全省首期烤烟技术培训班，屯区种植面积更为扩大。1987年安顺被国家列为烤烟烟叶出口基地之一，烤烟成为屯堡地区的主要经济作物，双堡、华严、鸡场屯、蔡官、二铺、旧州等地乡镇成为主要产区。其中，双堡种烟面积最大，1988年达3942亩。烤烟品种解放前为佛光、特字400号，一直延种至解放初期。20世纪60年代引种红花大三元和黔福1号，70年代引种春雷3号，80年代引种美国的斯佩特基28、140，北卡82等新的优良品种。

总之，屯军、屯堡人从江南带来先进耕作技术及繁多的作物品种后，结合住地

① 参见《黔南识略》卷四。

② 参见民国《镇宁县志·民生志》。

的自然条件，建立了屯区先进农业的基础，促进了屯区以粮食种植为主、兼有果蔬、家畜、经济作物等综合农业的形成与不断发展。为维护农业生产的发展，为保障庄稼不遭人为的损坏，不少屯堡村落每年五六月农忙完成之际，常由一二人发起，各家参与“吃乡议”，即用打平伙的方式集会，商定乡规民约。大家选一个晴天于村庙中，或村外较宽坪地上，杀猪宰鸡，做饭做菜就地饮酒会餐，商定出庄稼被盗窃及被牛马践踏的防范、监督以及惩处条规。大家同意后，用纸写上张贴于村口，共同遵守。犯者被捉，当众严惩。有的重大举措还刻碑永志。如民国《镇宁县志》卷二所载《十三旗永护森林碑序》说：“环村皆山也，望之童然而濯濯者，非山木之自寇也，非牛羊之牧躏也，亦非土质之跷确不毛也。刊伐之，戕贼之，芟夷而蕴崇之，不闻培壅之道，而日给樵采者之求，地力实难为功也。盖村分数姓，姓各数家，家各一段，段自为主，而人自为政，是以若彼放任也。今年春，集村众而申讨之。议决一致，期以十年，自培自植，勿剪勿败。将来林木蔚然，生气蓬勃，吐纳轻养，调剂炎歊，亦卫生之所宜也。岂徒游观之美，而取材之富也哉。”可惜未见规定的具体条文。但就序言亦可看出，屯堡人不但重视农作物生长及成果的保护，还重视生态环境的保护与培植。“吃乡议”多是各屯堡自行举办，或相邻屯堡间联合举行。民国《镇宁县志》卷三载，议决后张榜昭示，并立竿于村外以示警惕。此竿名为“火竿”。违犯者拿获缚于竿头，在其下燃柴火熏之，此种惩罚名之为“爬火竿”。

屯军、屯堡人主要居住在农村，从事农业生产，过着自给自足的自然经济生活。但因各物产种类及数量多寡不一，有的产品甚丰，自给有余；有的产品不足，难于自给。更由于所产基本为农产品，所需日用百货皆须采购于城镇，而城镇军民所需生活农产品亦赖于农村供给，农村生产发展不平衡、城乡生产分工的差异，要求相互供应，以满足各自所缺，达到互补，物资的交换遂成为社会发展的必然，集市贸易因之应运而生。嘉靖《贵州通志》卷三谓：“居田野者，以耕织为业。处城市者，以商贩为生。务本逐末者，恒相半焉。”《徐霞客游记·游黔日记》称平坝卫“中街市人颇集，鱼肉不乏”，称普定卫（今安顺市区）“城垣峻整，街衢宏阔……市集甚盛”。城镇依街市设置市场，供商贾销售货物。农村则选择人口稠密，交通发达的村寨的宽敞地带设市场，俗称“场坝”。以十二生肖分定场期。每地场坝常以两个时距相等的生肖为场期。届时，附近村民从四面八方前来该场坝进行集市贸易。有的城镇军民亦前来参与。按时到场进行集市贸易俗称“赶场”，如同中原之赶集。明代于安庄卫城白虎山下辟有场市，赶子、巳场，黄果树为午亥场、沙锅铺场为寅申场、江龙场为辰、戌场。明代兴起的集市贸易到清代随着人口的增长、生产的发展，乡村集市增多，贸易物品种类、数量增加。据《安顺府志》卷四载，安顺府亲辖地，城内西街有棉花市，以寅、未日为期。同街之米市，以丑、午为期。米市原在东街后改在北街，亦以寅、未日为期。旧州场期为子、巳，狗场屯场期为辰、戌，大小鸡场屯场期分别为酉、卯。安平县城有城内之平坝、小鸡场、羊场、河场、铺笼场、乐平场、齐伯房场等市场。平坝场以棉纱、棉花和棉布交易为主，“每逢申、卯日，天亮时，妇女俱执棉线，赶黑神庙兑易棉花，至辰时而散。场将散时，及次日早晨，以所织棉布交易，谓之布市”。安顺城专设之棉花市，仅只“妇女各持纱线以易棉花”，棉布的贸易则在布市。据《镇宁县志·地理志》载，清代镇宁州场市在明代基础上增建有州城市之盐场、丁旗场、安庄坡场、新苑场、四旗堡场、阿塘堡场、木冈场、红运场、窑上场、西窑场、元总堡场、烈山堡场、吴胜堡场、张官堡场、十三旗场，民国年间又增设有大山哨场。明清时期赶场以日中为市。上午人们负荷纷沓而来，中午为贸易盛期，下午则相继离去。民国年间，则发展为“四乡凡有市场之村寨，均有附设旅店之家可资投宿”。[①] 城镇商业呈现繁荣。安顺城于清代嘉庆、道光年间绸布店即有 80 余家，乃贵州棉布贸易中心之一，又是贵州西路百货集散地。商贾云集，其势远超省会城市贵阳。清末，绸布业发展为 248 家，湖南、湖北、江西、广东客商来此者络绎不绝。洋纱贸易月达 500 余箱，经此转销黔西北之织金、大定、水城等地，贸易额居全省之冠。民国年间地方商家兴起，1930 年有 35 家洋纱店、35 家干茶京果店、27 家绸缎店、48 家土布店、30 家杂货店、12 家山货店、18 家盐店、21 家药材店、8 家毛绒店、40 家米店、30 家油店。绸布业中还出现了“恒

① 参见民国《镇宁县志·民生志》。

兴益”“恒丰裕”“公合长”“天福公”四大商号。京果铺则出现了“裕生昌”“延兴和”“隆盛新”等著名商号。1948年绸缎、粮食、百货、盐业等27个同业公会相继成立。民国时期，安顺场市发展为旧州、吊屯场（即跳灯场）、幺铺、二铺、大小鸡场屯、羊武、林陇、羊虎场、回龙新场、马路场、蒙浪场、补堆场、狗场、山京场及安顺城之牛场、花街、米街等17个集场。集市贸易农产品以粮食为大宗，次为牛、马、猪、蛋、果、蔬等，手工业品有布匹、针线、盐、酒、锄、犁、刀、剪、碗筷等。场市贸易多在路边进行，赶场者少则数千，多达万余，定期举行城乡物资交易，城乡商贩往来其间。白蜡虫、茶、炒葵花和鸦片为屯堡地区的特色商品。由于“方其将遗卵也，黔人不能尽育，则贩者或担或负，日数百人……穷日夜走施秉”，如此日夜兼程，乃“惧虫之速化电”。据《黔语》卷下所载“辰沅间人亦胥待于施秉争买以归”。白蜡虫在施秉的集散贸易，商贩云集，竟使施秉“遂成一哄之市”。屯堡妇女所炒葵花、壳花生、胡豆、豌豆香而脆，为市民喜好之零食，她们挑至安顺城摆摊零售，改革开放以来，大量进入省城分散贩卖。平坝、安顺城区产茶量大，昔日主要销售于贵州中西部各县，现已远销至东北三省及内蒙古等地。夏季，屯堡姑娘们三五成群，挑着扁平方形浅底竹篮，穿着改进的屯堡上装，整日在沈阳、哈尔滨、齐齐哈尔、海拉尔、呼和浩特等市内沿街贩卖。镇宁所产鸦片称为“镇庄烟土”，“驰名于粤、桂、川、湘等省”，每年运往百色、梧州、南宁、洪江、港、粤等地“尝达数千担”。“每年三四月，收获之后，川、湘、粤、桂等籍及贵阳、安顺等地商邦，即来县城设庄采办。本地数千大小烟商及外县零星商贾，即开始活跃，一时城乡市场，顿繁荣之象。百业贸易，亦随之景气，即苦力辈，均得沾受实惠，不愁生活。”[①] 鸦片贸易是毒品贸易，于社会危害巨大，富了少数人毒害多数人。禁烟后，镇宁商业和集市贸易日趋崩溃，市场逐渐萧条。《黔南识略·总序》在对乾隆时期（公元1736～1795年）贵州各府进行比较之后，分别将其各自突出特点作出扼要表述，认为民间从事集市贸易这一特点最为显著：“安顺所属，则兼多负贩。”《安平县志》

---

① 参见民国《镇宁县志·民生志》。

卷五亦载屯堡“男子善贸易”。

农商并重是屯堡人物质文化的鲜明特色，形成屯堡社会的共识与传统。农业和商贸既是屯堡社会经济的两大基石，又是屯堡社会经济稳定、发展的两大支柱。屯堡人的商贸活动就其阶段而言，历经了通过集市贸易，以物易物为解决自身生活所缺、所需到一部分人专事集贸以发家致富，从卖是为了买的产品交换形式发展为买是为了卖的商品交换形式。就其领域而论，从原来仅限于流通领域逐渐扩展为生产领域，使商业贸易与生产活动联成一体，向第三产业的方向发展，即产销结合。明清时期，屯军、屯堡人将其所生产的农副产品中的一部分拿到集场上当作商品出售，以购买自身所需的盐、棉、糖、针、线等手工产品。参加集市贸易的动机是换取生活所缺而又必需的物品。参加集市贸易的时间与次数是依自己日常生活所缺或婚、丧、年节时所需而定，不是每逢场期都前往参与。参加集贸的空间范围，除少数人参与购取白蜡虫贩运至施秉转销湖南外，基本固定在本屯堡的场市或方圆数十里能够早去晚归的集市。

清代后期至民国年间，随着社会生产的发展、社会交往的扩大，屯堡社会在原有的集贸活动基础上逐渐进入商贸活动领域。具体表现为一部分人从农业中游离出来，专门从事商贸；除有若干赶“溜溜场”的小贩外，还有少数行商坐贾出现；商贸的项目增加，商贸的区域往往从屯堡方圆数十里，扩展至外县外省。镇宁四旗堡本身即有场市，以牛日、马日为场期。周围20里范围内的村寨按时前来赶场，每场赶场者达千人。场上货物主要是酒、肉、蔬菜、米、生猪、农具等。四旗堡的人除参加本场的集市贸易外，有的人专门以赶场为业（即赶“溜溜场”），从此地场市上收购货物到另一场市上出售，从中赚取两地不同的价差（即从此场市以低价购入到彼场上以高价转卖）。他们将食盐挑至120里外本县的募役、关岭的花江、以至更远的贞丰的者相、兴义的坣脚等地出售，购买桐油、红糖、棉花、洋纱等回来销售。常年专事赶场者约有20人。镇宁祝英哨、龙井铺的人则到贞丰、清镇、永宁（即关岭）、晴隆以至广西的百色作鸦片与食盐的长途贩卖，从大定（今大方县）瓢儿井买来川盐回本地贩卖。较大宗的货物常以马匹驮运。饭笼铺的沈、郑两家各有10匹马，专门用以驮运食盐。每匹马可驮盐150斤。两家各建有盐仓，以储销盐巴（川盐为井盐，用锅熬制，破为块状运输，有如一砣砣米粑，故名）。

抗战期间，内地大部分被日寇侵占，大量难民涌入贵州。人口骤增，需求品种增多，数量加大，天龙、维特酒精厂应运而生。前者为本地人所办，后者为贵阳人与本地人合建，所产酒精主要供销于香港。运输则由街上郑境元所购的道奇货车承担装运。当时的天龙街上呈现繁荣之貌，有陈氏所开诚康缎铺一片，供应有钱人豪华穿着之需；还出现了两家餐馆，供应牛肉、猪肉粉面，常设肉案有两张，每天出售肉猪两头。商贸的发达使天龙街上的陈中孚体味到商业对社会发展的重要推动作用，曾于门上贴出这样的一副对联："天街中强盛最贵，地球内商务为光。"既抒发了弱国受欺凌的幽怨，又表达了须重视商业的卓见。

安顺云山屯的主街全长580米，宽4.6米，沿街两侧的房屋建筑多带有石头砌就用作售货的铺柜（俗称铺台或柜台），"德生昌"中药铺即是看病卖药的专业铺面。云山屯出产的土布（俗称为"小布"），长4.8丈、宽1.2尺，质优，量大，经由马帮驮运至永宁、金沙、威宁、贵阳等地销售。大坡脚村制作的犁、耙、锄头及剪刀、菜刀、镰刀等农具质优美观，深受民间欢迎，主销镇宁、紫云、望谟一带。石龙湾有马店（12匹马为一店）作为马帮专为商号驮运盐布、棉糖等往返于昆明、重庆、綦江、柳州等。

安顺的鲍屯（即鲍家屯）是屯堡人特需商品的生产地与销售地。屯堡妇女不可或缺而又十分喜爱的、成为屯堡服饰重要标志之一的丝带从这里产销。鲍屯不仅是屯堡丝腰带唯一的产销地，其交易方式也很独特：不是先生产出成品供所需者选购，而是根据所需者对质地、式样、期限、价格的要求，供需双方商定后再行生产制作，届时付款取走。尽管有"带子街"之称，但看不到寻常市场上供需者云集，即买即卖的集贸现象，而是以于街上各家内作订货加工的形式不定期地进行交易。位于安平县署门前的平坝场，以申、卯两日为市期。咸丰《安顺府志》卷七载，"每逢申、卯日天亮时，妇女俱执棉线，赶黑神庙兑易棉花。至辰时而散。场将散时，及次日早晨，以所织棉布交易，谓之布市"。平坝卫城里的妇女在同场期之内连赶两次场，即天刚亮时以所纺棉线上市兑换棉花，将所交换的棉花带回后，又赶紧将所织之布匹运上市出售，当天卖不完第二日早上又拿去卖，如此形成一个独具特色的场市：集市贸易的开市时辰特早，不像一般的“日中为市”，而是天一亮即开始交易；交易分时段，黎明至辰时（早上 6 ～ 8 时）限于本地棉线与外来棉花交易，然后开始布匹上市，布市不仅以当场为限，还可延长至场期过后之第二天清晨；屯堡妇女在赶场这天是以不同身份入市，先是以生产者的身份用产品换回棉花，属于买方，接着将自己的布匹作为商品到场上出售，又变成了卖方；既有半成品棉线与棉花的交换，又有棉布这一成品的贸易，名为布市，却是棉系列品的集贸。这种集市内容和现象在当时是很少见的。

屯堡人重商的经济意识与行为在计划经济的年代里受到抑制，经商曾被当作“资本主义尾巴”来割。有的地方甚至强行禁止集市贸易。如宁谷、头铺、高寨、华严等公社革委会曾出动武装民兵堵截赶场农民，没收入场交易的农副产品。仅头铺公社就没收锄头、撮箕、木桶等农具 6000 余件封藏于供销社仓库内。除极少数小摊小贩有所保留外，所有个体工商业者荡然无存。人们又重新回到单一的“日中为市”的集市贸易环境中。在国家实行改革开放政策，从计划经济向市场经济转变这一历史性转变的新时期里，屯堡人重商的传统真正有了用武之地。商贸经济活动在屯堡社区得到大幅度、快速的蓬勃发展。祝英哨的屯堡人虽仍以务农为主，但沿街已开设若干烟酒店、百货店、餐饮店，有的人户每日磨制豆腐，就地供应人们食用的需求。基础产业——农业也发生了质的变化。该村耕地旱地多水田少，过去无论旱地水田都以种植粮食为主，系单一的粮食种植业。现在他们仅以水田种植粮食，采用杂交稻种及实用农业科技提高粮食单产，以保障粮食自给。旱地则改作菜地，因其旱地多为沙土，所种红苕（红薯）、萝卜等品质好。红苕为白心，煮熟后不稀软，味如板栗。当日吃不了次日再回锅煮热，其皮依旧不破裂。所产萝卜既甜又脆嫩。20 世纪 80 年代引进山东的青头萝卜与村地萝卜杂交，遂得出下白上青各半截的新品种萝卜，既保有甜脆嫩的品味，又有美观的外形，重量也大为增加，每个萝卜重达 3 ～ 6 斤。沙质土与新科技使祝英哨所产红苕、萝卜驰名遐迩，曾经他们用鸡公车（独轮木车）装运到关岭、镇宁县城销售，近 10 年来，变为了关岭、镇宁等地开车来收购运走，冬腊月间甚至会运到贵阳的三桥以至深圳批销。由于供不应求，近年来他们将地多人少的邻村——白马哨（布依族村寨）三分之一的土地以每年每亩百元租金的价格租来专种红苕与萝卜，扩大优质农产品的产销，红苕、萝卜两项的收入远远超过粮食的收入，逐渐向“人尽其力，地尽其利”的方向有效发展。

龙井铺人在用商品意识指导的商贸实践的过程中，经历过曲折的道路。20 世纪 80 年代初期，粮食定量制尚未取消。“民以食为天”，他们认定做粮食生意最有市场。在农闲时，许多男性劳动力去龙里、贵定等地火车站附近收购粮食，运至贵阳、安顺等地转卖，得到一些利益。但定量制取消、粮食市场开放后，粮食已非紧俏商品，贩卖粮食之道已行不通，他们改为买种猪育猪崽出售，全村有 20 户经营此道。干了几年因广大农村粮食增产，许多农户都有力量养殖 1 ～ 2 头猪，猪已供过于求，生猪贸易又只得中止。龙井铺人不畏挫折，也不满足于传统农业，他们将视角转向了酒。在国营酒厂纷纷转向生产瓶装酒、面向城镇争创名牌高价酒的竞争，而忽略、让出了低价散酒的乡村市场时，他们紧紧抓住了这一有利时机兴起了烤酒业。许多人家办起烤酒作坊，每家一天可酿制 45 度白酒一缸，待场期运到场坝上出售，颇为畅销。酒价从 1.3 元 / 斤涨至 3.4 元 / 斤，收益可观。且酒糟又是很好的猪饲料，既可盈利又得到丰盛的饲料发展生猪养殖，可谓一举两得。农副业的齐头并进，提高了龙井铺人的经济生活水平，1992 年龙井铺获得了“小康村”的殊荣。然而好景不长，龙井铺人在镇宁自治县率先兴起的烤酒业取得的经济效益与荣誉，对附近村寨起到启示和带动的作用。丁旗堡、烈山堡、寨坡、大山哨等村寨亦纷纷仿效，也都争相烤起酒来。尤以丁旗堡最突出，该村人多、本钱大、烤酒规模大、产量大。上述各村的酒相继涌入市场。龙井铺的酒在集市上渐被排挤，烤酒业也随之处于萎缩状态。当然，养猪、烤酒仍起着龙井铺经济的支柱作用，但已不那么挺拔了。在市场经济竞争激烈的今天，龙井铺人下一步如何走，目前尚无定论。村领导虽未看准今后村民发展的新目标，但龙井铺人并未灰心、并未停步不前。在 130 余户人家中，有 60 余人外出打工，走出山区，到广州、云南、河南、上海等大中城市谋求易地发展。时任村长王怀国，中学文化程度，喜画画，他爱好木雕。他在他家宽敞的石板铺地、石头砌墙的庭院周围种上许多树、竹。树下的围台上陈列着他自己雕琢的鹰、狮、龙、山水、人物等工艺品，曾被有关部门邀去参展，也有一些人前来观赏并愿出高价收购。

天龙镇在发展烟酒、百货、餐饮等日用行业外，还利用本地出产的辣椒加工制作为酸辣子（即糟辣椒）专销昆明，每次发货达 2 万斤。又剥取生猪皮销往贵阳作皮革加工或炸作香脆的响皮食用。

七眼桥镇是安顺屯堡人的一大聚居区，屯堡人口近 6 万，他们分布在头铺、二铺、曹屯、雷屯、吴屯、汤官屯、左蒋屯、郑家屯、两所屯等地。该镇位于安顺市城东 30 里，贵黄公路、滇黔铁路皆从此经过。七眼桥屯堡社区人多寨密、地近城市、交通发达，这里的乡镇企业及商贸业发展犹如雨后春笋般迅猛。左蒋村办起私营造纸厂和砂厂各 3 个。前者将收购的废纸加工为祭祀时焚化的钱纸用纸，后者开山造砂供作建筑材料。村内私人所有的马车 10 余部，拖拉机 4 台、汽车 3 辆，主要为各厂运入原料、运出产品服务。大坡脚则在传统铁加工业基础上生产螺丝、道钉、汽车零部件和剪刀。所产螺丝工艺高，由贵阳汽车配件公司为之经销，销售于云南、湖南、两广等地。而 70% 的农户则设炉制作传统的刀具与农具。石龙湾历史上以马帮著称，现代交通火车、汽车运输量大、时快、价廉，人们无法再恢复已过时的祖业，又不甘寂寞，他们凭借水源好、附近城镇厂矿多且对豆腐需求量大的优势，兴办豆腐业。153 户人家中，90% 以上加工豆腐，使用的是电磨，每小时能磨黄豆 80 斤，年耗豆量 70 余万斤。所用大豆来自东北、湖南，运至安顺，制成豆腐后用自行车、摩托车载到 011 系统工厂区及二铺、幺铺等地出售。豆渣成为最佳猪饲料，各户大都以此养有母猪三四头，所产架子猪常有业主派汽车来收购。

屯堡人的商贸活动经过了在方圆数十里范围内参加定期物物交换的集市贸易到部分人赶转转场（即溜溜场）、远距离购销为业，产生行商坐贾，发展到产销一条龙、工商相结合等三个不同的历史阶段。每一阶段转换与发展皆是社会变化、客观发展所需及屯堡人审时度势及时把握、积极投入与尝试的有机结合所致。屯堡人经久不衰、随机变化的商贸活动，在贵州各地各族中最为突出、最为活跃、最为广泛、最具成效，于农村区域经济的推动与发展作用巨大。所以能有如此成就，根源其善商传统。屯堡人的商品意识强，且具有群体性、社会性。这一意识的形成既非权力机构的灌输，亦非乡绅耆老之倡导，而是历史格局造成。屯堡人的先祖多来自江南，南北朝以来的江南是我国经济生活最为繁华的地区。扬州、金陵和苏、杭等众多都邑的繁华无不远近闻名。在农业、手工业发展的基础上商业随之而大有发展。屯军们在原籍时的耳濡目染留下深深的烙印。他们被征调贵州后，以屯、堡、旗、哨、铺的编制集团性地分散屯戍，寓兵于农，种粮食以自给，制刀枪以供军需，以剩余产品换取所产之不足，投入市场之所需。屯堡之间相距十数里、数十里，守卫相望、互为犄角、信息相通。军情的需要、部署，互为声援，交往频繁、信息灵通。人际交往突破了宗族姻亲交往的狭窄范围，交往内容也超出了亲朋应酬的礼节性局限，而带有社会性、务实性。江南繁华的商贸景象与屯堡社区屯防的现实需要相结合，为屯堡人奠定了商品的意识、提供了从事商贸的基本条件。屯堡人农商并重意识的形成是我国农民经济意识的一大变化与发展。一改统治我国千百年的以农为本、以商为末的观点，摆脱了重农抑商经济思想的禁锢，使经济意识适应于社会经济运行的规律，从而使社会经济丰富、活跃起来，促进农村经济的协调发展。屯堡人的商业意识有两大特点：一是善商而不弃农，实行农商并重。仍然一贯坚持以农为本，视农业为自己的根本产业。在发展粮食作物的基础上，开展多种经营，使农副产品在自给之外形成大量的商品，起着发展农业、繁荣农村、富裕农民的积极作用。二是从事商贸活动者不仅限于男子，众多的妇女也投身其中。她们既是传统集市贸易的主体，又是商贸领域中一些行业的主力与尖兵。

集市贸易的主要从事者，又是某些商贸项目的唯一经营人。如在安顺城内、在贵阳街巷摆摊卖盐葵花、炒壳花生的众多屯堡人全是身着屯堡服饰的妇女，到东北、内蒙古一些大中城市里挑担走街卖茶叶的众多屯堡人，又全是穿屯堡便装的姑娘。妇女成群外出从事商贩活动，展现出屯堡女性的开化、胆识与非凡的能耐。这无疑成为屯堡社会文明进步的重要标志。

如果说重农善商是屯堡人物质文化或技术文化的重要特征的话，那么屯堡人精神文化的重要特征则是崇尚教育。在我们统一的多民族国家里，形成多元一体的民族构架。汉族人口最多，是我国的主体民族，也是我国社会经济文化最为发达、先进的民族。自从汉武帝罢黜百家独尊儒术以来，儒家思想便一直占据着统治地位，为历代统治者所推崇并要求臣民遵循。儒家思想在广大汉族民间亦留下深深的烙印而代代相传，正如马克思、恩格斯所说的那样："统治阶级的思想在每一时代都是占统治地位的思想。"儒学创始人孔子是一位伟大的思想家，同时又是一位伟大的教育家。他开了我国私人办教育的先河，他的门下有"三千徒众，七十二贤"。儒家思想着重于礼教，讲究个人素质的修养与提高，讲究家庭和社会伦理关系的协调与规范。这些都不是"生而知之"的，是后天不断学习所致，而教育则是最重要、最基本的一种学习途径。古代将读书人通称为士。普通百姓按所从事的职业分为四类：士民、商民、农民、工民。先秦时，士被列为四民之首，商民在纵横捭阖的春秋战国时期十分活跃，于政治、经济影响巨大，被列为第二位，排在农民之前。"独尊儒术"之后，四民地位的排列发生了变化。《汉书·食货志》载："士、农、工、商，四民有业。"统治阶级认为"士"是儒家礼教的传习者、信奉者、宣扬者，作用最为重要、巨大，故仍列于首位；农民人数最多，是社会物质财富、人们生活必需品的创造者、提供者，被提升为第二位；"囤积居奇"，买贱卖贵、"富埒王侯"、常喜干预政治的商人具有强大的活力及威慑作用，需予以防范，遂将其降列末位。自从汉代将四民的社会地位调整定位后，农为"本"，商为"末"，"重农抑商""耕读为本""唯有读书高"的思想体系便确立、固定下来。尤其自唐代正式施行开科取士之后，士经由科举中试之后可跃为仕，跻身于统治者行列。科举制遂成为王朝选任官员的主渠道、基本制度。"学而优则仕"，当了官既有权又有钱还能起到光宗耀祖的作用，成为社会向往、追求的一种目标与方向。总之，士在人们的心目中通常是知书达礼，有知识有修养的人，士一旦中了举甚至当上仕，更是家庭、家族以至乡梓的荣耀。而士之为仕不是自然而成的，须通过读书、通过学校教育才能取得这种身份和地位。在此思想意识、社会观念的长期影响下的民众，一般都注重让子孙入学读书受教育，能成士、为仕固然最佳，纵使不行，至少当其长大后也可以做一个知书明理之人，用现代话来说，至少成为一个“有文化的劳动者”。因此，社会上又有“耕读为本”的说法，将劳动与文化作为对普通男性成年人的基本要求。江南是我国的鱼米之乡，经济发达、文化繁荣、教育兴旺，让子孙读书受教育有着广泛深刻的社会传统。“富不丢猪，穷不丢书”成为民间的共识。

经由“调北征南”“调北填南”被征调来贵州的军民，在其屯驻的初期，在新的动荡的社会环境中必然是以军务为重、以屯防为重，一时还谈不上教育。当大局稳定、屯堡定型之后，教育便被提上议事日程，无论上下皆予以重视。屯堡地区相继建立供屯军子弟读书受教育的卫学。洪熙元年（公元1425年）建安庄卫学，宣德八年（公元1433年）又建普定卫学和平坝卫学。后普定卫学改为安顺府学、安庄卫学改为镇宁州学、平坝卫学改为安平县学。清代学校有学田，学田收入专供学校作相关教育的支付。学田多由官绅捐助，数额不等，田、土有差。如安平县学学田来自屯堡者有康熙四十七年（公元1708年）田、张、易、黄、韩诸姓所捐马场堡田土、山场40亩，乾隆八年（公元1743年），郝氏捐旧堡租谷6斗，二十七年（公元1762年）彭氏捐右六九甲堡租谷18石，五十六年（公元1791年）胡氏捐太平哨租谷1石。清代，民办性质的义学（亦称为义馆）也在屯堡社区兴起，据《安平县志》卷六载，安平县设义馆的有猪槽堡、车头堡、六甲堡、饭笼铺、九甲堡、五里屯等。有龙毓淇等义捐毛昌堡租谷28石作义学，唐朝香捐鸡场堡租谷10.8石作义学，周朝魁捐鸡场堡租谷12石作义学，张绍文捐陶官堡租谷20石、张云捐陶官堡租谷33石作义学，廖起奉捐车头堡租谷17.4石作义学等记载。义馆聘请有德行有学问的士子为教师讲授。教师的束脩称为“延师谷”，来自义馆所在屯堡的绅民捐凑，数额亦各有所差。如猪槽堡的延师谷为30石，其余各皆为16石。义馆的开设及馆师薪酬有保障，一些贫寒人户的子弟得以入学受教：“从此寒苦诸生，得资肄业，贫民子弟，各得入学从师。”学校乃官办，均在府、州、县城内，属于较高层次的教育，入学生员须有一定的学业作基础及相当经济条件作支撑，多属青年人，故贫苦民众的子弟大多不能入学受教。义馆（义学）则系初级教育，就在本屯堡或附近村庄内，学生多为少年，不属劳动力，入学者无需学业基础，只是接受识字和启蒙教育，属于蒙童，经济条件要求也不高。一般不是十分穷困、无天灾人祸的农民子弟可根据自身及家庭状况进义学读上一两年或两三年。清朝后期及民国年间，落第的一些士子或失意还乡的个别官吏自己在家设帷事教，有的乡绅或较大的宗族也延聘教师为自己的子弟或族人授业，这样的教学形式名为“私塾”，俗称“私馆”。私馆的开设无严格的规定、无固定的要求，形式比较灵活，馆点不少，入馆发蒙者亦较多。

屯堡先祖从江南带来的崇教传统，来到贵州后又适逢王朝加强对贵州的开发，将兴办教育作为开发的一项重要内容，广建卫、府、州、县学，大兴教育。一些有识的乡绅懂得教育之重要，承头倡办义学、私塾，使儒学教育从城邑逐渐扩展至乡村。在此主、客观条件皆具备的情况下，屯堡社区的教育在明朝中期以后兴起，并得以发展壮大，造就了一批又一批具有功名的学人。仅镇宁一州，明代即有文举19人，清代文举则达72位，并产生了黄璋等10名进士。教育业绩最为突出的当数安庄卫之张官堡。民国《镇宁县志》卷三载，张官堡伍氏“其先江西人”，“伍氏本武族。五传至咸，始以文学科第世其家”。伍咸，字山塘，“好读书”。他于嘉靖乙酉年（公元1525年）中举，成为安庄卫第一位举人。伍咸弃武从文得中功名，“勉为敦本致用之学”，给张官屯堡人巨大鼓舞与鞭策，纷纷奋发求学，取得突出成绩。明代镇宁州的19位举子中，就有12位在张官堡，他们是伍咸、伍继垣（嘉靖戊子科）、伍维翰（隆庆丁卯科）、伍维新（万历甲午科）、伍撄文（万历丙午科）、伍教（万历壬子科）、伍继文（天启甲子科）、伍中恺、伍右文（天启丁卯科）、伍中旦（崇祯丙子科）、伍常（崇祯己卯科）、伍中奭（崇祯壬午科）。伍咸首试得中，引出了伍氏举人的辈出。张官堡举人群的涌现，带动、促进了安庄卫教育的勃兴，影响巨大而深远：“安庄榛狉之俗为之一变，文教于是兴焉。”崇教之风自乡村推入城市，使镇宁州城氛围发生巨变：“城中无贫富子弟，皆教之读。通衢曲巷，时有书声。”[①]《贵州图经新志》对安庄卫的崇教风气及成效是这样说的，“尚儒重信”，“卫自建学以来，人知

① 参见咸丰《安顺府志》卷十五。

读书”。安顺府入学读书之风也在兴起，《安顺府志》卷十五载：“诗书礼乐，不减中华，文教日兴，人才渐盛。民乐输将，不喜健讼。士以诗书为业，贫而不废弦歌。”安平县也呈现出“士夫敦诗书而重名节，工贾勤职事而贱游食”的良好社会风气。诗书礼乐、琴棋书画是儒学不可分割之整体。前者着重于思想道德，后者着重于美学情操，两者又有着密不可分的关联。在文教日兴的历史长河中，涌现出若干杰出的屯堡学人。如安平县的陈法中进士后授职为检讨，再改授刑部郎中，后任知府，升为运河道，又调淮阳大名道。乾隆二十六年（公元 1761 年）当其功成名就回归故里后并未坐享清福，转而到省城贵阳“掌教贵山书院”。他在贵山书院执教 10 年，期间所得报酬分文不取，“十年修脯无所取，购书储院中，多备膏火”，用作书院设备及士子们攻研时灯薪所需。自己在讲学之余，潜心研著，撰就《易笺》八卷及《河干问答》等书。前者“纂入《四库全书》”，后者基于运河道任上实践，“为艺林所推许”。① 又如丁旗堡的陈方瑜（字亮侪），乃咸丰丙辰（公元 1856 年）举人。他“博学能文，考据精确，于奇词奥义如数家珍”。时逢咸同时期贵州各族人民大起义，社会政治大动荡，他也未入仕途，长期“隐居教授”，投身教育而“士林宗之”。②

在封建礼教占居统治地位的社会里，女子没有受教育的权利。女子遭受不平等待遇反映了社会的又一种不公。女子受教育权利被剥夺，制约着女性素质的提高，使众多女性的潜在才能、才华在重重抑制下无法展现。人类资源的一半不能与另一半平衡发展，严重地影响着社会全面正常地发展。明、清时期屯堡社区文教的勃兴仅局限于男性，而屯堡女子是与之无缘的。在“男女授受不亲”社会观念约束下，她们既不能入学校读书，也不能进义馆受教。但崇教之风多少也吹拂着这片一直被人们遗忘了的角落。她们深知读书的重要，尽管自己无权受教育，却要求子孙受教育，即使家庭条件困难，尤其在夫丧子幼的处境下，其更加强调千方百计让孩子读书的责任与动力。有的女子未嫁期间，不时受到父兄吟诵影响，引起兴趣，自己也记一些句段，翻阅一些篇章，用现在的话说可称为“偷学”或“自学”。虽不成系

① 参见咸丰《安顺府志》卷十五。

② 参见民国《镇宁县志》卷二。

统、难有显效，但也可称得上是识文化。乾隆年间（公元1736～1795年），安平县梁枚邦之妻金氏，乃秀才金之琪之女。22岁其夫亡故时，其子仅2岁。她独自一人昼夜“纺绩以供之”，及长，又以辛勤所赚薄蓄“延师以教”[①]，再苦再难，也要让儿子读书学文化。嘉庆、道光年间（公元1796～1850年），镇宁朱玉朴与其妻蔡氏均为丁旗堡人。蔡氏“性喜读书”[②]。金氏、蔡氏之类的女子在屯堡人中比比皆是，她们从不同角度、以不同形式参与、关注教育，是屯堡文教持续发展中不可忽视的难能可贵的隐形力量。年轻妇女自己不能读书却希望自己夫君奋发读书者为常事。《南风》杂志1995年第二期所载屯堡妇女《祭夫文》道：“奴爱夫读书人通今博古，奴爱夫读书人品貌不俗。聪明知事务，举动不仓促。临风夸玉树，翩翩一丈夫。”“倘若奴家把花做，夫就读书陪伴奴。每夜直到三更鼓，月儿弯弯照庭厨。”“夫本是读书男儿擎天柱……温柔乡岂是奴夫老死处，新春过了仍然劝夫去读书。”这一段段情真意切的文词，展现出普受教育熏陶的屯堡妇女于文化知识的重视，对配偶情爱追求之作风及脱俗的儿女之情。

屯堡人崇尚教育还表现在大多数屯、堡、旗、哨、铺都设有私学（私塾），在民国年间不少地方还办起了小学。塾师或教员基本上都是本屯堡的人。祝英哨的白玉堂于民国初年自建房屋两间作学馆授业，由于办学认真，求学者众。十几里、二十里外镇宁城、塘铺、安庄等地的子弟也争相前来求学。规模渐大，要求增加塾师。哨内的白成学、何开学、杨文学等3人接任塾师。3人联袂办学，学生增加更迅猛，至解放前夕，学馆学生达400余人。由于祝英哨学馆历史悠久、规模大，声誉好，解放后，取消学馆以之为基础改为民办完全小学。白、何、杨3位塾师改任民小教师。天龙镇民国年间开建化行小学，先于三教寺内上课。1931年，陈玉峰任校长，发动群众出钱出力修建有教室、办公室、球场的小学一所，课堂自寺内迁入学校，改名为天龙小学。随着生员增多，校舍不敷需用，1995年另建12间教室的新学校一所，原校址留作文物保存。老校舍历经几十年风雨，至今仍堂堂正正不偏不

① 参见咸丰《安顺府志》卷四十一。

② 参见民国《镇宁县志》卷三。

塌，墙壁亦无裂缝。透过如此高质量的乡村小学建筑，可想见当年工匠们重视、关心教育的浓浓情意。优良的教育传统、发达的文化基础，迎来1984年天龙中学的建立。“穷不丢书”已成为屯堡人的普遍意识。在此传统意识的沃壤里，孕育出许多关于勤奋学习的谚语广传民间。“笔杆没多重，无志拿不动”，是说学习是复杂艰苦之事，不下决心，没有毅力，根本难以入门。“读书不用功，等于白费工”，是说学习须专心致志，不得敷衍应付，否则时间花了、形式做了，到头来无所成效。“好记性不如烂笔头”，告诫学生不要要小聪明，不能满足于一时的死记硬背，要使记住的知识牢固、并能熟能生巧地运用和不断深化，还须不断地练习、提高。“走不尽的路，读不完的书”，指出学海无涯，学问之道犹如走路，既多且长，走了这段还有那段，走了这条又有另一条，是永无止境的。读书也应活到老学到老，不能停歇。新中国成立以来，屯堡人的教育事业继续发展，学习之风更甚。教育兴旺，出知识、出人才。仅天龙村陈氏家族有大学文化程度者就达50人之多，有师级干部1人，县团级干部3人，科局干部则很多。黄干夫、黄齐生昆仲是屯堡人崇教所结的硕果，又是弘扬屯堡崇教传统的光辉代表。弟兄俩出生于安顺幺铺贫寒人家。

黄干夫生于1871年，名禄贞，字伯廉，自幼勤奋好学，17岁时中秀才。光绪二十二年（公元1896年），贵州提学使严修施行教育改革，将贵阳书院改名为“经世学堂”，开设数学、物理、化学、英语、财务等课程，选拔各县高才生入学。黄干夫闻讯，十分仰慕却无学资，遂以其秀才功名卖与人得银40两而入经世学堂。毕业后，约集一批有志青年于忠烈宫（今南明区文化馆）后院设算学馆，研究数理化及生理卫生。后改为达德书社，再扩为达德学堂，1905年改名达德学校。黄干夫先后任堂长、校长，学生达500余人；同年赴日本考察，两年后返筑时，带回多种仪器于校陈列办展，调任提学使署实业科长。民国建立，任贵州省实业厅厅长，创办劝工局、农事试验场、女工讲习所、商品陈列所等。刘显世当政后，他离黔出走，曾任农商部顾问。1935年病故。其弟黄齐生，原名禄祥，号青石，1879年生。青年时先于安顺城内“义兴恒商店”当学徒，后在贵阳经营绸布和书籍的“群明社”任总经理。达德学校建立，入校从事教育。在校期间倡办女学，提倡“天足”，并接8岁的外甥来达德读书并为之取名王若飞。1913 年黄齐生任达德学校校长。袁世凯与日本签订卖国的“二十一条”信息传来，黄齐生领导全校师生参加贵阳各界的上街游行，以示抗议。袁世凯称帝后，黄齐生又带领王若飞经香港到上海参加各省的讨袁活动。1917 年黄齐生倡导私费留学，当年即受委带领贵州公费、私费留学生赴日留学，后又率队往欧洲继续深造。1923 年回国，后任遵义县省立第三中学校长。因反对屠杀进步人士、支持学生婚姻自由，1927 年被省主席周西城通缉而出逃。居南京期间与教育家陶行知在校共事，并从事实验性乡村教育研究。1931 年经黄炎培介绍，任昆山徐公桥农村改进实验区总干事兼农村讲习所主任。1935 年返筑主持已有 1500 人的达德学校教务。抗战爆发，国共合作期间，国难当头，黄齐生倡议各校组成抗日救国会，会址设在达德学校校内。后相继赴安顺、昆明宣传抗日。1940 年返筑，达德学校为避空袭迁贵阳市郊之摆郎，他于校内开展抗日宣传。因国民党省党部查询，出走四川，于重庆与董必武、陶行知、黄炎培、沈钧儒、郭沫若、柳亚子交往。1944 年举家赴延安，毛主席曾登门看望。1946 年重庆校场口事件后，延安各界公推黄齐生前往慰问。同年 4 月 8 日在与王若飞、叶挺等同机返延安途中飞机迷航失事于山西兴县黑茶山，黄齐生等遇难，葬于延安。朱德同志《悼黄齐生先生》文曰：“贵州老教育家黄齐生先生是远自戊戌政变起即抱着争取中国民主改革的信念，多年来为此奔走努力不懈……此次遇难，同样是民主事业的大损失，同样使我们感到深切的悲痛。”董必武的悼词为：“黔中教育茁新芽，人道先生第一家。爱护贤甥终共命，几回忆及总咨嗟。”陈毅《哀黄齐生先生》：“黔南王若飞，椿萱早见背。黄公代怙恃，扶养劳寝馈。琢磨成美材，大名扬海内。”中共领导人对近代著名教育家黄齐生先生在呕心教育、争取民主、抗日爱国中的卓越贡献给予崇高赞誉。

崇尚教育是汉族人民悠久而优秀的历史传统。屯堡人虽是汉族，但其祖先已由民转军并离开文教发达的故土江南来到“苗蛮”之地的贵州，能继承宏扬崇教传统已十分不易。重武轻文是军队的普遍倾向，并非其主观意愿如此，而是其性质、任务及特定的时空使然，贵州在明代以前未有学校，仅沿河、播州（遵义）、顺元（贵阳）等极少数地区建有书院，仅有极少数人在其中谈经论道。儒学教育在贵州社会从整体而言基本上属于空白。科举有文武之分：文举主考文学，武举主试武功。武人要求功名通常走武举之路。屯军为军伍，为习武群体，纵使意图功名，一般走的是武举之道。考试分 3 级，省城参考录取者为举人，称乡试；举人进京应考录取者为贡士，称会试；贡士经皇帝亲发策问合格者为进士，称殿试或廷试。贵州在永乐十一年（公元 1413 年）虽已设立省级行政机构——贵州布政使司，但因贵州文教落后，读书人极为稀少，故未给科举应试名额。洪熙元年（公元 1425 年）始给贵州试录名额，规定乡试赴湖广应试。次年（宣德元年）改就云南应试。当时自贵阳到昆明千山万壑，道路起伏崎岖，步行需走 18 天，其艰辛程度不言而喻。如果要参加会试，举子们还得去到北京，路途之遥，非数月不可达。嘉靖十四年（公元 1535 年），从巡抚王杏、给事中田秋之请，贵州的乡试才争得在贵州省会——贵阳举行。是见，屯堡崇教传统不是一般意义上江南汉民族崇儒尚教传统的简单延续，而是贵州屯军在特殊身份、特殊社会环境中的再创建。而这种再创建无论于客观或主观条件来说都是十分不易的。屯军身份属性改变、生活在截然不同的社会环境中，在戎马倥偬的年代里，对行将中断或难免淡化的崇教传统继续传承并不断弘扬，充分展现了他们对自己民族文化酷爱的情操、对维护发扬自己民族文化的惊人勇气与毅力。通过史实，我们可以看出屯堡教育有这样一些特点：一是封建社会里的军伍，客观上促使他们大都重武轻文。但贵州屯军则不是这样，重文却是他们重要的价值取向。安庄城明代的武举只有白万一人，于永乐癸卯（公元 1423 年）中试。进士也仅有鲁礼一人，于万历丙戌（公元 1586 年）考中。明代虽无文进士，但却有文举 19 名。屯军争取功名的途径不是以与自身职业密切相关的武试为主，而是以与自身职业相对、关系不大的文试为主。二是传统绵延，持续发展。明代屯军入驻贵州以军户身份再创崇教传统，清代军制变革，屯军改为民户，崇教之风尤甚，中举人进士者更多。解放数十年来入学率极高，不因时代变换、不因身份转化、不因条件的优劣而动摇，相反对文化教育越来越重视、关注与执着。三是屯堡崇教之风具有普遍性、群体性。表现在城镇之人重视教育，乡村之人也重视教育。绅宦人家不仅培育自己的子弟争取功名，他们中的一些人还捐田献资发展乡土教育，普通群众也深深懂得教育之重要，鼓励、设法让自己的子弟入学读书，出现“贫富子弟皆教之读”及寡母昼夜“纺绩以供之，延师以教”子的动人场面。四是出现典型的社区，产生杰出人物。俗话说“种瓜得瓜，种豆得豆”，“开什么花，结什么果”。屯堡人植根黔土600余载以来，世世代代表现出对教育的热爱与执着，克服了主客观方面的诸多困难与干扰，所遇艰辛、所付代价终于结出了硕果。普普通通的小小村庄张官堡，在有明一代安庄卫19名举子之中竟占了13人，几乎占该卫公车数的70%，其社区教育的成效不能不令人感到惊叹。安平县陈法于京都外地做官归来能于省城贵阳“掌教贵山书院”本就使人佩服，其著作或被纳入《四库全书》，或“为艺林所推许”，展现出其学术水平之高深，而“十年修脯无所取，购书储院中，多备膏火”，这种对教育无私奉献的高尚情操让人肃然起敬。安顺黄齐生先生倡“天足”、办女班、于外省各地为开展乡村教育而奔走、为积极抗日而大声呐喊疾呼、培养鼓励其外甥王若飞成才、成为杰出的无产阶级革命家，其意义之大，功勋之显已载丹青。

八、多彩的社会习俗

衣、食、住、行、婚姻、生育、丧葬、节日、祭祀、宗教信仰、禁忌、宗族关系等与社会生产、生活习俗息息相关的内容均可归入民俗范畴。古老的江南着装、石头的屯堡建筑、花灯与地戏、严密的宗族关系等屯堡文化中突出的民俗已分别在前面各部分中介绍与阐明，在此不再赘述。现仅就前未详述且系屯堡人的一般民俗内容集中介绍如下。

（一）饮食

屯堡人的主食在明代主要是稻米、高粱和小麦，自清代传入玉米（俗称苞谷或包谷）以来，主要是稻米和包谷。坝区多水田，以种水稻为主。水稻有粘谷（籼稻）、糯谷及介于粘糯之间的粳稻。粳稻稻秆较硬，不易倒伏，谷粒较短、较厚而宽，不易脱落，米质黏性较强、胀性小（俗称不长饭）。平时食用粘谷。先用脚碓舂（有碾房处则用水碾）谷去壳得米。淘米入锅煮半熟，倒入筲箕里滤米汤，再将半熟米装入木甑置锅内蒸熟备食。糯米主要用来制作甜酒、糍粑、汤圆及包粽子。甜酒制作是将糯米淘净蒸熟后，倒入簸箕内摊开浇以冷水，使其温度降至36℃左右，撒放曲药以手拌匀，入坛密封，外包裹厚层旧衣布或稻草以保温。待三日后发酵有甜酒香味溢出即取坛置低温处备用。另以粘米、糯米各半磨（或舂）为粉末调置甑内蒸为糕粑，取出划分为4大块作零食。春节期间宾客多、需求量较大，有的人家蒸一二斗米（每斗20斤）。粳稻去壳俗称晚米，因为不长饭，种植不多，黏性虽不如糯米，但粳米黏性强，通常将其舂捏为饵块粑，备春节期间食用（一般将其切为条或块煮甜酒作零食）。小麦用石磨磨细如灰状，俗称为“灰面”，和水搅拌揉捏压为薄片，再切为面条煮食。

山区水田少，旱地多，食用以包谷为主，兼有少量旱谷。如《镇宁县志》卷四所述：“乡间民众，则食米者甚少。中等人家即多杂食包谷。贫苦农民，则多纯食包谷、荞麦或甘薯、马铃薯。”包谷亦用磨磨碎如米粒，先用箩筛（马尾编织之细孔小筛）筛下粉末，再用簸箕装碎粒扬弃包谷皮，得出纯净颗粒作饭食。包谷粉末可以煮作粥，包谷皮层可作精饲料。包谷饭的制作，是先将包谷碎粒置簸箕内，放水搅拌入甑蒸至半熟，又倒入簸箕内边洒水边拌匀，复蒸至熟。嫩包谷可整个或烧或煮作零食，亦可磨为浆制成包谷粑。老包谷颗粒可炒为包谷花作零食，颇香脆。副食主要是肉类与蔬菜。肉类之中又以猪、鸡为主。蔬菜多用辣椒、葱、蒜、姜等作配料。鲜肉及时令蔬菜是屯堡人平时的主要副食。然而蔬菜季节性强，豆类、辣椒之类成熟于秋季，青菜、萝卜之类成熟于秋冬之季，肉、蛋之类保鲜期仅有数日，过期易变质。由于当年的屯军经常处于戒备或战争状态，难能维系正常的生产与生活。在此特殊时空里，他们以积极的态度，采取腌制的方法，加工出一些宜于较长时间储存的肉、蛋、菜蔬等副食品，以丰富平时的饮食，尤其有利于军情紧急期内生活所需。这种对新鲜副食品作特殊处理加工的方式形成传统，一直保持至今。腊肉、咸蛋、豆豉、血豆腐、泡菜、咸菜、糟辣椒（亦名酸辣子）等即属此类食物。豆类以黄豆、四季豆、小豆、饭豆等为主，晒干去其豆荚，留下豆粒，储存。黄豆主要用作制豆腐，其他豆类用时取之煮软后，以做汤菜，四季豆还常用作炒菜。成长期的辣椒呈翠绿色，称为青辣椒；成熟时呈红色叫红辣椒。红辣椒穿串挂于屋檐晾为干辣椒。用作糟辣椒的则是新鲜红辣椒。将其洗净放入大木盆，再加入少许盐、姜、蒜，用长木柄铲型刀剁碎装入坛内存放即为糟辣椒。咸蛋须用鸭蛋以盐腌制。腊肉须在腊月间制作，制法为先将大块带皮猪肉均匀地揉以盐腌之数日，取出燃松柏枝叶（不能有明火）熏烤至呈黑红色为止，取挂阴凉处备用。腊肉有效储存期可达半年之久。血豆腐的制作亦在腊月。宰猪时，切少许薄片肥肉、盐及豆腐置钵内，与新鲜猪血一起拌匀，捏为拳头大小的圆形状，放在熏腊肉处熏烤即成。切片蒸食，色美味鲜香。

屯堡人平时饮食为一日两餐，即中餐及晚餐。农忙时，出工早，收工晚，体力消耗大，易于饥饿，故为一日三餐。早餐在上午八九点钟，晚餐在黄昏时分，中餐在中午。早晚两餐吃干饭，须吃饱，均有菜，晚餐菜较多且常有肉。中餐多为稀饭，以豆豉、泡茶、咸菜、霉豆腐等佐食，属于加餐性质。寻常饮食简单，菜蔬品种、数量皆少。遇年节及婚、丧、寿诞宴请宾客时副食较丰盛，一般为四盘八碗。农忙、过节、宴宾时，桌上皆备酒自饮或劝饮，起到通经络、祛风寒、显热闹的作用。平时喜饮茶（茶叶放壶内用开水冲泡，饮时一杯一杯倒出）。男子喜吸烟（皆为自种土烟，烟叶晾干后卷如指粗，塞烟杆下端之烟斗内燃吸，现多为机制香烟）。客人来，常以烟、茶招待。

（二）行路

屯、堡、旗、哨、铺之设是为军务所需，有很强的防御性，故基本沿交通线分布。各屯堡间多有道路相连，以保持联络、互通信息。据《天下郡国利病书》卷一一四载，通滇黔古道自云南省城昆明，东向从平夷卫出后入黔，经亦资孔、新兴驿、安南卫、关岭、安庄卫、普定卫、平坝卫而达贵阳。屯堡社区即在滇黔孔道沿线及两侧。除大路驿道外，各屯堡至卫所及屯堡之间亦有乡间小路相通。民国年间始有公路。20 世纪 60 年代，滇黔铁路通过安顺、贵阳。80 年代由贵阳经平坝、镇宁黄果树之高等级公路——贵黄公路建成。屯堡社区的交通，原本就比边远少数民族地区方便，历经民国，尤其解放后交通事业更得到较大发展。交通设施的发展，对屯堡社区经济文化发展起着巨大的促进作用。

屯军时代执行军务，屯堡人时期的商贸、社交等较远距离的社会生产、生活运行主要有步行、马驮、轿抬、车载等方式。田野劳作或扛犁、赶牛去耕耘或担挑肥、秧去施肥、栽插，或扛挞斗、背麻袋去打谷、收粮食。赶场买卖的货物，多者用马驮，少者以肩挑、背负或手提。远处贩运盐、棉纱皆用马驮。所运食盐为川盐，因其略带青色故俗称“青盐”，又因其破为块状，又呼之为“块盐”。屯堡青盐购运地为瓢儿井（今大方县境）与打鼓新场（今金沙县）之烂泥沟两地。前者为永岸盐，后者为仁岸盐。棉纱购运地主要是黄草坝（今兴仁市境）。驮马组成马帮，每12匹为一店。每个马帮有马数十至百匹。每匹马驮运货物100～150斤不等。马帮远行时，领头马在前，其他马鱼贯随后。领头马又称带头马。带头马头带丝绸头套，颈下挂铜铃1只。背上插有绣着“一帆风顺”“人马平安”之类的红旗。另有载运炊具、餐具的马两三匹及“弼马温”——猴子一二只。马队在不停的铜铃声及不时的铜锣声中于白昼浩浩荡荡地行走于起伏崎岖的石块山路上。傍晚则驻于草坪处，卸下驮子（装来架于马背的货物），放马食料、吃草，架锅作炊，露宿风餐。次晨复整队上驮继续前行。迎亲时用二人抬的花轿。乡绅远行乘滑竿，滑竿用4尺长的大竹2根为竿，两竿之间束以竹块编就的软座，竹竿两端各束楠竹板作肩担。病人坐软座上，2人担着肩担协步而行。路较平坦的地方用车载运货物。清代所用为手推独轮车（俗称鸡公车），用作赶场或于田间运肥、运秧、运粮。民国始用马车。独轮车及马车，车轮、车架全为木质。抗战期间出现汽车载货。解放后拖拉机、汽车、火车逐渐替代长途运输的其他交通工具。这些近现代的交通工具不仅用于货运，还进行客运，既方便、快速，且较为安全。当然，邻近乡村的集市贸易及田间作业一般还是以步行为主。

（三）节日

屯堡人的节日众多，几乎一年的12个月中都有节日活动。屯堡节日是江南汉族节日在贵州高原的移植与延伸，可视为贵州汉民族节日完整而典型的代表，透过屯堡节日我们可以看到汉民族节日的概貌。屯堡节日按农历的节令计算，统一在一个固定的日子里过节。虽然每月都有节日活动，但并非千篇一律。有的为大节日，显得气氛隆重，内容丰富，具有普遍性；有的为小节日，显得简单，仅有一部分人活动。有的节日着重于夜间，有的节日着重在白昼。有的节日活动主要在室内，有的节日活动主要在户外。有的节日活动是以家庭为中心举行，而有的节日活动是以宗族为中心举行，有的活动又是以社区为中心举行，有的甚至是家庭、宗族、社区交错举行。一年内每个节日的内容各不相同。尽管各个节日的形式各异、内容有别、意义不同，但都严格遵循传统，在统一的时日内举行，按统一的形式及内容、规矩开展活动。屯堡人称参加节日为“过节”。屯堡人所过节日时间及过节情状大致如下所述。

春节。时间从当年除夕至次年正月十五。这是所有节日中为时最长、内容最丰富、最具广泛社会性、群体性而又最为隆重的节日。腊月三十日为除夕。当天清晨，家家户户用糯米舂糍粑，捏为扁圆形置神龛前方桌上供奉。大门上张贴门神，大门两侧门枋贴以新对联，门楣上挂以五色丝线及五色福纸。黄昏时，方桌移近大门处，桌上置鸡、酒，燃香、纸、烛向门外先祭天地，名之为“烧纸”。后设丰盛馔肴向神龛祭祀祖先。在一串鞭炮轰鸣之后，全体家庭成员围坐堂屋中，在巨烛光照下共进晚餐，称为“吃团圆饭”。饭后于堂屋中围火闲聊、谈家常，轮流沐浴，主妇还需备办次日食物。三更之后，复点香烛，接“灶神”回家。子孙辈于堂前跪拜尊长，称为“辞年”，长辈则赠予钱钞，称为“压岁钱”。是夜，无论男女老幼皆长坐通宵达旦，名之为“守岁”。正月初一又称“大年初一”。清晨全家人人着新衣，于堂前设茶果、焚香烛，祭拜天地、祖宗后，小辈叩拜长辈，亲友间亦开始彼此庆贺，称之为“拜年”，亦叫“贺年”或“叩禧”。下午全家前往墓地，在祖坟前点香烛燃纸钱祭奠，名之为“出行”。“出行”归途中，常折冬青树一枝带回，表示“空着出门，抱柴（与财同音）归家”的吉祥之意。初二、初三两日，亲友继续相互“拜年”。初四日，有龙灯的乡镇开始舞龙灯。龙灯队须白天到庙里“拜庙”后，夜间才上街舞龙。龙灯少为9节，多为11节，在喧嚣锣鼓声、鞭炮声中起伏蜿蜒于施放的硫烟里。花灯、地戏亦在春节期间纷纷演出。正月十五为元宵节，是春节的最后一天。这天早晨，各家多煮汤圆为食，名为“吃元宵”。中午置酒醴牲帛祭天地，设馔供祖先。入夜，遍张鼓乐，名曰“闹元宵”。[1] 大人带着小孩提着各式彩灯漫步于街巷，称为“游百病”。未满三载之坟称为新坟。有新坟的人家，该夜须提一灯，内点以烛，插于坟侧，称为“上灯”。由于除夕燃火守岁，十五提灯游行并于新坟上灯，故民间有“三十夜的火，十五的灯”之说。

二月春分日，建有祠堂的大姓族人于是日聚集祠堂，在族长率领下祭奠祖宗。一些屯堡在当月内，会延请道士择日举行飘香、参灶、清水、打扫、烧船（篾编纸糊为船形）等法事，祈求全年风调雨顺、清吉平安，称为“打清醮”。此活动一般连续3日。费用来源为集资，每年推数户轮值承办。是月内，“士农工商，各事其业”，不得再游玩或好闲，集中精力经营各自生计。

三月初三清明节，各户折柳枝、地米菜遍插门前。妇女、儿童还取柳枝插于发髻上。各家为祖坟扫墓，墓上插“坟标”，墓前陈馔肴、燃香纸烛，跪祭祖先。望姓大族还于是日杀猪宰羊，数十以至数百人一道祭扫祖墓，称为“上大众坟”。未满三年之新坟，扫墓通常在清明前举行。老坟扫墓通常在清明之日或清明后数日内进行。若坟有垮塌需修砌者，须于清明前3日祭以鸡、酒后进行。

四月初八为浴佛节。有的人家舂糍粑供神或做乌米饭作食。有的人户用红纸写“佛生四月八”数字贴墙壁上，认为以此可避祛蚊虫。

立夏日，各家煮鸡蛋、炒包谷花、笋子、猪肚为菜作食，认为这天吃这些食物可增添力气。有的人家还“互相索取茶叶和而烹饮，名曰‘立夏茶’”[2]。

端阳节，俗称端午节，时在五月初五。这天各家门上挂艾叶、菖蒲。早晨食面粉馄饨，中午以酒肉祭神及祖宗，饮雄黄酒，吃粽子，并用雄黄粉拌大蒜捣碎后和水洒在住房四周以避虫蛇。妇女用布缝制心形小袋，内装香料，名为“香包”，连同大蒜一瓣，缠以彩线佩于胸前以避疫。妇人与孩子着新衣，相邀登山，称“游百病”。有的人入山采草药进城卖，市民争相购买。因俗谓当天“百草都是药”，且晚上有以三角枫、九里光之类草药煮水沐浴以祛病之习俗。

---

① 参见民国《镇宁县志》卷三。

② 参见民国《平坝县志》卷三。

六月六日相传为土地神的生日。各屯堡以酒肉香纸供奉“土地菩萨”，祈其护佑一方平安。各家持酒饭祭“田神”，求其保佑丰收，并于所种田土菜圃内插以黄钱纸避虫蛇。全村人或村中老年人“凑份子”打平伙，并商定或重申当年守护庄稼的乡规民约。

七月七日晚上称为“七夕”，传为牛郎织女渡河相会之期。这天晚上，妇女们以瓜果供奉织女星。如果该夜月明，她们则在月下穿针“乞巧”。七月十四为中元节。自此前的十一日起，燃香若干分插于门前路之两侧，以示迎接祖宗回家，各家于堂中设茶备酒菜燃香，天天早晚供祖。用纸钱直卷为筒，装入白绵纸袋中（每袋5条），袋面写上列祖名，称为“包袱”。将“包袱”焚化奉祖，名为“烧包”。给未满三年的新亡人“包袱”在十三日夜烧，其他皆集中于十四日夜烧，表示让祖先满载归去享用。此外，“妇女以彩纸、南瓜制为各种灯放河中荡漾，以渡溺鬼；青年辈则喜扎孔明灯升高空，或制走马灯为戏”[①]。

八月十五为中秋节。白天，亲友间以月饼、西瓜、石榴等相互馈赠。明月初升，各家以月饼、糍粑、西瓜、石榴、瓜子、葵花籽及杂糖等对月供奉，名为“拜月”。供毕，家人团坐而食。有的于月下吹箫击鼓玩乐，称为“看月”。有的青年人在当天晚上以偷食别人地里瓜果或摘取大南瓜背送乏嗣人家为乐。得瓜人家若日后果有子嗣，必备酒席酬谢送瓜者。

九月九日为重阳节。这天“采菊花、茱萸插头上。有登高者，谓之避灾”[②]。各户舂糍粑喂牛，对牛一年之耕作辛苦表示慰劳。家人亦吃糍粑，老人们则相聚聊天。有的人家于当天酿酒，传说重阳所酿之酒更醇香。

十月初一，传为牛王节。这天牛不服役，并饲以糍粑。乡绅人家还用纸制衣物到祖坟前焚烧，名为“送寒衣”。

十二月八日，因系腊月，故又有“腊八”之称。许多人家从这天起宰猪熏腊肉、血豆腐、香肠或酿制甜酒、制作糕粑，成天忙碌着准备各种过年所需的食品。腊月

① 参见民国《镇宁县志》卷三。
② 参见《续修安顺府志辑稿》卷六。

二十三日白天，打扫卫生，各家各户将住屋各处的蛛网灰尘清除扫尽，名为“扫尘”。夜间，以饴糖、谷、豆等陈于灶前，焚香烧敬“灶神”。相传每年灶神要于当夜上天见玉皇大帝，奏报所在人家一年内的善恶言行，通过对灶神的信奉，望其能在玉皇前予以美言。

全年中，除十一月无节日外，月月皆有节日。有的一月内节日不止一个，如七月就有“乞巧”“中元”节，腊月有“腊八”“敬灶”“除夕”三节。腊月初八至正月十五是全年节日名目最多、时间连贯而又很长、内容又最为丰富多彩的时段。这段时间秋收秋种等农事已全数完毕，气候已进入隆冬严寒，不宜也无需田野劳作，属于农闲期。粮食较丰、时间较空，以农为本的屯堡人抓紧这难得的时机作积极的休整，从长期的生产辛劳转为短期的生活忙碌。一方面加工制作出较为丰美的食品享受享受，补充营养能较为有效地抵抗寒冷，以恢复、增加体力，以备春耕开始后的长期连续的体力消耗。从腊八开始准备过年物资，从除夕开始过年。人们以过年为中心，将全家人从年事活动上更为密切地联系起来，亲友乡邻之间也经由年事活动而加强相互走访及观灯看戏等社交。血缘关系、地缘关系在此间得以进一步密切与加深，人们的体力、心力亦在此间得以调整。

屯堡节日有的直接与农事相关。二月春分以后组织“打清醮”是为了祈求风调雨顺，免除旱灾与火灾。春耕大忙季节最忌干旱。贵州的田土有灌溉之水田少，无水利之“望天田”多。三月的耕耘、五月的栽插以及粮食作物生长期，均离不开雨水。其中一个环节发生干旱，都会影响秋季的收成。屯堡聚落住宅毗邻、人口密集，既承担着防戍之重任，又肩负着生产自给之任务。不仅男子常屯戍操练于外，就连妇女也经常劳作于田野。平时留在家中者多为老人与儿童。若天干风大，引起火灾，若无人力及时扑灭将会殃及一片。“打清醮”的目的是表达风调雨顺得丰收，避免天灾，人畜保平安的良好愿望。六月六祭土地菩萨、祭田祖、重阳以糍粑喂牛和十月初一的牛王会亦与农事直接关联。土地神即古代社神之演化，在人们心目中，土地公公土地婆婆负有保一方人畜平安及五谷的生长之责。虽然土地神并无多大能力与权力，但他们是慈善的，是为了维护勤劳善良的人去与危害人们生产生活的邪恶作斗争的。人们赖以生存的最根本的物质条件是粮食，粮食是从田土里生长出来的。人们认为作物生长的好坏，除与气候有密切关系外，与田地也息息相关。田地有意志，有神灵在操作、在主管。操作、主管的神灵被称为“田祖”，田祖即“田神”。祭田神表示对田神护佑庄稼丰收、瓜菜满园的酬谢与希求。牛可谓是屯堡人最基本而又最重要的生产工具。一头牛劳作的效率相当于五个劳动力。用牛耕才能做到深耕，才能不误农时，才能减轻人力的许多劳苦。春耕秋耕一年大小两季作物的耕作完毕了，耕牛可以松闲一段时间，以糍粑喂牛，表达农民对牛的敬重与慰劳。丰收在望或收获了，人们终年喜悦，也不忘与自己同甘共苦的耕牛。茶有清热解毒之功，雄黄有驱蛇避邪之用。立夏表示炎炎夏日开始，端午正值盛夏来临，正是蛇虫、毒气、疾病活动蔓延之期。立夏喝茶，端阳饮雄黄酒、撒雄黄粉皆出自对疾病的警惕与预防。春分祠祭、清明扫墓、中元“烧包”表现对祖宗的敬重与缅怀，七夕“乞巧”、中秋拜月、腊月二十三祭灶是对传统信仰的尊重。所谓“乞巧”，意为向织女乞求技巧。织女与牛郎原指两个星座：织女星即天琴星座，牛郎星即牵牛星座。前者位于银河之西，后者在银河之东，两者隔着银河遥遥相对。古人夜观星相，将其想象为距河相望的一对青年男女，衍为神话一则：织女星乃天帝孙女，长年编织云锦。后与牛郎相恋成婚而中断云锦的编织。天帝发现后十分恼怒，强将二人分离，一人在河西，一人在河东，每年只准两人于七月七日这天会聚一次，以示因情爱而废工作的惩处。牛郎、织女七七相会之时，群鸦飞连成桥谓之“鹊桥”，让二人得以过桥相聚。《荆楚岁时记》载：“是夕，人家妇女结彩楼，穿七孔针……陈瓜果于庭中以乞巧。”纺纱、织布、缝衣，绣花、做鞋是妇女的专攻项目，老百姓称为针线活路。针线活路主要由妇女承担。织、绣、针活做得好坏是衡量青年女子勤劳、智慧与否的一个重要标志。年轻女子都希望具有高超的技巧，希望能得到天上编织云锦的织女的帮助，当然还有对牛郎、织女长期分离的同情和七夕能够团聚的欣慰。八月十五乃秋季之正中，故名“中秋”。此时，秋高气爽，天上之月最明最圆，地上之粮食瓜果正是成熟饱满之季，人间又有嫦娥奔月独处广寒宫，吴刚砍桫椤树、酿桂花酒的传说故事。全家人历经长期辛劳于丰收在即的中秋之夜，团聚在一起品尝各式圆形的食物，观赏一番明亮的月、璀璨的星，表现人们对家人团聚犹如月圆饱满一样的希冀与珍惜。火对人类太重要了，它能御寒，它使人能吃熟食，用它冶炼金属，用它驱避毒蛇猛兽，以之刀耕火种。古人将火的功能赋予神话。《礼记·礼器》孔颖达疏："颛顼氏有子曰黎，为祝融，祀以为灶神。"《路史·前纪》卷八谓："祝融氏……以火施化，号赤帝，故后世火官因以为谓。"这将传说时代的火官祝融演化为神，进而发展为常居各家各户的灶神。火常处灶内，火神即灶神。灶神不仅司火，因其昼夜与人相伴，人在家中的言行无不尽为其见闻。每逢腊月二十三，他须定期上天向玉皇大帝禀告人之善恶，到除夕之夜方自天庭反归。人们离不开火灶，人在日常言行中总难免有所过失，故对灶、灶神产生尊敬之情、畏惧之感。因此按时以供品送之迎之，既表达对灶神的谢意，又表示望灶神于玉皇前美言的希求。饴是用麦芽熬制的糖稀，既甜又有黏性。用糖稀恭迎灶神，盖有让其尝到甜头而不禀告坏话之意。

屯堡的节日活动丰富多彩，尽管年年相似，但在一年之内却又各不相同。人们有固定的日期、传统的格式可以代代遵循，却不会因年年岁岁的重复而觉得单调、感到厌倦。相反，无论男女老幼都热忱、欣喜地等待、准备着一个又一个节日的到来。屯堡节日有着丰厚的文化内涵。广而言之，它是汉民族物质文化、制度文化、精神文化相交融的一种综合表现。节日特用的供品、食品、用品及其制作反映出生产生活状况，属物质文化范畴。过节时的礼仪、规矩包含着制度文化成分。过节时的心情和愿望则可以说是精神文化的反映。屯堡的节日活动，涉及天、涉及地，涉及天上的日月星辰，涉及地上的田土作物、虫蛇草木，涉及祖先及从人、物异化成的神祇，更涉及家人、亲友、邻居等方方面面现实的人，将天、地、人三者通过节日活动有机和谐地联系起来。可以说屯堡的节日是一种物化了的人生观和世界观生动、深刻的表现形式，从中可窥见汉民族对人与自然协调、对生态平衡的重视、实践与追求。

（四）崇奉五显、汪公

屯堡民间宗教信仰中的神灵颇多，而以五显与汪公最受尊崇，民众对其祭祀最为普遍、隆重。这是我国已十分罕见而独特的一种民俗。《安顺府志》卷十五载，“正月十七日，五官屯迎汪公至浪风桥，十八夜放烟火架。鸡场屯、狗场屯共迎汪公，亦于十七日备执事旗帜，鼓吹喧阗迎至杉树林，观者如堵。汪公庙，二场屯中皆有，如本年自狗场屯迎至鸡场屯庙中供奉，次年自鸡场屯迎至狗场屯庙中，祈祷多应。各乡多择宽平之处，鸣锣击鼓，跳舞歌唱为乐”；镇宁“正月初八日，扮花亭、彩衣、锣鼓、旗帜、花爆，伺备华光出巡，男女老幼观者如堵”。

五显，《新搜神记·神考》载：“五显父为萧永福，宋时人。一胎五子，俱以显为派。长曰萧显聪，次曰显明，三曰显正，四曰俱直，五曰显德。四显具有仙根，而五显尤灵异。能降妖救难，故民争立庙祀之。”萧氏兄弟五人，皆为显字辈，分别为聪、明、正、直、德。而以第五子萧显德道法最高，特受民众崇敬。《南游记》则谓，如来佛法堂前一盏灯中堆积的灯花，被如来咒成人身，赐予本领五通并天眼一只，使之两次投胎炼成法宝三角金砖，得到风轮，被封为火部兵马大元帅，自号华光天王。故五显亦称五通，又名华光。鲁应龙的《闲窗括异志》谓：“五显灵官大帝，佛书所谓华光如来，显迹婺源久矣，岁岁朝献不绝。”供奉五显的庙宇称为五显庙或华光庙。《安顺府志》卷二十载，平坝上清溪堡的华光庙建于明代，设于清顺治初，康熙二十三年（公元1684年）移建于城内南街，乾隆四十年（公元1775年）重修，嘉庆十八年（公元1813年）增修。五显庙有5座，分别在城内南门之宋家河、十家桥、羊场堡、大堡、齐伯房及车头堡。安顺府城内的五显庙在学宫左侧，建于嘉庆二十五年（公元1820年）。《镇宁县志》卷三载，华光庙在城内北街，建于乾隆年间。同治五年（公元1866年）毁于战乱。光绪三年（公元1877年）重修。光绪十四年（公元1888年），知州唐昭敬募建正殿5间，左、右厢房各3间。民国十五年（公元1926年）“合城首人募修戏楼及石牌坊及左、右住房二间”。五显庙于镇宁城有3座。第一座在西门外猪市坝，建于明嘉靖以前，清乾隆十二年（公元 1747 年）修复，嘉庆初年毁于战乱，同治二年（公元 1863 年）修复，五年又遭战火毁坏，光绪八年（公元 1882 年）复重修；第二座在城内东街，建于清代中叶，同治五年（公元 1866 年）毁于战火，后修复；第三座在城内南街，建于光绪十三年（公元 1887 年），有二进 6 间殿房、3 间厢房。此外，十三旗、詹官堡、烈山堡、颜旗堡、将旗堡、雷召堡、桂家堡、王官堡、陶关堡、吴关堡等均有。乾隆五十一年（公元 1786 年）建于安庄坡的五显庙，咸同时期毁于战乱。光绪十八年（公元 1892 年）修复，有正殿 3 楹。民国十六年（公元 1927 年），住持尼性亮塑关圣像供奉，改名关帝庙。安平县五坝上溪堡之华光庙，顺治初毁，康熙九年（公元 1670 年）移建于城内南街，乾隆十四年（公元 1749 年）重修，嘉庆十八年（公元 1813 年）增修。而南门之宋家河、十家桥及羊场堡、大堡、齐伯房、车头堡等地曾皆有五显庙。

五显本人是凡人，民间传其有“仙根”，能降妖救难，遂被尊为神，列入神仙系统，并为道教范畴，纳入《新搜神记》内，载于《道藏》第八册之《五显灵通大帝灯仪》。宋代，我国民间宗教信仰步入佛道合流阶段。被江南民间广泛崇奉的为法堂前之灯花经两次投胎而具有非凡本领的华光大帝，成为佛教诸神中的一员。于是五显由道教神祇演变兼为佛教神祇，既保持原有五显之名，又兼有新附华光之号而受到泛神论的江南汉族民众所尊奉。入黔屯军将原属道家体系的五显、佛家体系的华光一身而二任的神祇移居屯戍地以建庙塑像供祀，以求后代子孙能在异地他乡的贵州继续得到护佑。故屯堡人对五显华光的信奉能够代代相传。公众祭祀入五显庙，每年正月初八，民众以汤圆供华光。中午，城内外各户备香烛鸡酒恭候于路侧，迎华光神像，谓之敕火。这天加扮彩亭，耍狮灯随之游行。九月初九，“传为五显华光诞。人家多捣糍粑，陈酒醴、牲帛以祀”。个人还愿则在家中祭“五显坛”，又称“庆坛”。庆坛由掌坛法师主持，做大放兵和扎火墩两台法事，皆在夜间进行。大放兵是在第一天晚上，放出华光收服的五路、五猖、梅山七怪等将领。后每夜演唱 48 部南游记戏文，从唐王李世民设朝听政起，到 18 家国公朝拜为止。最末一夜由掌坛师将华光所收烛火鬼化成的火墩（用三斤六两烧红的火炭表示）收服为止。跳地戏前的开箱仪式在五显庙内举行，地戏演出完毕后，也在五显庙中作面具收箱仪式，有的人会将面具箱珍藏于五显庙中。

屯堡人崇奉的汪公所指为汪华，安徽休宁人。据传，汪华隋代为官徽州。武德四年（公元621年）率部归顺唐朝，封为越国公。因随李世民征战有功，官至九宫太守。逝后，谥为徽州府越国公忠烈汪王。或传，隋末唐初时，歙州灾荒，汪华向某将军借粮赈济，民众得以度荒存命，遂尊之为神。明初，调北征南入黔屯戍的官军，基本上是江南汉人。唐宋以来民间崇奉汪华的习俗他们自幼耳闻目见，落籍贵州后此种意识自然而然地随之带入。入黔卫所官军中有不少汪姓。《安顺府志》卷十五载："郡民皆客籍，惟寄籍有先后，其可考据者，屯军堡子，皆奉洪武敕调北征南。当时之官，如汪可、黄寿、陈彬、郑琪作四正，领十二操屯军；安插之类，散处屯堡各乡，家口随之至黔。"屯军中的汪姓"散处屯堡各乡"，如安顺城东有汪家山、汪官屯，北郊有汪家白果寨、汪家大坡。安顺与平坝交界处之鲍家屯住户除鲍姓外还有汪姓。镇宁丁旗堡汪氏为大姓，内有汪氏宗祠。散布各屯堡的汪氏子孙，除受先祖祭汪公的江南区域文化熏陶之外，更视汪公为先祖神，别具一份浓烈的宗亲之情。每逢正月十六在刚过完春节之后，屯堡人又开始忙碌、兴奋起来。一般村寨的群众要到汪公庙献祭，祈汪公护佑全家丰衣足食、清吉平安。鲍家屯、鸡场屯（后改为吉昌屯）、狗场屯的村民则分别于正月十七、十八、十九抬汪公游村。村民在规定的日子里，在德高望重的长者率领下，鸣锣开道，簇拥着到汪公庙内，毕恭毕敬地将汪公塑像移坐于一顶红轿里，在村中游行，逐一经过每户人家。各家皆于门前设案燃香烛、放鞭炮迎送，并对暂时停留的汪公像进行参拜。此村游完，将汪公像礼送回庙内，留待次日另一村依序抬游。民间称呼这一活动形式为"抬汪公"。抬汪公本按上述日程在三个村庄先后进行，但后来三个村庄的群众抬汪公心切，发生争着抬汪公的现象，互不相让。结果，汪公的衣服为狗场屯得到，汪公的华盖为鸡场屯所获，而塑像则为鲍家屯夺走。为避免冲突的再次发生，三寨各自建立汪公庙。由于屯堡寨大人众，抬汪公活动从头至尾往往需要一天一夜的时间。汪公抬至每户门前，都要接受一次参拜，可知所费时长。而屯堡人并不因费时而对抬汪公礼仪有丝毫懈怠，浓烈之情绪维持始终。

无论在道教还是佛教诸神中，五显或华光都不是经典中原有的神祇，其产生时间系在唐、宋之际，其影响区域并不广泛，我国民间绝大部分人对之并不了解，甚至未有所闻。而汪公更是名不见经传，广大民间对其更是一无所知。但五显和汪公却都受到屯堡人的尊崇，代代传承不已，原因何在？我想这应从屯堡人的历史中去寻找答案。积贫积弱的宋王朝，与夏、辽、金、元等北方少数民族地方政权争战不已，以致后来偏安江左。江南广大汉民长期处于惊恐、动荡的困苦之中。摆脱苦难，已成为民众世代追求的愿望和理想。传说能“降妖救难”具有超凡本领的五显（华光），及当民众在战乱、饥荒年代能设法从将军手中借来军粮普济灾民，使民众能够避免家破人亡惨剧的发生、能于生存与延续后代的汪华，确是功德无量。于是五显、汪公便成为这一强烈愿望与理想的寄托与化身。人们遂视之为神，对其顶礼膜拜。出于民众心理、民间社会的需要，五显（华光）、汪公逐渐成为江南地区广大群众心目中的保护神。一些地方还为之建庙，供人祭祀。

朱元璋是我国历史上第一个领导南方农民起义，推翻中央王朝统一全国的帝王。他原本是安徽凤阳的农民，曾入皇觉寺为僧。他出身于社会底层，对江南民间社会的宗教信仰天然熟悉。为顺应民心，当其建都南京后，特降旨于都城修建五显庙。上行下效，五显（华光、五通）庙于江、浙、皖、赣等地纷纷建立。《古今图书集成·神异典》所引《宁化县志》《大明会典》《江南通志》等书分别记载，“明太祖都金陵，即都中建十四庙。一曰五显灵官庙，以岁孟夏、季秋致祭”；“洪武中，五显灵官庙，每岁四月八日、九月二十八日，遣南京太常寺官祭”；“华光庙，庙在金坛县慈云寺左，祀五显灵官”。皇帝倡导，官方行祭，将民间自发产生的五显地位提高到前所未有的高度，民间对五显华光的信奉进入鼎盛期。

明王朝倡导的民间地方神在清王朝的统治层看来，认为是既不正又不利的，有的官员主张将其销毁。如康熙八年（公元 1669 年），江苏巡抚杨斌在其《奏毁淫祠疏》中特别强调“苏松淫祠有五通、五显、五方贤圣诸名号，皆荒诞不经，而民间家祀户祝，饮食必祭”。这份奏折除反映清王朝一些官员对来自民间的宗教信仰持蔑视、恐惧的心态外，还反映出五显（华光）在江南民间影响的广泛与深化。汪公籍贯休宁、为官徽州、赈灾歙州。休宁在今安徽南部，毗邻浙江、安徽二省。徽州，宋宣和三年（公元1121年）改歙州县置，辖及今安徽的歙县，休宁、祁门、续溪、黟县及江西省的婺源。汪华的事迹留传于安徽、江西民间。明初奉命调北征南及留黔屯戍的军户，基本上是从江南征集而来的农民，其中，又以安徽、江西、江苏籍的为多。如据万历《贵州通志·普定卫·职官》记载，江西都昌县人王用，洪武时任普定卫副千户。其子王葆任指挥佥事，三世孙王铭于正统六年（公元1441年）任指挥同知，九年，其四世孙王泰即任指挥使。直隶凤阳府人范昌原为百户，其子范玉于洪武二十六年（公元1393年）任副千户，景泰元年（公元1450年）三世孙范琬为指挥同知，嘉靖十七年（公元1538年）七世孙范武为指挥佥事。屯堡人的族谱对其祖籍亦皆有记载。如安顺雷家屯附近的章家庄金氏，言其入黔始祖金一枝籍贯南京应天府；鲍家屯的鲍、汪、江三大姓保持有传统的姻亲关系，鲍氏籍贯乃安徽歙县；汤官屯姜氏原籍苏州阊门；詹家屯叶氏原籍应天府……宗教信仰属于文化范畴，植根于民间的宗教信仰往往伴随着文化的核心载体——民众迁徙而移植、扩散。来自安徽、江西、江苏的军户落籍贵州后，在原籍时对五显（华光）、汪公的信仰继续传承便不足为奇了。他们从发达的江南平原地区来到闭塞的贵州高原，天天面对的是丛山密林、野兽出没，生产生活受到自然环境的诸多制约，军官的欺压掠夺又十分严重且层出不穷。《明实录》载，正统五年（公元1440年）五月五日，兵部尚书兼大理寺卿王骥在其一份奏折内说："各都司卫所官多非其人，玩愒苟禄，贪墨无耻，私役壮卒。"次年六月又奏："贵州等二十卫所屯田……徒存虚名。良田为官豪所占，子粒所收百不及一，贫穷军士无寸地可耕，妻子冻馁，人不聊生，诚为可虑。"如此现实，给广大屯军造成长期巨大的灾难，他们更希冀得到神的护佑。他们世代景仰、熟悉的五显（华光）、汪公的地位，不仅不因调移新的区域而减弱淡化，相反在新的社会历史背景中显得更加亲切与强化，并在清代、民国年间他们的后裔——屯堡人中得以传承，成为其精神生活中一个特殊的组成部分。

（五）信仰

信仰是指对某种宗教或某种主义的信服与尊崇，并以此指导自己的思想言行。我们在此所言屯堡人的信仰仅限于宗教信仰方面。

宗教通常由两大类构成。一是原始宗教，二是人为宗教。原始宗教包含三个方面：自然崇拜、图腾崇拜、祖先崇拜。自然崇拜指对天、地及日月星辰、山川古树怪石的崇拜。图腾崇拜指人们对认为与本氏族有血缘关系的某一动、植物的崇拜。祖先崇拜是指对已故先祖的崇拜。原始宗教信仰产生于原始社会，是原始人类在对人与自然的关系混沌认识的基础上产生的，属于万物有灵泛神论的意识范畴，其产生的形式是自发而又带有普遍性。人为宗教信仰乃阶级社会的产物，所指主要为佛教、道教、基督教、天主教、伊斯兰教等。这些宗教均有创始人，并有教义、教规、专职神职人员、宗教组织、教阶和专门的宗教活动场所。屯堡人的宗教信仰，既有原始宗教成分，又有人为宗教成分，即既信仰原始宗教，又信仰人为宗教，但所信仰的并非两者的全部，在原始宗教信仰中已无图腾崇拜；在人为宗教信仰中只有佛教与道教。

屯堡社区的寺庙数量多，仅据《安顺府志》卷十八及《镇宁县志》卷三所载，修建于屯、堡、旗、哨范围内的寺庙，在安平县即有27座，在安顺府有26座，在镇宁州有23座。志书所载很不全，许多屯堡寺庙并未列入志书。如安顺汤官屯万山洞寺、五官屯观音洞寺、颜旗屯杨圣庙、时家屯石佛寺、大屯关狮子山庙、白旗屯将军山庙、头堡关帝行宫、幺铺兴隆寺、富家屯永丰寺、东屯东州寺、吕官屯龙沸寺、金官屯龙华寺、詹家屯培风寺、平玉官屯大安寺等，《安顺府志》并未记载。有的屯堡村落的庙宇还不止一座，如安平县的饭笼铺有三教堂、天台寺，镇宁州丁旗堡有西峰寺、财神阁。屯堡社区的寺庙不仅数量多，名称也很庞杂。有灵隐寺、永祥寺、兴隆寺、关帝庙、祖师庙、观音庙、钟灵寺、水月庵、青龙寺、回龙寺、护国寺、龙泉寺、永兴寺、观音寺、壁峰寺、长兴寺、永佛寺、天台寺、清泉寺、金钟寺、千峰山寺、永峰山寺、正果寺、法海寺、永丰寺、石佛寺、方升寺、龙佛寺、云峰寺、培风寺、龙华寺、观音山寺、黑神庙、二郎庙、将军山庙、玉丹山庙、狮子山庙、水星阁、文峰阁、永安阁、财神阁、祖师殿、三教堂等。有的在不同的屯堡里建有同一名称的寺庙，安平县的沙作铺、骨首铺、陶官堡皆有祖师庙，九甲堡、老营堡都有青龙寺，饭笼铺、中炎铺都有三教堂，镇宁州的大山哨、石官堡都有关帝庙，岩坡哨、李广堡都有观音庙。至于卫城的寺观更为集中，如安庄卫城明初所建即有城隍庙、旗纛庙、昭灵庙、通灵庙、紫霄观、高真观、紫云庵等。明代平坝卫城建有城隍庙、武庙、东岳庙、文昌阁、永福寺、紫竹庵、三清观等。明代普定卫城建有东岳庙、马王庙、崇贞庙、圆通寺、武当山寺、飞虹山寺、普德寺、长寿庵等。像屯堡这样在村寨中广建庙宇，甚而一个村落建有两个寺庙的现象在省内外农村中实属罕见。

屯堡寺庙虽为农村寺庙，但并不简陋，往往是宽庭大院、气势恢宏、结构非凡，成为名刹而享誉一方，如安平县饭笼铺侧之天台山之伍龙寺，高耸于群山中崛起的孤峰之巅。该独峰名为天台山，山高千仞，北、西、南 3 面皆为绝壁，树不长、兽不经，但有藤蔓错杂依附壁上。唯东面稍缓，有石阶可缘大树浓荫蜿蜒而登。民国《贵州通志》描述天台山之气势为：“乱云断石中，特起孤峰，俨若百丈金茎，石壁斩截，危磴接云，又如鹫岭之高骞，蜃楼之飞驾。”山门上有乾隆十三年（公元 1748 年）所刻“黔南第一山”醒目横幅。有庙门 2 座、天井 2 进，正殿、配殿、大殿、钟楼、藏经楼等房屋 45 间，错落有致地分布其间。大殿门额有“八仙过海”石雕，正殿前正中 2 根前廊柱的柱础是两头昂首仰望天空的石狮。殿宇的山墙缘三面绝壁向上延伸，全用石头垒砌而成。部分房屋的屋顶是以方石板代瓦盖搭。茂密的树林中，3 株 3 人合抱粗的古银杏树尤显挺拔苍劲。这座结构曲折紧凑、富有当地民居特色的古刹，耸立于天台山顶，隐现丛林之中，伟岸而牢固，犹如一座庄严的古堡。天台山上之寺庙名伍龙寺，乃万历十八年（公元 1590 年）白云寺僧所倡建，康熙、嘉庆时又相继增修。寺庙大门之对联“云从天出天然奇峰天生就，月照台前台中胜景台上观”，将天台之名分三处，巧妙而自然地嵌于上下联之中，同时又真实地展现了天台山雄奇、清幽的画景。安顺云峰乡之云山屯坐落于云鹫山的山腰，山高

1508 米，明弘治二年（公元 1489 年）于山顶建有玉皇阁。阁为重檐式攒尖歇山顶建筑，后又建有关圣庙。山门所挂木板长联为："推开清静禅门仰视西南胜景遥望万仙石佛跨乘白鹤青龙宛在云中观燕子；抛弃凡尘嚣世隐居东北名山遨游八寨七贤约引天鹅海螺同来岭上看牛蹄。"联中所指"万仙"乃万仙洞，洞内有石佛数尊。"鹤"指白鹤山，"青龙"为青龙山。"燕子"指山凹处之苗寨——燕子窝。"八寨"指山脚坝子周边雷屯、竹亦、章庄等 8 个村寨。"海螺"为海螺冲，"天鹅"指天鹅山，"牛蹄"指牛蹄关。上述地名被长联艺术地收揽其中。1957 年一场大火，烧毁了云鹫山的古建筑。1979 年后，云山村的屯堡人多次集资将其重建，使昔日安顺八景之一的"雨来云鹫"能够再现光彩。

屯堡社区的寺庙皆由屯堡人及其先祖——屯军捐资或集资所建或修葺或重建。如安庄卫的文昌阁，乃明成化十三年（公元 1477 年）卫指挥陆卿主持修建。又如安庄卫城北之环翠山系因"体势宛若而环拱，草木蔚然而苍翠"得名，因其地势颇佳，"自明初设卫以来，前人建玄天宫于其上，又曰真武"。真武庙的建成"实如城中一大观"。但年久月深，墙垣倾圮，神像亦失辉煌。一位名叫明远白的老叟到处募捐借贷，以修庙为己任，"砌后壁，修两厢，理飞阁，葺前殿"，令真武庙"焕然一新"。咸丰三年（公元 1853 年），镇宁少数民族起义军兴起，有人趁战乱之机对山上的树木"斧斤伐之"，使环翠山环而不翠，真武庙之前后墙又相继有所崩塌。一些热心人有钱出钱有力出力，"宽余者捐资成美，淡泊者与人为善"，仍由明远白老人统筹安排修葺，使真武庙不至残颓。修理竣工时，他还慎重地对儿子说："老夫耄矣，善愿难完。数十年兼理此山，予只凭心。城中人恐不免疑信，将偕汝等清前款，算目前。庶或公或私，人神共鉴，此予之志也。"丁旗堡的西峰寺系丁旗堡人建于明代，供奉之神为如来佛和五显，入清后因历时久远渐有损坏。堡中施、沈、张、戴等姓有人在省内做官，他们"捐金倡义重修，且施田，募僧住持"，捐钱修葺，捐田作庙产，请来僧人专事主持庙务。嘉庆初年庙毁于战乱。后丁旗堡人集资，加上其他屯堡村落的捐助，得以重新修复："合堡尽力输金，兼得四方乐善者共襄厥成。"[①]

屯军、屯堡人何以如此热心于寺庙的修建？是因为他们认为天地间有一种超人的力量——神力的存在。传说中的佛、道诸神即神力的体现。做善事、虔心敬神，可获神的庇护，使人免遭天灾人祸，使家庭、事业得以兴旺发达。自江南移居贵州后，无论自然环境、社会背景皆大为不同，屯堡人又经常处于战争或戒备状态，导致生产、生活长期难以稳定，甚至时有危及生命之忧。命运难以自我把握，使屯军、屯堡人传统的宗教信仰得以加强，他们将命运寄托于"神灵"，在现实生活中求得宗教热情及宗教行为。普遍的寺庙阁观便是这种热情与行为的产物，是这种热情与行为的物化、凝结。正如《镇宁州志》卷八《重修西峰寺碑记》所载，"当此寺宇整新，神人胥悦，合堡鼓舞。向善蒸蒸日上，将见民气和乐，疫疠不生。志功名者，巍科高第，上乘参也；力稼穑者，岁稔谷登，慈云护也；业贸迁者，堆金积玉，宝气占也；事艺术者，利用阜财，祥轮驻也"，这里将丁旗堡西峰寺重修竣工后那种喜悦、兴奋的场面，用"合堡鼓舞"四字生动地展现出来。一座庙宇的重修完工之所以会引起"合堡鼓舞"，是由于从此又有了"神"的直接护佑，人们将更加向善，更加和谐相处，全寨将得到清吉平安，士、农、工、商行事会顺利、会兴旺发达。这里所言虽只是丁旗堡人的情况，实际上已明白无误地道出了屯堡人对宗教情有独钟的普遍心态。尽管神灵是虚幻之物，实际并不存在，但人们在现实生活中仍将其作为愿望之寄托，吉祥之象征。

屯堡人的宗教活动十分频繁，在不误农时的前提下，他们热心于各种宗教活动。宗教活动分为三种形式进行：一是在家庭里供奉；二是在屯堡村落内举行；三是去远处寺庙中朝拜。逢年过节时的宗教性活动主要在家庭里，其次是在屯堡村落中。上山朝拜大多是在节日外的其他特殊时期内。节日宗教活动又以春节期间最为密集，参与者最普遍，介入的屯堡及人群最多。屯堡人家家户户堂屋正壁皆设有神龛，神龛的主体是贴在壁上的一张方形大红纸，纸的正中竖写着"天地君亲师位"，两侧分

① 参见民国《镇宁县志》卷三。

别写有观音菩萨、三官老爷、关圣帝君、文昌帝君及祖宗等神位。“三官”为天官、地官、水官之合称。传说天官为紫微大帝主赐福，地官为清虚大帝主赦罪，水官为洞阴大帝主解厄。三官在道教诸神中的地位仅次于玉皇。这张写有诸神名称的大红纸称为“神影”。“神影”下横置一块长板陈放香炉、烛台，称为“香板”。神龛前放一张大方桌，祭祀时陈列供品。红纸贴在壁上一年会逐渐褪色或破损，到除夕时往往需要更新。屯堡人特称这一更新为“贴神影”或“接神影”。因为新写的神影要贴于墙上，故叫“贴神影”，又因新写前，须将平时珍藏的祖宗画像及宗支图取出置香板上，燃烛纸焚香祭拜，表示接来祖宗享祭后才写，故又称为“接神影”。贴门神、贴“福”字也是春节带有宗教性色彩的事项。门神一般是秦叔宝、尉迟恭画像或钟馗画像。秦叔宝、尉迟恭乃唐太宗属下大将。相传唐太宗李世民晚间就寝时，常闻室外有抛砖弄瓦声及鬼魅呼号声，难以入眠，颇为苦恼，上朝时告知群臣。秦叔宝闻知，愿与尉迟恭夜间戎装立于室外护侍。当夜唐太宗果然安静睡着。为了不劳二员大将夜夜守候，遂命人画二人画像贴于寝宫门上代替。以后秦叔宝、尉迟恭便成了门神。钟馗乃唐玄宗时人，因考武举未中，羞归故里触台而亡。唐明皇闻知特封其为进士，命岁时予以祭祀。传说钟馗为谢皇恩，曾托梦给皇帝自荐专为皇帝除妖。唐玄宗醒后命画工吴道子据梦中所见绘为《钟馗捉鬼图》挂于宫中以避妖邪，此传至民间也成了门神。屯堡人每年都从场市上买来秦叔宝、尉迟恭或钟馗等的画像贴在大门上过春节。除贴门神外，屯堡人家还用方形红纸写上一个大“福”字贴在大门上，而且往往故意把“福”字倒着贴。倒贴的原因是取“倒”字的谐音为“到”，意即为“福到了”。

安平县城正月初六在南门举行迎接大王菩萨、灵官菩萨和初八在东门有迎接傩神、雷神的活动。正月初九为玉皇会，各地屯堡人往往到有玉皇阁的地方祭拜玉皇大帝。玉皇大帝是“昊天金阙无上至尊自然妙有弥罗至真玉皇上帝”的简称，乃道教中权力最大、地位最高的天神。

在较大的屯堡村落中，春节期间常有舞龙活动。舞龙时异常热闹，以安顺云山屯为例。该村民众于正月间，以篾片编扎有龙头、龙尾、龙身的长龙 1 条，外敷以白绵纸，绘以彩色。同时编扎鱼灯、虾灯、蚌灯等及红灯笼若干。十三日进行请龙仪式，即于黄昏时分举着龙灯居中，其余各灯于两侧簇拥着出村下山到龙潭畔之龙王庙前燃香烛祭祀，请龙王神灵附着龙身，称为“请龙”。请龙毕，天已黑，人们点燃龙灯和其他各种灯内的蜡烛高举着沿山回到村落。龙灯婉若游龙蜿蜒地在夜空穿行，鱼、虾、蚌及许多红灯笼在其两边相伴而行，颇为壮观，称为“亮灯”。元宵之夜，云山屯村街道两旁人户家家准备“接龙”。在喧闹的锣鼓声中，以龙为中心的灯队自村东至村西，从街的一侧依序停在每家门前，该家即烧香烛纸以示“接龙”。龙灯遂进大门，钻入各间房屋。每进一间房屋，舞龙者都念“龙钻龙钻，一家老幼清吉平安”之类的祝词。龙灯钻进屋毕，该家主人赠给龙灯队红包一个，家庭的男子们点燃爆竹投向龙灯。如此一一进行到村街头，从村东街头另一侧挨户进行到村西街头，再从村西街头另一侧挨户进行到村东头最后一家。尽管龙灯从村东街之一侧到村西，又由村西街之另一侧到村东不停歇地进行，到接龙仪式完毕时也往往到了三更时分。这时的舞龙者们在持续不断的行进中早已疲累，而被各家用鞭炮投轰的龙灯也已遍体鳞伤。龙灯队收得各家赠送的红包还不得私分，须分文不少地清点交给灯头保管，留作下一年舞龙时的开销经费。龙灯队须不顾疲劳，到龙王庙前祭祀龙王，将龙虾等灯于龙潭边焚烧后才算完成任务，舞龙者们才带着激动而轻松的心情回家休息。

对观音、东岳大帝、城隍的祭祀则需在寺庙里进行。一年之中，对观音的祭祀次数最多，除在家神龛上节日参与享祭外，例行的专祭有三次：第一次在二月十九，被认为是观音的生日；第二次在六月十九，被认为是观音得道飘游南海日；第三次为九月十九，被认为是观音成佛日。“观音”是佛家观世音菩萨的简称，专事在人间救苦救难。东岳大帝乃道教崇奉之泰山神。泰山为东岳，为五岳之首，颇受帝王尊崇，许多帝王都以能封泰山为大事。唐玄宗封泰山为天齐王，宋真宗先后封泰山为仁圣天齐王、东岳天齐仁圣大帝。传说东岳大帝掌管着人间的生死，各地建庙祀之。三月二十八日为东岳祭祀日。古代称有水城堑为池，无水的城堑为隍。古代民间认为城隍是护城神，可以保护城池安全，不受侵犯。从唐代起，城隍被道教视为阴间的地方长官，除护城外，还兼有负责治安的职能。明太祖朱元璋将城隍依其大小封以爵位，府城的城隍为公，州城的城隍为侯，县城的城隍为伯，并下令全国各府州县城皆建城隍庙。各地城隍庙的结构大体相同：庙门前为石狮一对，正殿端坐木雕彩绘城隍，两厢塑有判官、牛头马面、无常鬼、鸡足神、十殿阎王等，正殿殿额匾书“善恶昭彰”。五月二十八是城隍的祭日。每当玉皇、观音、东岳、城隍等祭日那天，玉皇阁、观音庙、东岳庙、城隍庙就非常热闹，屯堡人群从四面八方不断向相关寺庙涌来，路上朝山者络绎不绝，庙中燃香焚纸祷拜不断。人们称去远处寺庙朝拜为“朝山”，因为除城隍庙在城里外，有名的大寺庙几乎都是建在山上。每当朝山期间，屯堡人成群结伴地从各地屯、堡、旗、哨、铺等村落走出，沿着古驿道、公路或弯弯曲曲的山间小路走向所要朝拜的寺庙。路程十几里、数十里不等。朝山人数中以中老年人为主，尤以妇女为多。朝山的屯堡妇女们在家梳妆打扮之后，穿上新衣或换上整洁的服装，肩上斜挂着一只长方形大布袋，袋内装着雨伞、干粮及香、烛、纸钱等用品、祭品，相互邀约着出发上路。沿路熙熙攘攘，有说有笑地行进着。到达寺庙后，她们面对泥塑木雕的菩萨点香、燃烛、烧纸拜祭，并朗朗地唱起“佛歌”。名是“佛歌”其实没有任何有关神佛的内容，全是手抄本上关于三国、唐宋时期的“关公困土山”“白蟒台”等历史故事，至多加上些《柳荫记》《水打兰桥》之类她们特别喜欢的有关爱情的故事。只是在每唱完一段歇气时，例行唱上一句“佛呵，南无阿弥陀佛”作为暂停休息的标志。唱佛歌的形式为一人领唱，众人和之。领唱者由熟悉历史演义、爱情小说，记性好，声音洪亮、吐音明朗之人担任。“佛歌”不仅在朝山拜佛时唱，平时赶场天，赶完场或赶场休息时也唱。唱的形式及内容与朝山时相同。《安顺府志》卷十五载“城乡士民皆竭诚斋沐上香，一路祷拜之声，络绎不绝”，记录了屯堡人朝山拜佛时的生动景状。

在家祭祖祭天地、在村落里祭祀“神灵”、到远处朝山拜佛等是屯堡人定期举行的主要宗教活动。此外，还有不定期举办的一些巫术活动。如“庆坛”、请“迷讷”。庆坛、请迷讷是由家有久治不愈病人或遭遇灾难或曾有“许愿”实现后要“还愿”的人家出资操办。

屯堡人年庆之坛为五显坛。五显坛以五显或华光为主，配祀药王等神。庆坛由要求庆坛人家延请掌坛师主持，掌坛师俗称“端公”。庆坛多在秋收后举行，因秋收秋种后农民有了粮食，且处于农闲季节，有时间操办。庆坛法事繁琐，少则3日，多则7日或9日，视庆坛人家的财力与要求而定。庆坛所需祭品为猪、羊各1头，鸡4只，鱼7条，鸡蛋7个及“刀头”（一块长方形的猪肉）、糯米粑等。端公于吊头上陈放28宿图，椅子上挂以有关坛神牌位，于升斗内插上坛伞及五猖旗，形成一种神秘气氛。庆坛仪式包括请开坛、榨磴、回神、安神等程序。整个坛事活动由端公念、唱、跳，端公皆为男性。有人生病久治无效，有的人家则请迷讷来家行巫。迷讷全是女性。迷讷来后先用鸡蛋1枚反复滚擦病人身体的相关部位，用水煮后去壳，据蛋白上的斑纹形状判断是何“邪怪”附身作祟。之后择期禳解——作驱邪法事以解除病人的病因。禳解方式由迷讷看蛋后认定是何类邪魔而决定，或泼水饭，或叫魂，或烧胎，或交钱。迷讷、端公均属巫师之列，虽然也是农民，一般并未完全脱离农业劳动，但他们都是农村的职业或半职业的行巫者。他们的行巫并非义务，而是运用巫术获取钱财。庆坛、禳解的供品大都由其带走享用，此外当事人家还得给予一定的钱、粮或肉、酒、鸡作为报酬。在人类历史上，巫术起源于原始社会早期，是利用虚构的超自然力来作用于客体以实现目的的一种意识和手段，属于准宗教范畴。原始宗教出现后，产生了鬼魂与精灵观念。巫师自认为是能与鬼神交往的非凡之人。在阶级社会里，巫师更是利用装神弄鬼骗取钱财。古代即有人多对此进行批揭。《田居蚕室录》载：“今民间或疾或崇，即招巫祈塞驱逐之，曰‘禳难’。其傩必以夜……其右设一小案，上供神曰‘五猖’，亦有小像。巫党椎锣击鼓于此……至夜深，大巫舞袖挥袂，小巫戴鬼面，随扮土地神者导引受令而入……时阴气扑人……其小儿每不令睡，恐其梦中应也。主家亦然。间有小儿坐立间无故如应人者，父母不觉，常致奄奄而毙。”乾隆年间（公元1736～1795年）胡端曾有《禁端公论》，论曰：“黔蜀之地，风教之至恶者，莫如端公。不悉禁，必为大害。”认为端公“决祸福，假于神以诳煽妇女。小民无知，亦信其家人妇女之言。遂烧香许愿，敬其神，畏其鬼，争迎端公至家，歌以祷焉”[①]。胡端指出端公“决祸福，假于神以诳煽妇女”，要求禁止是对的，但他认为端公这一巫术是汉人学自苗人而杂以民族歧视，无论是就历史事实还是观点立场而言都是谬误的。需要说明的是，庆坛与地戏有相似之处，如两者供奉五猖或五显，两者都有祭神仪式，两者都含有驱邪、纳吉含意，两者都戴面具，故人们曾把端公的庆坛和跳地戏都混呼为“跳神”。其实庆坛与跳地戏有着重大区别，并非同一属性。庆坛的坛神是设于端公私家屋中的神坛内，地戏所敬之“神”是在寺庙中；庆坛是应私家所延请，为私家“驱邪”、在私家室内举行、由私家开销，地戏是集体活动、群体集资、为社区驱邪纳吉，于室外举行；庆坛以请神为主，所行皆为法事，地戏以娱人为主，仅起始及收场时有祭祀活动，其间全为历史性武剧表演。

宗教是一种社会意识形态，是历史的产物，是在一定的思想认识的基础上产生的：古人相信在现实世界之外还有超自然、超人的神秘境界与神秘力量存在；这种力量往往超过人们所见、所闻、所感的自然力，对其还不能正确理解，只能够顺应自然甚至屈服于它。自然力往往支配着人们的生产、生活，既可造福于人，又给人以灾难，于是人们将其人格化，视自然力为一种超自然的神灵；自然能量既然是人们将其人格化的结果，那么超自然力——神灵及其所处之境界就与人一样有意志、有喜怒、有衣食住行等需求。最初的宗教是原始宗教，产生于原始社会中后期。人为宗教是后起的宗教，产生于阶级社会。在原始宗教出现之前笼罩、支配着人们的生产、生活、思想与行为的是巫术。巫术产生于原始社会早期。巫术的特点在于无明显的超自然体的观念，即并无超自然、超人的神秘力量的意识，施于巫术的巫师认为按固定的格式、程序用特定的语言、动作即可对客观的人、事、物发生控扼作用，就可以产生预期的影响。巫术虽然是主观的、唯心的，但它不以客观为崇拜对象，又不依神力（因当时神灵观念尚未产生）转移，而是按照施行巫术的巫师的意志、言行行事，故学术界视其为准宗教现象。总之，人类在宗教信仰的过程中，历经了巫术、原始宗

① 参见民国《贵州通志》。

教、人为宗教三个阶段。这三个阶段是由低级到高级，从简单到复杂的不断发展历程。但原始宗教的出现并未取代巫术，人为宗教流行后，原始宗教也并未告退。巫术、原始宗教、人为宗教三者至今仍不同程度地并存于众多国家的民间。

对屯堡社区的宗教信仰，笔者认为可以从如下几个方面进行认识与归纳：

第一，巫术、原始宗教、人为宗教并存。

原始宗教信仰在屯堡人中普遍存在，有对天地、对星月等的自然崇拜，有对列祖列宗的祖先崇拜。这些崇拜的对象、时间、地点及进行方式都用年节的形式固定下来世代依样进行。参加一年三次的观音会是人的信仰佛教的主要表现形式，玉皇大帝、东岳大帝、龙王、灶神等则是屯堡人在道教信仰方面的主要信仰对象。对佛、道诸神的祭祀是以朝山拜佛形式于规定期内进行。请端公庆坛、请迷讷治病是遇有厄难、有病痛的部分人家在特定情境下的特殊行为，并非家家如此、事事如此，也并非人人有能力如此，尤其庆坛的开销，非普通人家财力所能支撑。普定卫（后之安顺府）城东南太和街有一石，高丈余、宽两丈余，石下长松、竹及花草，该石名为“太和石”，太和石所在之街因之名为太和街。安庄卫（后之镇宁州）城西二十五里处西屯枝地坪上有一岩石突起，高五六尺，雄立如将军，名为“将军岩”。此二处岩石因形状奇特、气势不凡被人视为神灵化身，受到崇敬。《安顺府志》卷八载，每月“朔望，附近居民携小儿寄名上箭，香火不绝”，向将军岩祭祷。同书卷十五载，“六月六日，西门外太和石香火甚众”。对太和石、将军岩之类形状怪异的岩石的崇拜是自然崇拜，是在屯堡人中保存的较为原始的行为，不像节日里的自然崇拜已赋予更多的社会色彩并已规范化。

屯堡社区有巫术存在，有原始宗教存在，又有人为宗教存在，三者长期并存于屯堡社区中。其中，原始宗教信仰在屯堡中最为广泛，渗透于生产、生活的诸多方面，且纳入年节的活动范畴，使之淡化了纯宗教信仰的形式与成分，演变为轻松、欢愉、热烈、喜闻乐见的社会习俗组成部分。原始宗教信仰是屯堡人最基本、最普遍的宗教信仰。屯堡人对人为宗教也较重视，这从广建寺庙、信奉佛道二教中的某些神祇以及热心朝山拜佛等事项即可看出，但与原始宗教比较而言，于宗教感的深度、广度和地位上则处于次要地位，可以说是屯堡人宗教信仰的一种重要补充。屯堡人虽然也尊崇佛、道，但极少有人出家当道士作僧尼，甚至有人认为当和尚、道士会影响本宗族、家族的荣光。巫术在屯堡人中虽有一定影响，但其深广度远不及原始宗教和人为宗教，新中国成立以来，随着人们科学知识的提高、医药卫生的发展，端公、迷讷等具有明显欺骗行为的巫术，活动的范围越来越窄，出现的频率越来越小，处于即将消失的处境之中。

第二，三教共处。

建德二年（公元573年）北周武帝亲自主持三次特殊的会议。会议参加者有“群官及沙门道士等”，会议主题为“辨释三教先后”，讨论的结果是“以儒教为先，道教为次，佛教为后”①。“三教”之说由此出现。很明显，当时的人们是将儒家学说及其礼教视为宗教。释教即佛教，“三教”所指即儒家礼教及产生于本土的道教和来自印度的佛教。后人将三教与产生于先秦时期的儒家、道家、阴阳家、法家、名家、墨家、纵横家、杂家、农家等九个不同学术流派合呼为“三教九流”。“三教九流”原意为各种不同学术流派的总称，此后，逐渐演变为除士农工商外，被社会视为低级职业的代名词，含有贬义。若仅是“三教”则仍属儒、释、道三家原意。汉武帝“罢黜百家，独尊儒术”后，以忠、孝、仁为核心，以孔孟为代表的儒家学说、儒家礼教在历代封建王朝中一直占据主要统治地位。道教以老庄清静无为思想为核心，广泛吸收中国民俗神列入其神仙谱系，如灶神、土地、东岳大帝、药王、城隍等。其宫、观、阁的建筑装饰图纹，又多用扇、鱼、仙、蝙蝠、鹿等含有善、裕、仙、福、禄等谐音及松柏、灵芝、麒麟、龙、凤、竹等表示长生、高洁、吉祥等符合人们情趣及心理需求的事物。因而道教的根基主要存在于我国民间。佛教源于印度，西汉末东汉初开始传入，历经三国魏晋南北朝战乱不已的年代，以其四大皆空、因果轮回、追求来世学说及出家为僧可脱离尘世、可不纳赋役的机遇，吸引了许多信徒，逐渐站稳了脚跟。儒、道二家学说虽异，但无根本冲突，且历史上曾有孔子

① 参见《北史·周高祖记》。

问道于老聃的关系，两者之间各自发展，尚未有大的矛盾、激烈的争斗。佛教传入后在我国的积极发展，威胁着儒、道两家原有的地位和利益，其教义也多与儒、道大相径庭，加之又是外来宗教，于思想感情上有所隔阂，于是发生了儒家对佛教的排斥抵制，以韩愈的上书《论佛骨表》反对皇帝迎“佛骨”最为典型。道、佛两教代表人物则不断地相互攻讦。

儒、释、道三家既有斗争，又有联合，甚而出现了汇融。魏晋时期儒学中产生新的流派“玄学”。玄学以儒学为主，兼收老庄思想及佛教学说。东晋时的道士葛洪即主张以修炼成仙为目的，但要求道徒须以儒家的忠孝仁为本。南朝陶弘景编撰的《真灵位业图》将神仙排为7个等级，其中儒家尊崇的黄帝、尧、舜、禹、儒学创始人孔子最喜爱的高足颜回被排与老子、庄子、葛云等并列在第三等级之内。禅宗在东晋形成后，以其“见性成佛”的提倡摒弃佛教传统的繁缛戒律，顿悟主旨简单易行，于是以压倒优势居于佛教各宗派之上，并宣扬和尚在俗时对父母的尽孝。一些和尚也以作诗扬名，摆出儒士之风。因封建统治阶级深知佛、道两教在对人民进行思想统治中的重要意义，到了唐代，王朝宗室姓李，奉道教道祖李聃为远祖，随之确定道教地位列于佛之前，同时又对佛教大肆推崇。正式将佛、道二教起用，与儒家礼教一并作为思想统治工具，出现儒、释、道并行的局面。玄学主张的“无”、道教主张的“虚”、佛教主张的“空”，三者于内在观点的融通性，也奠定了儒、释、道三家相互妥协、融汇的思想基础。宋元时期道教中出现了新的教派——全真教。全真教规定道士须出家修炼，不得娶妻、食荤，主张在宫观里“苦炼心性”，教规与佛教已趋于一致。全真教的创始人王重阳在诗作《修竹》中说“心中端正莫生邪，三教搜来做一家。义理显时何有异，妙玄通后更无加”，明确地主张三教合流。在其《孙公问三教》诗中的“儒门释户道相通，三教从来一祖风。悟彻便令知出入，晓明应许觉宽洪”，则更将三教的关系提到同宗共祖的高度。三家既然业已合流，反映合流的载体——三教寺也随之应运而生。三教寺又名三教堂。据《安顺府志》卷十九载，安平县有三教堂两座，均在屯堡村落。一座在饭笼铺，另一座在中伙铺。据《镇宁县志》卷三载，镇宁州有三教堂一座，在北口堡。笔者在天龙镇天龙村（即古之饭笼铺）实地调查，该铺三教堂的结构如是：堂之大门顶部建有楼阁，内供玉皇大帝塑像，名玉皇阁。进大门过天井即达正殿。正殿殿堂有三间，中堂供释迦牟尼，右堂供孔子，左堂供观音（道教尊为慈航真人）。一座庙堂之内，儒、道、佛三家尊崇之偶像皆有焉。民国年间饭笼铺的三教堂用作镇公所，解放后又改作民办学校。

屯堡人中儒、释、道三教并存不仅表现在为数不多的几座三教堂上，更多地反映在家家户户的神龛上及节日祭祀和朝山的礼仪活动中。屯堡人家堂屋正壁用大红纸写的神龛正中，“天地君亲师”占据主位。“师”之所指即“大成至圣先师”孔子。主神位两侧总少不了佛教的“观世音菩萨”，道教的“三官老爷”“关圣帝君”等神位。屯堡人将儒、释、道“三教”之“神”共同供奉于住宅堂屋内，逢年过节时一并祭献。每逢道教的城隍庙会、玉皇会、关帝会、土地会，佛教的浴佛节、观音会等人们也都热心地前往参与。坐落在山上的玉皇阁、东岳庙、观音寺，纵使山高路远，在相关的日子里也都会挤满来自方圆几十里屯堡村落的朝山客，香烟缭绕，祷告之声不绝。安顺云山屯云鹫山上的玉皇阁，毁于1957年的正月初九。原因是当天香客过多，所烧纸灰堆积甚厚，灰火未灭，于黄昏时分引燃楼板酿成大火。在山风劲吹下，这座建于明弘治二年（公元1489年）的古阁很快化为灰烬。

儒、佛、道“三教”在屯堡社区长期地并存共处，固然与“三教”间自身的融通，封建统治者的利用、倡导有关，但更与屯堡人自我的价值取向有着直接的关联。他们的先祖大多原系江南农民，被征从军后奉命屯戍，后又还归民籍。无论是军抑或是民，他们的祖祖辈辈皆属于社会底层，均以务农为本，都是自食其力。他们没必要也无条件去注意三教的异同和辨别三教的是非。他们历经生存空间的转移、生活时代的变迁，所见、所闻、所感远远多于普通的民众、寻常的军人，具有较少保守性、较多适应性的特征。凡是宣称能驱魔避邪、能使风调雨顺、五谷丰登、人畜平安的神灵，不管是姓佛还是姓道，都统统“拿来”，作为精神的一种寄托，作为实现愿望的一种祈祷对象。对“三教”不说长论短、不厚此薄彼的态度，反映出屯堡人的务实性，及兼收并蓄的包容性。

第三，地域特色。

巫术、原始宗教、人为宗教的并存，儒、释、道“三教”的共处，在广大汉族民间较为普遍，具有共性。作为汉民族众多支系之一的屯堡人并不例外，不过表现得较为集中、突出而已。屯堡人在宗教信仰方面除上述共性之外，还有着若干个性，其个性正是值得我们深入研究的。

屯堡人宗教信仰领域内的个性之一是有着明显的地域性。地域性的表现主要是崇奉汪公、五显。前已述及，汪公、五显本凡人，汪华事迹发生于安徽的徽州、歙州，萧显德弟兄的事迹发迹于江西德州。汪华因向将军借粮救灾民助民度荒存命而被尊为神，萧显德弟兄据传能“降妖救难”，道教立之为“五显灵通大帝”，佛教亦呼之为“五通”，尊为“华光大帝”。对汪公的崇敬限于安徽的徽州或歙州、凤阳境内，崇敬五显的范围较广，但也只在江西、江苏、浙江一带。汪公、五显之类的神祇，属于地地道道的地方神，其传说、其庙宇在广大汉族地区是几乎没有的。他们随屯军移植于贵州之后，也只在屯堡社区被传承下来，而其原有的区域性仍然保持着原籍时相对应的表现。在广大屯堡社区中，有汪公庙者只有普定卫城及安顺凤阳籍屯军的村落，《民国续修安顺府志》载“汪公庙，在城内青龙山上，祀唐越国公汪华”，“各屯堡寨皆建有”，“自凤阳来者祭享祀不衰”。每年举行“抬汪公”的活动，也只在狗场屯、吉昌屯、鲍家屯等少数几个寨子间轮流进行。五显庙、华光庙在平坝卫、普定卫、安庄卫所属屯堡村落多有散布，各屯堡都有供奉五显、华光之习俗。各屯堡的端公更在家里设置五显坛、五猖坛，尊为行巫时的主要坛神。正如《镇宁县志》卷二所载：“镇宁巫觋有三：一曰五显坛，以供奉五显、华光为主，药王三圣及一切陪神皆附之。奉此坛者，为江南各省移来之汉族。”

第四，职业特色。

屯堡人宗教信仰个性之二，是其信仰常有突出的职业色彩。尽管屯堡人的先祖在江南原籍时基本上都是农民，调来贵州屯戍后仍未脱离农业——屯垦，卫所裁废后又全部成了民户，变成地地道道的农民，直至今日。但在有明一代200余年的长时期里，他们的身份是军人，他们的基本职责是军务，当时屯垦的目的也是为了能稳定、有效地为军务服务。军人是屯军明确的职业，长期世袭的军职身份导致他们在宗教信仰方面与一般民众有所不同。不同处表现于在江南民间传统宗教信仰的基础上强化并增添一种直接服务于军务的宗教信仰活动。

三国时期蜀国大将关羽忠心、正直而威武，殁后，人们为之建庙，名“武庙”。宋崇宁元年（公元1102年）宋徽宗追封关羽为“忠惠公”，宣和五年（公元1123年）加封为“义勇武安王”，万历三十三年（公元1605年）明神宗加封为“三界伏魔大帝神威远震天尊关圣帝君”。佛、道两教亦争相将其列为自己的神祇。道教列之为“伏魔大帝”，佛教尊之为伽蓝之一（寺庙守护神），杭州灵隐寺十八伽蓝神旁即塑有关羽像。中国南方的许多地方建有若干祈奉关羽的寺庙。省会、府州、县城所建通常为武庙，乡村所建一般名关帝庙。屯堡社区的关羽庙特别多，在平坝卫、普定卫、镇宁卫城内均建有武庙。平坝卫的武庙在城内东大街，普定卫武庙乃明永乐年间（公元1403～1424年）建，在城的南面，安庄卫的武庙在城南。关帝庙在许多屯堡村落都有，正如《安顺府志》卷十八载“关帝庙各村寨皆有”。屯堡社区不仅关帝庙多，且关公的塑像也尤为突出，显得尤为庄严威武。明末奢安事件时，四川巡抚兼贵州监军傅宗龙领兵驻扎平坝卫城，闻捷后曾专“诣大帝行宫谒谢瞻仰像”，颇感卫城之关公神像“英毅庄严，令人魄悸”，他深有所感地对随行将吏言道：“吾行天下，瞻帝像多矣，无如此凛凛有生气者，其神力化现，庇此一方，诚可信不佞。”他在《重修平坝卫关帝行宫碑记》中关于“兹烽火干戈之域，老幼男女，非大帝无所请命”的论断，可视为屯堡人强化关公崇奉的社会历史原因。

屯军在从军前身为农民时，其江南故土即有传统的“乡傩”(即后之端公跳神）活动。屯驻贵州后乡傩虽亦随之带入，但乡傩活动的范围及功能在日趋萎缩，而借助乡傩形式创建的“地戏”在屯堡社区产生、确立并全面发展。跳地戏的目的也是为了“驱邪纳吉”，在其程式的起首“开箱”、收尾“装箱”时都有祭神仪式，甚而有的人户也请地戏班的人为之在家里“还愿”，故民间将地戏和庆坛都笼统地称为“跳神”。其实地戏“开箱”“装箱”所祭之神皆非佛教、道教尊奉之神，而是一些历史故事里的武将。跳神中扮演的所有角色都是历史社会中的人，而无一为虚拟的神。跳地戏的目的虽是为了驱逐邪疫、祈求神灵保佑得以清吉平安，但这些“神”都是如“英毅庄严，令人魄悖”关公之类的正面将帅，显然是取以正压邪而非以神除魔之含意。跳神的剧本情节全是历史性武戏，正如清代镇宁州人余上泗的《蛮洞竹枝词》对地戏的描绘：“伐鼓鸣钲集市人，将军脸子跳新春。凭谁认得杨家将，看到三郎舌浪伸。”地戏展示的是关公、杨家将之类忠正威武、令人咋舌的（当然也让人格化的鬼怪畏惧）将帅雄风，是以表演将帅的威严勇武以振士气、奋民风。表演作战时，打斗双方砍挡认真有力，更可视为一次实战演习，或可视为一场武术表演。以正压邪、演习武功应是屯堡人创造地戏、热衷地戏，使地戏具有深厚社会性、广泛群众性而久盛不衰的深层次目的所在。这就是利用宗教活动形式直接服务于军务的社会历史根源。

宁谷屯堡人春节期间打“石头仗”的民俗可作为跳地戏深层次目的的佐证，打石头仗虽仍属一种节日娱乐活动，然其军事含意是再明白无误的了。在春节的初一至初五这几天里，宁谷村寨的屯堡人，无论男女老幼都聚集到一块草坪上，以一条干沟为界，各自分站一方，拿着石头、土块向对方人群猛力投掷。被投击者迅速躲闪、奔跑的同时，伺机反击。霎时间整个平地上成百上千的人群东奔西跑、狂追猛砸，石头土块如箭、如弹密集穿梭，吼叫之声震耳，简直是一场雄壮、威武、惊心动魄争战情境的再现，是动真格的，不是摆摆架势、做做样子而已。人们认为受伤流血的人越多，就意味着秋收会越丰硕，因此互相对击者不分父子、夫妇、亲友，受伤者只埋怨自己功夫不到家，伤人者从不会被人追究、责怪。石头战是屯堡人中一种祈求丰收的特殊祭祀活动，更是屯堡农闲操练实战演习的一种特殊的娱乐节目。跳地戏、石头战之类似乎带有宗教色彩的节日文体活动，实质上都属于军事操练，具有实战演习性质，都是因屯军这一特定的职业属性而形成。表面上看似在娱神，实质上是在娱人，确切地说是在训练人，告诫人们即使在喜庆的重大年节里也不得忘掉作为军人的职责，不得懈怠战备，不能局限、沉溺于传统单纯的祭祀、娱乐活动中。春节期间，按传统惯例，连不吉利、犯讳的话都不能说，作为特殊禁忌约定俗成，岂容得去表演全是打打杀杀的地戏、去参加尽力厮杀不免伤亡的石头战？以敌对打杀为内容的地戏、石头战与要求祥和欢快的春节，两者无论在形式、内容还是在目的上都是相背离的，而屯军、屯堡人却将二者和谐、紧密而巧妙地联结在一起，可谓中国节日活动中罕见的奇观，堪称我国民间宗教信仰活动稀有的景象。将形有宗教色彩、实为军事演习的地戏、石头战成功地嵌入传统大节日之内，是屯军屯堡人卓越的独创，是屯军、屯堡人既尊重传统更讲究务实精神和作风有机结合的典型表现。

第五，朝山拜佛名不符实。

翻山越岭去大寺庙是为了拜祭神佛，而面对神佛所唱之“佛歌”又与神佛丝毫无关，且按常规而言，可以说是对神佛的不敬，甚至是亵渎。这一名不符实的朝山拜佛的情况是屯堡人宗教信仰中的个性之三。玉皇会、观音会、关帝会是在寻常节令之外特定的大型宗教活动节日，每逢玉皇会、观音会、关帝会之日，但见成千上万的屯堡人不负重、不挑担，成群结队边说边走，行走在驿道、公路、山间小道上，目的地是坐落于山上的玉皇阁，或观音庙，或关帝庙。若问他们去干什么，回答是去“朝山”或“朝佛”；问朝山搞哪样，回答是“拜佛”；问为什么要拜佛，回答是“求菩萨保佑”。显然他们此行的方向是明确的，目的是清楚的。朝山拜佛的参与者，大多数是中青年妇女。她们是每一次朝山拜佛的主体，是最热心朝山拜佛的人群，也是对朝山拜佛最认真、最活跃的香客。她们清早在家里忙着精心梳妆打扮；折得平整的青色或白色头帕环围着头发，两鬓青丝并作圆形遮盖着双耳；身穿大紫大绿、镶以宽边的右衽大襟宽袖长衫，腰系青色宽大丝带，带之两端结套垂吊于后，穿青布长裤、干净布鞋，斜挎胀鼓鼓的长方形大布袋，高高兴兴地结伴出门。不知情者，会以为她们是去走亲戚，参加婚礼，或是去过什么喜庆的节日，知情者才知道她们是去朝山。她们轻快、自在、成群地行走于山野之间，往返途中会在路边歇息，悠扬地唱起“佛歌”，在寺庙里对着佛道神祇焚香燃纸祭拜，又唱起“佛歌”。她们鲜艳的服饰，她们潇洒的风姿，她们矫健、轻快的步履，她们爽朗的谈笑，她们悠扬的歌声，她们沉静、肃穆敬神的神情，给莽莽群山生色增辉，给苍茫大地点染上生动活泼的气息，使寂静的古刹神殿人如潮涌，声浪喧天。呵，这是何等的动人，何等的壮观！难道真是这些泥塑木雕的神圣们有如此强大的吸引力，将众多的屯堡女子从四面八方的村落里感召出来编织成这样一幅巨大而动态的图画？抑或她们真的是虔诚的宗教信徒，特地在这天全力以赴地去祈神、娱神？其实并非如此。她们朝山的确是为了祭拜神佛，的确希望在神灵的庇护下全家清吉平安、丰衣足食、免遭天灾人祸。然而这些并非她们此行的全部目的，若深入探究，会发现这天的求神拜佛并非她们此行的真正的主要目的。从她们在这天所唱的“佛歌”来看，无论是何屯何堡的人，其唱词都是七言句，内容都是手抄的《三国》《说唐》之类的地戏剧本或《水打兰桥》之类言情的花灯唱本或历史武戏、情爱故事。这些唱词不但与拜佛祭神毫不相干，按理说来有的还与祭祀氛围极不协调，甚而有对神不敬之嫌。虽然如此，她们却偏偏要在这天认真地唱、尽情地唱，硬要将这样的歌称为“佛歌”。之所以称为“佛歌”，盖因主要在朝山拜佛时唱，且每唱完一段都要念上一句“南无阿弥陀佛”来承上启下的缘故。即使非神会朝山期，于赶场时若天晴地朗，她们坐在路边休息时也如此唱，仍然叫作唱“佛歌”，不受指责、不被反对、不加改变。这种奇特反常的现象究竟是怎么一回事？究竟为什么会这样呢？

屯军携带家眷来黔屯戍，是明王朝寓兵于农的重大决策与措施。屯军既要担负操练、守御等军务，又须屯田以自给。按规定，原则上是农时种田，农闲操练，具体全年时间分配军务与农事之比为3:10。农闲时间大体在十月秋收秋种完毕开始，至二月结束，大约有4个月的时间。这在正常年景下，用于军务的时间是够的。军士们可做到于军于农两不误，符合朝廷要求。然而，实际情况往往并非如此，少数民族人民的反抗、土司的作梗是不依农时为转移的。军情的出现、战事的爆发常常会在农忙时产生。屯军的防守甚至征调外出作战也不都以农闲期为限。军命不得违，必须依令行事；防务不能疏，否则有屯破堡毁之忧；农时不可误，误则庄稼无收，无以维持生计。屯军特殊的身份、屯军所处的客观环境，决定其不可能真正按照朝廷命令做到军农两不误，两相权衡，须以军务为先，而农事又丢不得、农时又误不得。在此两难之际，又须以防务为主的情势下，军士不可能军农两副担子同时一肩挑，难题留给各军户自行承受、自我解决，军官与官府是不管的。为了生计、为了生存，军士的妻室被迫承担起务农的重任。如此既可让各自的丈夫安心作战无后顾之忧，又能减免挨饥受饿之苦。中国封建社会农村“男耕女织”的传统在贵州屯堡社区搁了浅、行不通了，逐渐为“女耕男军”这样的家庭分工形势所替代，屯堡妇女渐之成为农业生产的主力军。屯堡妇女在一直承担家务的同时又要务农，真可谓家务、农务集于一身，可谓生产、生活双肩挑，事项之杂、耗时之长、负荷之重、体力付出之大、心力付出之多是不言而喻的，是普通男子或女子所不能与之相比较的。农业生产基本上属于田野作业，须负重、须使力、须行走劳作于凹凸不平、干湿无常的山路、田野，这是“三寸金莲”的小脚决不能支撑、决不能胜任的。由于田野劳作的需要，屯堡妇女只好放弃缠足的传统，以其天足，勇敢地走出家门、稳当坚定地走上田野。这既可免去裹足钻心之苦痛，又能真正地为男子、为丈夫分忧解愁，有效地承担起全家老幼衣食的重任。特定的时空促使屯堡妇女突破传统，于一些观念、习俗上发生根本剧烈的改变，形成新的民风，引起人们注目，特别作了记录。《安平县志》卷五是这样表述的：“屯堡（人）即明洪武时之屯军”，“女不缠脚，一切耕耘，多以妇女为之”。《镇宁州志》卷五也如是说：“屯堡人……妇女不缠脚，勤于农事。”由于屯堡女子皆为天足，故被其他汉族人呼为“大脚妹”。在生产、生活一人双肩挑的超负荷的重压下，“大脚妹”们一年四季终年忙碌着、劳苦着。

弦绷紧了易断，牛、马累过度了要倒，机器连续运转久了要损坏，人持续不断地过分操劳也会垮。“一张一弛”“有劳有逸”，这是人们在不断实践中得出的经验和结论。在生产力低下、靠天吃饭的条件下，人们要能做到紧弛有度、劳逸有时是十分不易的。一年到头总是紧多弛少、逸少劳多。尽管如此，人们为了自身的生存与发展，总要设法对自己的生活节奏尽其可能地做一定的调节。年节的设置和热心于年节活动的原因虽然多样，但借此机会转换一下视角、转移一下旋律、调整一下节奏、松弛一下心身，可能是一种潜在的愿望，至少在客观上能起到调节、休整作用。我想，这可能是屯堡妇女何以特别热衷于朝山的缘由。不少屯堡村落虽建有庙宇，所供“神灵”种类不多，较大的较有名的寺庙又多在远处山上，故无论村落有无佛道庙阁，屯堡妇女，大多要去朝山。朝山的距离较远，常有数十里之遥。朝山所费时间较长，往返足需一天。屯堡妇女朝拜最多的名山主要是平坝区的天台山、西秀区的云鹫山和长顺县的白云山。前二者坐落在屯堡社区之内，后者在屯堡社区之外。山上有关建文的古迹甚多，除潜龙佛殿外，尚有皇阁（亦名潜龙阁）、天子台、南京坪、南京井、漏油窝、漏米窝、漏盐窝和帝跸洞等。这些与明代故都相关的地名、明代皇帝的遗迹，在屯军后裔屯堡人的心目中有着特殊的地位和相关联的情感，因而白云山成为屯堡人朝拜的一座名山，其意义远不止一般的朝山拜佛，而含有追抚历史、思念故土之情怀。

每年农历二月十九这天，长顺、安顺城区、平坝等地之屯堡妇女成群结队地从各方涌向白云山。“朝佛”的人群犹如一条条长龙行进在通往白云山的条条大道小路上，向海拔 1460 余米的山上攀登。大地上、田野间，到处都是欢声笑语，五颜六色的着装耀眼醒目。山庙中香烟袅袅，“佛歌”声声，别有一番景象。朝山之日，妇女们肯定不再做家务、不再干农活，因而有条件对镜梳妆打扮，穿上一身干净、漂亮的衣装。朝山之日是妇女聚会、结伴郊游的大好时机。她们祖祖辈辈居住在农村，她们终年四季面朝黄土背朝天地在田野间劳作，平时她们无心也无暇欣赏那田园的风光、山水的秀丽。朝山时却大不一样，虽仍然要穿过田野，虽依旧要跋山涉水，而此刻身份不同——香客，心情不同——轻松，目的不同——“拜佛”。这时的她们可以无牵挂、无顾虑地跨着轻松的脚步、怀着愉快的心情，说着想说的话、唱起想唱的歌，去庙里向神佛表达良好的愿望。平时地戏剧本中的历史故事她们不能参与演唱，在朝山时也来唱一唱何尝不好。爱情故事平时不便公开摆谈，在朝山时大家来尽情地唱一唱又是何等的惬意！她们朝山拜佛的心意不能说不真诚，但她们也朦朦胧胧意识到“神灵”是虚无缥缈的，这一天身体的轻松、心情的愉快、精神的充实才是实在的。朝山拜佛既寄托了自己对美好未来的向往，更利于心力、体力的调节与充实。我想这就是屯堡妇女那么热衷于朝山而朝山的形式与内容又是那么不一致、不协调的缘故吧。

实际上所有的神都是人塑造的，如屯堡人所熟知，特别崇敬或普遍信奉的汪公、五显、关帝等，他们原本都是历史上真真实实的人物。释迦牟尼姓乔达摩·悉达多。乔达摩·悉达多本是古印度北部迦毗罗卫国国王净饭王的太子，因不满婆罗门教的统治，又对人世间生、死、病、老感到苦恼，遂放弃王室生活，出家修行。他自认为觉悟后专事传教，死时 80 岁，后被尊为“佛”，成为佛教之祖。老子姓李名耳，字聃，乃我国春秋时期的思想家，著有《道德经》，该书开篇就说：“道可道，非常道。”后来道教以这本著作为经书，尊老子为道祖——道德天尊，宋真宗加其号为“太上老君混元上德皇帝”。在佛、道众多神祇里，尤以观音在妇女中的名声最大、影响最广、拜祭最勤、祭品也最多。因其乃群神里罕有的女性，又因其大慈大悲、能救苦救难，一年之中祭观音的盛会多达三次，这在所有神会中是绝无仅有的。

千百年来，千百万人如此熟知、如此崇奉的观音菩萨究竟是男性还是女性这一最基本的问题，从来弄不清楚，至今仍是一笔糊涂账。《法华经·普门品》载：“苦恼众生，一心称名，菩萨即时观其音声，皆得解脱，以是名观世音。”观世音得名于此。唐人因避讳唐太宗李世民的“世”字而简称“观音”。观音是男是女，不知《法华经》是有意还是疏忽未作交代。到了元代，画家赵孟頫的夫人管道升写《观世音菩萨传略》，将观音定为女性。明代文学家王世贞、胡应麟并不赞同，认为观音是男子而非女子，是一位长着女人形象之男子，但这一解释受到清代学者质疑。史学家赵翼说观音虽是女相，但一定就是男的；考据学家俞正燮干脆来个折中，说观音既非男性，亦非女性，而是一位变性者。中国人对外来观音性别弄不清楚尚不足为奇，就是印度的佛经竟然也在交代观音的性别时大相径庭。总而言之，不管佛经如何说，都说观音起初是人，后才成“神”的。至于是男是女，写书的人各自编纂，解释的人各执一端。官司从外国打到中国，从古代打到现代，始终得不到、也不可能得到一致的说法。

反正神是人造的，造出神来并向它倾诉，表达内心的向往和愿望，总比压抑在心头、埋藏在心头为好。更何况借朝山这一名目，大家能聚在一起摆摆谈谈、唱唱笑笑，调节调节神经，活动活动筋骨何乐而不为呢！男子们既可以借助驱邪纳吉之名将庆坛改为地戏，把原来的娱神发展为娱人，妇女们何尝不能趁朝山拜佛之机，也将“朝山”从娱神发展为娱人呢？因此，我们可以说，屯堡人的朝山拜佛，实际上是屯堡妇女群体性的、变相的游乐与欢聚。

九、屯堡文化探幽

“文化”一词在不同场合有着不同含义。古今中外对其解释也不尽相同，有的甚而分歧很大。归纳下来大体可指两个方面：一是对文学、历史、艺术等一般知识的总称；二是指人类在历史发展过程中创造的物质财富及精神财富的总和。文化与文明的含义相近，故“文化”一词常被“文明”一词所取代。其实两者虽有联系，但毕竟属于不同的概念。就其产生的历史而言，文化是伴随着人类的产生而产生的。文化的起源与人类的起源同步。文明则在人类历经了蒙昧、野蛮时期之后才开始出现的。就其性质而论，文化是综合性的，它包含物质、精神的方方面面。它又是中性的，无论是低级的高级的、落后的进步的、陈腐的优良的都在它的范围之内，无褒贬之分。文明却有选择性，它仅指高级、进步、优良的成分，并不将低级、落后、陈腐的部分纳入其中。在语法上文明既是名词，又可作动名词，能用形容词或副词对其修饰，如“非常文明”“不文明”。文化只是名词，不能用作动名词。

文化的内容很广，凡是人类所创造的东西它无所不包，大致可以概括为三大类：物质文化（亦称技术文化）、制度文化和精神文化。任何民族、任何国家、任何地区的文化内容中的这三大类都不是孤立存在、平行发展的，而是紧密联系、相辅相成的。物质文化是文化的基础，在物质文化的基础上派生出制度文化与精神文化。制度文化和精神文化属于文化的上层建筑。制度文化介于物质文化与精神文化之间，包括婚姻家庭制度、社会制度及政治制度。但它与物质文化的关系最紧密，表现为有什么样的物质文化必然产生维护这一物质文化的制度文化。一定的物质文化发生重大的发展变化，制度文化必然或迟或早地跟着发生改变，达到新的适应与维护。精神文化产生的基础是物质文化，又受制度文化的制约。它既有反映、适应物质文化、制度文化的一面，又有促进或破坏物质文化、制度文化的一面，其作用有着两重性。因为精神文化一旦形成，便有其强固的稳定性和强大的惯性。虽然新出现的物质文化、制度文化促使了新的精神文化的产生，但原有的精神文化成分往往会被保存积淀下来，与新成分共存。也就是说，新的物质文化、制度文化建立之后，除产生新的精神文化与之相适应之外，原有的旧文化成分仍然存在着，仍然对人们的思想言行起着一定的影响。当然，精神文化并非只有保守的一面，它还有其超前的一面。先进的意识一旦出现并为人们接受之后，它又会推动物质文化、精神文化的发展与变革。物质文化、制度文化与精神文化比较而言，其延续性则较差，如犁耕普及之后，人们就不愿再用锄耕；有了车辆运输，人们多不再人背马驮；封建制取代奴隶制；流官制的扩展必然导致土司制的削弱以至消亡。

文化具有传承性。任何人都具有社会属性。每一个人都必然生活在一定的社区、一定的群体之中。社会属性的取得并非先天的遗传，而是来自后天的学习与感染。个体总是生活在群体的生活模式之内，生活在其已有的社会文化框架之中。离开了群体即无法正常生存，在群体之内必须也只能依照现存的文化定式思想言行。通过不断的耳闻目睹、言传身教，该群体的生产生活、思维模式、行为方式等隐形的文化内涵，无不给每一个个体留下深深的烙印。个体融入群体之中，融入传统文化之内，如此代代相传，传统文化因之得以传承。文化之所以能传承，在于文化自身具有能满足需求（物质与精神的）、可传达、可让人学习及模仿等特性。文化的传承性来源于文化的稳定与惯性。如果文化是不稳定的，没有惯性，群体成员就难于捉摸，无所适从，无法学习和模仿，也就难以实现传承。而文化的稳定、惯性又是通过传承得以实现，使稳定得以持续或使惯性不至中断。

文化具有变异性。任何文化都不是从来就有的，也非永恒不变的，而是经由积累，逐渐形成与发展的。积累本身就是渐进过程，有时间性。时间是不断流动着的。在时间流动的长河中，人们在生产、生活实践中发现创造的文化成分逐渐由少到多、在旧有的基础上增添进新的或者以新的成分取代旧的成分。文化成分在其积累过程中多与少的不同、新与旧的差异，体现出自我发展历程中的变异性。任何民族、任何社会群体都不是孤立地、固定地生活在不变的空间里。随着人口的繁衍、社会的变化发展，其活动范围必然出现转移与扩展，动态的人群在相对的静态的空间移动，不同民族、不同群体在同一空间内错居、杂处，发生相互的接触与交往，使不同的文化发生联系：排斥或吸纳，或先排斥后吸纳。吸纳可分为自愿与被迫两种。一般可将自愿学习实现的称为“吸纳”，被迫接受实现的叫“渗透”。此外，统治阶级为了自身的统治利益，往往利用国家政权强制改变或取消某一民族、群体的某种文化成分，倡导或推行其他民族、群体的某种文化成分。上述内因外因、主观客观导致的文化成分的变化都属于文化的变异。

文化具有传播性。文化总是在既有传承又有变异中进行。传承与变异是文化的基本属性。传承与变异是相辅相成，是辩证的统一，贯穿于文化发展的全过程。此外，文化还具有传播性。传播性与传承性不同。两者之不同主要在于传承性是就本民族、本群体自身的世代继承而言；传播性是指在空间上对其他民族、其他群体的影响。传播是有条件的。就文化的主体而言，它须是强大的或先进的；就文化的客体而论，它须是无较大的对立或能够适应的、有用的（这里指的是自愿吸纳，被强制推行不在此列）。强大、先进的文化往往是开放型的文化，封闭、保守的文化往往是停滞、落后的文化，或是由发展到停滞、由先进到落后的文化。停滞、落后的文化总属于封闭型的文化。文化的传播是在时间上不停地运行，是在空间上逐渐地延展。延展表现为强大、先进文化的扩散，弱小、落后文化的退缩、萎缩。

文化传承与变异的普遍性，加之文化有条件的传播，使文化在民族，区域，国家之内、之间有声有色、起起伏伏、丰富多彩地发展着、变换着，给人以无穷无尽的知识、启迪、感受与沉思。屯堡文化是众多民族文化、群体文化中的一个文化体系。屯堡文化，宏观而言属于汉民族文化系列；综观而论属于汉族在江南地区的区域文化；从微观来说则是汉族屯堡人在贵州屯堡社区的文化。屯堡文化来源于江南，是古代江南汉文化在贵州的传承与发展。研究屯堡文化的价值和意义主要在于：自清代以来，我国的主体民族——汉族的文化普遍发生了急剧、重大的变化，明代江南汉族文化模式却以屯堡文化的形式在贵州得以基本保存，透过屯堡文化的展示，又让明代江南汉文化的样式生动、深刻地再现人们眼前；屯堡文化的主体是屯军自江南移入，但并非简单机械地传承，而是因时因地于传承中有着诸多的变异，从而形成汉文化总体系列中一个独特的文化分支，是对汉文化的丰富与发展；以屯堡文化为代表的汉文化在贵州的传承与发展，并不断地向外辐射和传播，使汉文化与少数民族文化出现广泛深刻的交融，形成“你中有我，我中有你”这种“多元一体”密不可分的文化格局。

（一）长期传承的原因

屯堡人的前身是屯军，屯军的前身是江南的汉民。江南汉民被征调，从“水乡泽国”“鱼米之乡”的江南来到“山之王国”——贵州高原。他们生活的社会环境也变了，从民族同类、文化同质的区域来到了多民族文化共存的“苗夷”之地。自从唐蒙通夜郎以来，历代都有为数不等的汉族官员军民因种种缘故从中原进入贵州且大多在贵州落籍。汉文化、中原文化也随之不同程度地被带入贵州，这在若干历史文献、历史文物中均有明确记载，相关记载都可作为有力证据。但明代以前进入贵州的一批又一批的汉人的后裔而今安在？抑或说现今生活在贵州的哪一部分群体可以确切地认定是某朝某代从中原的某一地区入黔的汉人的后人？我们至今无法回答，可作为贵州的一大历史之谜待考。他们移入的汉文化也是零星的、分散的，并且局限于文献、文物之类静态的物体上，并不存在于活生生的现实生活中，且在数量上也不多，虽然十分珍贵，可惜太稀少，对现实社会并未产生直接的、大的影响。奉命屯戍贵州的屯军虽然有先有后，但基本上是在明朝初年的洪武年间（公元1368～1398年）。设在贵州和辖及今贵州境内的32个卫中，除镇西、敷勇、威远3卫分别设于明末的万历、崇祯年间外，其他卫所皆系洪武年间所设。贵州卫最早，设于洪武四年（公元1371年），最晚的是铜鼓卫，设于洪武三十年（公元1397年）。洪武年间所设29个卫的屯军进入贵州的时间相差最多不过21年。众多的屯军散布在贵州的四面八方，随着他们的移入，汉文化也在贵州各地传承、传播，至今仍有深远影响。“谁是当年屯军”这一问题我们虽然通过家谱、通过民间传说可以理出一定的线索，找到一定的个体甚而群体，但像屯堡人这样如此明显、又较为全面、较为完整地保持明代汉文化标志及其特征的群体、社区却不多见。同是落籍贵州的汉人，明代以前的，仅留下历代汉文化的一些历史痕迹，汉文化的主要载体——汉人盖因融合于少数民族中，已无迹可寻。绝大多数明代卫所屯军传入的汉文化虽然影响深广，其后裔也能依稀可辨，但已无明显标志，已无完整群体与连片社区。唯独生活在今平坝、镇宁等地屯堡社区的屯堡人，既对这一带的文化产生重大、广泛、深刻影响，自身又明显、较全面、完整地保持着明代江南汉文化的特征。同是汉人、同是屯军、同是生活在贵州高原，何以会有这么大的差距呢？笔者认为可从如下几方面探索原因。

先从战略地位来看。元王朝的残暴统治，导致元末在其统治薄弱的江南率先爆发以“红巾军”为主的农民起义。朱元璋成为红巾军后期领导者，率领起义大军直驱大都（北京）推翻元朝统治，于1368年建立明王朝，成为我国从南方起义推翻旧王朝建立新王朝，一统全国的先例。元王朝在全国的统治虽已覆灭，但其残余势力尚存。北方的瓦剌、西南的梁王分别对新建的明王朝构成南北挟持之势，妨碍明朝一统全国大业的实现。为避北方瓦剌的威胁，明朝特以位于江南的南京为都城，经过15年的养精蓄锐和充分准备，朱元璋发兵征讨梁王盘踞的据点云南，任命颖川侯傅友德为征南将军、永昌侯兰玉为左副将军、平西侯沐英为右副将军，率大军25万自辰、沅入黔，攻占梁王势力范围之普定（今安顺），命胡海洋率偏师5万自永宁进入亦为梁王控制之乌撒（今威宁）。两支征南大军会师于云南之曲靖，与梁王调集的10万元兵展开会战。元军溃败，梁王逃，死于滇池，云南平。征南军进入贵州前后所遇情况，傅友德等均及时飞报南京，朱元璋都一一发出相应军事部署的指令。可以说平定云南的战备决策和战略部署是在朱元璋统一指挥下进行并取得胜利的。在征南军事行动中，朱元璋事必躬亲，反映出他高超的军事才能，特别表现在他对云南的高度重视上。

地处边陲，军事上的一次性平定不等于政治上的长期稳定。朱元璋吸取“亮没后凡四反……唐前后凡九加兵，战屡不胜，唐终不能驭”及元“前后七叛”等蜀汉、唐、元诸朝对云南的历史经验，要求傅友德等不得因已平定而掉以轻心，必须“熟察其情，详慎处置”，明确指出对于云南“为今之计非惟制其不叛，重在使其无叛耳”[①]。云、贵两地毗邻，地势上合为云贵高原，历史上称为“西南夷”。两地地理相连、声息相通，同是少数民族聚居地。贵州在云南之东，介于边疆云南与内地之间。从内地去云南，自云南入内地基本上都需经由贵州。贵州平时是重要通道，战时是重要屏障，地理位置十分重要。贵州是少数民族聚居区，土司林立，其物质文化、制度文化、精神文化与内地差异甚大而与云南相近。贵州众多的土司中以思州、思南、播州、贵州为大土司。贵州四大土司中又以贵州宣慰使司的辖区最广、实力最强，且与云南东北部的一些土司相邻，历史上一直有着密切的联系。贵州的社会历史及文化构成，是明王朝实现保持云南的稳定，控扼云南的重要因素。正如朱元璋在得知云南平定后告诫傅友德等：“至如霭翠辈不尽服之，虽有云南，亦难守也。”霭翠乃贵州宣慰使。“霭翠辈”意指贵州的民族地方势力。是见，明王朝要实现平定后之云南“不叛”和“无叛”，贵州的作用至关重要。傅友德等根据明太祖的旨意结合云、贵关系的实情提出“当以今之要害，量宜设卫以守”[②]的战备决策。于是，洪武年间明王朝在贵州相继设立24个卫，统辖于地方最高军事机构——贵州都指挥使司，并将征南军队留下以“控扼要害”。

永乐皇帝朱棣在沿袭其父朱元璋对云南所作的重大军事部署的基础上，在政治上也加强战略措施。永乐十一年（公元1413年），思南宣慰使田宗鼎、思州宣慰使田琛，因争夺砂坑连年用兵相攻，因不听朝廷劝阻、调解，两宣慰司被废除，以其地分思南、铜仁、乌罗、镇远、思州、黎平、新化、石阡八府，改设流官治理，并以此为基础设立贵州布政使司，名列全国13个布政使司之一。贵州正式建立起行省一级的最高地方行政机构。当时贵州的社会状况是“僻处遐荒，孤悬可念，实不及江南一大县。崎岖万状，商贾不通”，尚不具备建省的一般需要与条件。之所以在条

① 参见《明实录·太祖洪武实录》。
② 参见《明实录·太祖洪武实录》。

件不足的情况下建立贵州布政使司纯属特殊需要，“止为一线之路可通滇南”，“我朝但因云南而从此借一线之路，以通往来”[①]，显然主要是为了联通云南、控制云南。当然，要能借助贵州稳定云南、控制云南，中央王朝对贵州的稳定控制必然是前提条件，他们认为贵州“官则土多汉少，民则夷十汉一”，“民居其一，苗居其九，一线之外，四顾皆夷”。其设防建省以加强对贵州土司的控制、对少数民族人民的统治乃其基本的需要。洪武在贵州的重大军事部署和永乐于贵州的特殊政治措施，主要目的都是为了能够实现中央王朝对云南的稳定统治。实现这一目的的关键又在于维护自玉屏、镇远、施秉、黄平、凯里、福泉、贵定、龙里、贵阳、平坝、镇宁、关岭、普安等地以达云南这条东西线路的畅通上。因此，洪武年间在贵州设置的卫主要于此通道分布。直接安设在此通道上的即有平溪卫、清浪卫、镇远卫、偏桥卫、兴隆卫、清平卫、平越卫、新添卫、龙里卫、贵州卫、贵州前卫、平坝卫、普定卫等15卫。为控防贵州宣慰司及其与云南的贯通，明朝廷于黔西北与滇东北毗邻处设置乌撒卫、毕节卫、层台卫和赤水卫。

明末清初史学家顾炎武指出贵州是一个经济落后的贫穷地区，全省一年收入还不如内地的一个大县多。贵州不仅于朝廷财政无所补益，相反朝廷每年还提拨给巨额金钱用以维系黔省文武官员职俸的开销，成为朝廷及负责协济贵州有关省份的沉重负担。此乃朝野周知之事，但何以又不放弃贵州的省级建制呢？顾炎武分析认为，贵州这地区乃兵家必争之地。贵州省级建制的创设及其一直坚持不予变更的根本原因是中央王朝并非出自经济，而是完全从政治与军事的特殊重要性来考虑的。[②]云南的面积远远大于贵州，云南的土地也比贵州的肥沃，加之其地处边疆，故早在元代即已建立云南行省。明代在云南境内共建卫23个，留守军士共6万余人。贵州设卫32个（虽然其中属于贵州都司统辖的卫仅20个，余分属于湖南都司和四川都司，但除靖州卫的大部分外，全都在今贵州境内），卫之数量远远超过云南。仅贵州都司所

---

① 参见《黔记·止榷志》。

② 参见《天下郡国利病书》卷一一三。

辖 20 卫之旗军数即达 145276 名，为云南军士人数的两倍多。[①] 足见明王朝在贵州布置重兵驻守以控制云南，所设重要军事据点——卫及军伍的编制，都大大多于云南。

贵州主要的军事据点及主要兵力分布在自湖南辰、沅经黔入滇的东西通道之上。此条通道又尤以普定卫为中心的平坝卫至安庄卫一段最为重要。《黔南识略》卷四将安顺比作贵州省的脊梁骨："黔省之咽喉为镇远，其脊背则安顺矣。"《黔南职方纪略》卷一对安顺的地理位置和作用给予高度评价：安顺"地踞省城上游，为滇南孔道，真腹地中之雄郡也"。这一线段东西横贯后设置安顺府境，逼近云南。安顺府在元大德七年（公元 1303 年）为普定路，隶属云南行省，与云南行省有着领属关系。在明廷发兵征云南之前，"普定土知府安琐叛附于梁王"[②]，后又率众抗拒明朝征南军。因安顺府地近云南，地理位置重要，历史上为云南辖区，征南军至又遭抵抗等，故朝廷对之尤为重视。先于洪武十五年（公元 1382 年）即设置普定卫，后于二十二、二十三年（公元 1389、1390 年）相继设立安庄卫、平坝卫于普定卫之西东相望、相连。一般卫的编制为 5600 人，有的卫还不足此数。此 3 卫的编额不是不足，且全部超过。普定卫旗军为 8864 人，安庄卫的旗军为 5779 名，平坝旗军为 5890 人。其中尤以普定卫的兵力最强、兵员最多，几乎相当于两个卫的兵力。各卫由卫指挥使统领外，还专设分巡安平威清卫兵备道副使一员驻普定，以都指挥体统指挥一员驻安庄卫，专管普定、安南、安庄 3 卫，普安、永宁、镇宁 3 州及关岭 1 所地方，又以都指挥体统指挥一员驻平坝卫，专管威清、平坝、普定 3 卫、安顺 1 府地方。[③] 分别以各种名目派大员坐镇普定、安庄卫，将以普定卫为中心的附近各卫及安顺这一地区的军政要务统管起来，以此实现"兵卫相属，道路易通，无事则分兵驻守，有警则合兵剿捕"[④] 的意图。

总之，为了扼制云南，必须巩固对贵州的统治。中央王朝在横穿全黔的通滇道

① 参见民国《贵州通志·前事志》。

② 参见咸丰《安顺府志·纪事志》。

③ 参见《黔记》卷二十一。

④ 参见《明实录·太祖洪武实录》。

路沿线广置卫所，广布重兵驻守，如《黎平府志》卷二转载罗绘锦《驭苗疏》言黔省“制兵倍于他省。拨邻封之饷以协黔制之兵。盖欲借威武以安反侧，严防御以遏袭突”。鉴于安顺府境逼近云南及其与云南的特殊社会历史关系，这里兵力投入更是重中之重，且管理指挥系统更为严密，权力更为强势。

入清以后，屯堡人聚居的安顺府的重要性不但未被削弱，反而得到进一步加强。全省最高行政长官——巡抚驻省会贵阳，全省最高军事长官——提督则驻安顺府城，提督、巡抚并称封疆大吏。提督于康熙六年（公元1667年）后的有清一代定例坐镇安顺，下设前后左右四营，驻制兵三千名，形成《安顺府志》卷四十六所谓安顺“内与省会为声援，外以四镇为犄角。因地以定制，措置之密，呼应为最灵矣”的军事防务格局，安顺成为黔地的军事重镇。安顺府地处突出的战略地位，故明王朝置重兵布防，兵力雄厚，组织严密，屯、堡、旗、哨、铺密集，是屯军带入的屯堡文化能立足稳固并能长期传承的基本条件。清代提督坐镇安顺，成为军事重镇的安顺社会历史虽仍不可免除动荡，但就整体、长期而言，与省内其他地区比较，战乱较少，较为稳定。社会的稳定，使屯堡人未遇剧烈而长期的冲击，这是屯堡文化得以延续不至中断的一个重要条件。

再从土司状况来看，安顺府属地明代以前为彝族、仡佬族、布依族、苗族等少数民族杂居区，宋为地方民族政权罗甸国地，归附元代后改为普定土府。水东宋隆济、水西奢节率领仡佬族、苗族、彝族等各族人民反征派起义时，知府容苴从官军征讨死于军中，其妻适尔领众继续助战有功，令袭夫职。普定府改为普定路后，以适尔为总管。元亡明兴，洪武五年（公元1372年），普定路总管适尔及其弟阿瓮亲赴南京朝见明太祖。朱元璋改普定路为普定府，以适尔为知府。洪武十四年（公元1381年），普定府安锁叛附梁王，为顾成败擒。洪武十五年（公元1382年）升普定府为普定军民府，知府者额入朝，朱元璋告之“有子弟皆令入国学”。洪武十八年（公元1385年），顾成以普定军民府“土府权重，多交引夷族为奸”[①]为由，奏

① 参见咸丰《安顺府志》卷二十二。

请罢之。普定土府遂废除，以其地分设安顺、镇宁、永宁3州及宁谷、西堡、十二营、康佐、募役、顶营6长官司。后以此3州6长官司隶于普定卫。宁谷长官司系普定土知府者氏降任，别令顾兴仁为副长官。正统初年者氏绝嗣，令顾兴仁之三世孙为长官。宁谷长官司至康熙五十四年（公元1715年）废除。西堡长官分别于洪武二十六年（公元1393年）、洪武二十八年（公元1395年）、洪武三十一年（公元1398年）3次率众反抗官府攻城堡，皆为顾成统兵镇压。西堡长官亦于康熙五十四年（公元1715年）被废除。十二营长官司以者氏别族陇阿佐为长官。陇氏累传至明末绝嗣而停置。募役长官司原名募役寨，明军南征时，寨长阿辞随征、运粮、开道，参与平普定、攻西堡有功，于洪武十九年（公元1386年）改寨为长官司，以阿辞为长官。永乐元年（公元1403年）赐姓礼，更名为山。礼氏后裔于顺治十五年（公元1658年）归附清。嘉庆二年（公元1797年），王囊仙、韦七绺领导的布依族起义军波及募役，长官礼安氏逃镇宁州避难，病故，乏嗣，募役长官司自行告废，朝廷于其地设募役巡检司。与安顺为近邻的较大土司为金筑安抚司。金筑安抚司原为金筑寨。洪武四年（公元1371年），金筑寨寨长密定内附，因设长官司。洪武十四年（公元1381年）朝廷决定南征云南时，又因献马500匹而升为金筑安抚司。正统四年（公元1439年），安抚使得珠长子金镛赴京袭职后遂以金为姓。万历三十八年（公元1610年）、三十九年、四十年金筑安抚使金大章一再“乞改土为流，设官建治，钦定州名……授大章土知州，予四品服色，不许管事。子孙承袭”[①]，朝廷遂改金筑安抚司为广顺州，设流官治理，虽同时仍授其为土知州，并允世袭，但全属荣誉性质，不再拥有任何实权。金大章主动奏请“改土归流”之举在土司史上实为罕见，中丞御史胡桂芳曾撰联以“国初乔木无双谱，黔腹忠良第一家”，盛赞金大章是历史上土司群中第一个主动请求实行“改土归流”的人物。金筑土司的“忠良”有其祖传渊源，金大章乃承袭祖传“忠良”之风，其先祖金镛、金懋等在历史上就曾有过非凡之举。

---

① 参见《明史》卷三一六。

朱元璋建立明王朝后，顾虑权臣擅政，特将其24个儿子分封全国各地为王，如燕王朱棣、晋王朱㭎、周王朱橚、齐王朱榑等，并规定诸王有权移文朝廷索取奸臣及发兵以清君侧。长子朱标比其父早死6年，洪武三十一年（公元1398年）朱元璋死，朱标之子朱允炆继位，年号建文。建文帝与大臣齐泰、黄子澄等见有的藩王势力过大形成对中央的威胁，遂采取先废除一部分力量不大的小藩王再废去势力大的藩王的“削藩”方式以巩固中央集权统治。坐镇北方攻防蒙古有功的燕王朱棣乃朱元璋之第四子，见削藩终将削及自己，遂以“清君侧”为名统兵自北方向南京进兵。历经4年争战，攻占南京，夺取中央政权，建元永乐，史称此为“靖难之役”。

南京城破后，建文帝失踪，一直下落不明，成为中国一个历史之谜。当时的人及后人对此进行探索者，历代不绝。其中，以建文逃向西南，藏匿在贵州者为多，也较可信。贵州毕节及安顺一带散布着为数不少称为“南京人”的群体。他们的姓氏有内姓、外姓之分。内姓有数十之多，外姓仅有赵、谢二姓。他们自称是在赵、谢二位将军统率下护送建文帝自南出走来黔定居的，故有“南京人”之称。笔者1986年4月应邀参加《黔西县教育志》审稿会期间，在参加参观明代墓葬的活动中，于打鼓寨看到南京人《谢氏宗祠碑序》一块，碑文明确表明其先祖系护送建文帝入黔而落籍。在广顺境内有一山名罗尹（今长顺县广顺镇南17千米处），山上于明初有庙一座，系山下罗尹寨人所立奉祖之庙，名罗尹庙。传云建文帝出走扮成僧人辗转至此，登山遥望白云，白云久浮不散，人们遂改称罗尹山为白云山，罗尹寺亦改名白云寺。建文帝以僧人身份于寺内住歇多年，食用均由金筑安抚使供给。建文帝离开白云寺后，金筑安抚使金镛方知白云寺僧乃建文帝，遂于正统八年（公元1443年）于白云山上重建寺庙两幢。前为白云寺，后为潜龙佛殿。成化年间，金筑安抚司金懋主持铸建文帝铜像供奉于佛殿内，每年上山对铜像供奉一次。金氏后人上白云山入潜龙佛殿祭拜建文铜像成为例规，代代相传，历经清朝至民国。万历四年（公元1576年），金筑安抚使金应龙特拨干沟寨庄、团茶寨庄、牛王坝庄等6庄田地为庙产，供作维持白云山寺庙费用。崇祯九年（公元1636年），贵州巡抚按察院监察都御史胡运平认为潜龙佛殿内的建文帝像与众佛像同奉不妥，应将建文像另外独置，于是在潜龙殿后筑天子台，于台后白云山顶建潜龙阁（又称为皇阁），移建文铜像于皇阁二楼供奉。后胡运平撰《题建文帝阁碑记》立于潜龙佛殿大院前。碑文说白云山庵“世传为建文先帝潜龙遁迹之所……故庵堂罗诸佛居帝于侧……余至恻然者久，谓众僧曰，帝为此庵开山之主，宜独居一室，以长此香火……因忆帝之蒙难而出也，以深宫玉趾，间关万里而能于人迹罕到之处，披云雾，剪荆棘，觅此佳胜”。白云山相传与建文帝有关的遗迹颇多，诸如跪井、漏米窝、漏盐窝、南京井、南京坪、帝蹕洞、天子洞等。徐霞客于崇祯十一年（公元1638年）四月，从贵阳城出发，经花仡佬（今花溪）、青岩城，由马铃寨入广顺登白云山览游，其在《徐霞客游记》中写道：“皆密树深丛，石级迤逦。有巨杉二株，夹立磴旁，大合三人抱，西一株为火伤其顶，乃建文君所手植也。再折而西半里，为白云寺，则建文君所开山也……有泉一坎，在后阁前楹下，是为跪勺泉……取者必伏而勺，故名曰‘跪’，乃神龙所供建文君者……由阁西再北上半里，为流米洞……其右有小穴，为米所从出，流以供帝者，而今无矣……洞左构阁，祀建文帝遗像……逾而北，开坪甚敞，皆层篁耸木……南京井当其中。”白云山“以建文君望白云而登，为开山之祖，遂以‘白云’名之”。白云山因其名胜古迹较多，解放后被列为省级文物保护单位。金镛主建潜龙佛殿、金懋主铸建文铜像、金应龙拨6庄田地作庙产等事迹，表明金大章的先祖们按封建礼教视“靖难之役”朱棣属夺权篡位，有违封建礼教。金氏历代先祖上述的种种行为表达了其对建文的同情及对封建礼教之维护，加之其始祖密定的内附于明及为南征官兵献马等，故胡御使连同金大章一再乞请改土归流的行为赞誉为“忠良第一家”。

安顺府境内的普定路总管适尔是率先归附明王朝的大土司之一，其后裔普定县土知府者额曾入京朝觐，并派子弟入国子监学习儒家礼教。不久被废除，将其辖区分割，分建为3州及6个小土司——长官司，并统由普定卫管辖。这些长官司于清代或被废革或因无嗣而不复存在。与普定、平坝2卫相毗邻的大土司仅金筑安抚司一家。这家土司对明王朝来说，不但无“叛逆”之迹，而乃世代“忠良”。普定土知府安锁虽曾叛附梁王，但很快兵败就擒。6个长官司中仅西堡长官司连同所属仡佬族民众曾多次举行反官府斗争，但也都被一一镇压。安顺府境内及邻境土司的上述表现，为屯军的稳定及屯堡人的发展提供了良好的社会条件。战事少、战期短或战争规模不大，对减少屯军损耗，减少屯堡人与各少数民族的矛盾对立等方面都有重大作用。当然，这种有利条件的形成，又与明王朝在此以重兵屯戍，并对西堡仡佬族起义民众施行血腥镇压建立的“军威”有关。在少数民族地区实行的土司制乃羁縻制的延伸与发展。它兴起于元，完备于明，衰落于清。明代土司有文武之分。土县、土州、土府等为文职土司，隶于中央王朝之吏部。长官司、安抚司、宣慰司等为武职土司，隶于中央王朝的兵部。土司品级如下表所示：

名称	知县	知州	知府	副长官	长官	安抚使	宣慰使
品级	正七品	从五品	正四品	从七品	正六品	从五品	从三品

明代土司大体沿用元代前来归附的土司，品级之高低则按其对明王朝贡献的大小而定。“洪武初，西南夷来归者，即用原官授之”“以劳绩之多寡，分尊卑之等差”。无论何类何级土司，其任命权统归皇帝。土司年老或亡故，承袭者“虽在万里外”“皆赴关受职”，必须亲自到京告袭。土司须向朝廷缴纳赋役，提交贡物，有事则须听从调遣。

土司制是封建领主制的产物。当我国中原内地早已进入封建地主经济阶段时，边远少数民族地区生产力落后，还长期处于封建领主制阶段。中央王朝正视这一较大的文化差别，采取不同于内地的特殊政策。土司制即这一特殊政策的集中反映。在不改变少数民族地区物质文化、制度文化结构的同时，对其大小首领分别委以官职，加以约束，让其控制所属少数民族民众，达到“以夷治夷”的目的。这种间接统治的方法比直接统治费力少，收效大，稳定的效率也较高。少数民族的统治者们也挺乐意，原有对属民的权力不但不受剥夺、削弱，反而得到中央王朝的肯定，授以正式官职，有诰敕（任命书）、有印章、有冠带，好不荣耀，多么威风，何乐而不从？朝廷也很乐意："假我爵禄，宠之名号，乃易为统摄，故奔走惟命。"[①] 土司乃世袭。其辖区内的各族人民和土地统归土司所有，即"世有其土，世长其民"。土地不得买卖，属民以村寨为单位向土司领种，以劳役形式向土司交纳租赋。属民于土司有着强烈的人身依附关系，不经允许，不得移入或迁出。土司有衙门，有监狱，有兵丁，可"自用其法"，随意审讯、关押，对属民动用酷刑。《贵州通志·前事志》卷六载："各处土司鲜知法纪，每于所属土民，每年科派，较之有司征收正供，不啻倍蓰。甚至取其马牛，夺其子女，生杀任情，土民受其鱼肉，敢怒而不敢言。"有的土司势力坐大之后权力膨胀，不再满足于原有的权势与范围，当朝政腐败之时不再服从中央的命令，甚至与中央王朝分庭抗礼，以至发动武装叛乱。万历年间播州土司杨应龙之乱，天启年间之奢安事件即然。故中央王朝既要利用土司实现"以夷治夷"，又须防范有的土司可能出现叛乱。朝廷对有功的土司给予奖，对有过的土司给予罚，对举兵叛乱者实行镇压。以此方式协调、处理中央集权与地方分权的关系。安顺府境内的土司在数量上不多，在实力上不强，原只有普定土府及安顺土州。宁谷、西堡等长官司是在革去普定土府后分割其势力范围而设置的小土司。普定县土司安锁曾投向云南梁王，抗拒征南明军，很快为征南大军击败擒获。土府设立不久亦被废除。安顺土州设于洪武十六年（公元 1383 年），知州张氏，成化中（公元 1465 ～ 1487 年）降为同知后归流。

土司制是地方封建领主制与中央封建地主集权制相妥协相结合在特定历史时期的一种特殊的政治制度。封建领主制是其基本属性，但受封建地主制中央集权的制约。封建领主制具有强烈的封闭性和排他性，它的存在、强大，不利于不同文化的交流，当不同的文化被认为对其有所不利时，它甚而会使用强力威胁着不同文化的存在与发展。安顺府境内的土司少，实力弱，土府、土州之类的大中土司存在的时间很短，而与之相邻的金筑安抚司又是"世代忠良"，主动地保持和发展与以中央王朝为代表的汉文化的趋同。这些都有利于屯堡文化的生存和发展。

---

① 参见《明史》卷三一〇。

又从屯堡建筑来看。屯堡人所在屯堡社区的建筑特色主要反映在两个方面：一是在建筑材料上用的基本是石头；二是民居与防御工事相结合。石板盖屋顶、石头砌山墙、石板镶天井、石块铺路面、石头砌屯堡围墙、石头垒柜台、石板作水缸，等等。除了房屋的梁柱框架及门窗为木料外，所有建筑材料全是石头。石头作建筑材料有如下优点：石头乃当地丰富的自然资源，就地取用，成本低，运输易；石头质地坚硬，使用期往往为瓦、木的数倍，不易损坏，且不易发生火灾；石头的隔温性能好，保温性能强，烈日当空，高温难于透入室内，冰天雪地时室温亦不易向外挥发，因而使住屋冬暖夏凉；所用石头往往为米色，其色不浓不淡，石头建筑坐落于青山绿水之间显得色彩协调、相映成趣；以正方形石板盖屋、镶天井，以大石头砌墙基，以长方形条石作石阶、作门枋，显得大方厚实而稳重，给人以厚重、庄严之感。屯堡民居，多为三合院或四合院。院墙之中为天井。正房与侧坐隔着天井上下相对，厢房侧立于天井左右，完全一派江南民居的结构与式样。院落沿巷两侧排列，各巷与街道相交叉。各家各户经由大街小巷相交往，巷门一旦关闭则阻止了外人的进入。屯堡村落多围以高而厚的石墙，将所有院落、街巷包围在石墙之内。墙开有门洞，装以厚重之大木门，有的门洞上还建有城楼。一些院墙或屯墙角落处还筑有高高的碉楼。平时经由门洞出入或与外交往，有事关闭门洞，则交通阻断。相邻屯、堡、旗、哨、铺之间的距离常在数里、十数里以内，均有道路相通，常有往来，互通声息，常则交相友助，变则互相救援，形成关系密切、休戚与共的区域性社会网络和军事网络。屯堡建筑的坚固性更有助于屯堡建筑防御工事性能的发挥。故屯堡建筑的两大特色，如单从军事防御角度来说，可谓为同一功能中不同层次的表现。石头为建筑构件的材料，房屋、院落、街巷、碉楼、屯墙则为建筑之结构与布局。屯军编为世袭军户，有妻室儿女，要种庄稼，要过家庭生活，而且是稳定的家庭生活，因此，其房屋格局与江南民居无异。但屯军又是军人，担负着戍守职责，其建筑布局又必须具有防御性，以备有警时能尽可能地使自己、使家庭、使屯堡村落得到保护，减少损失。

屯堡建筑的防御性当时是如何发挥的，因无具体记载，我们不得而知，但从近代史上镇宁州丁旗堡在咸、同时期各族人民大起义中，丁旗堡屯堡人如何利用屯堡墙垣抵御杨龙喜领导的起义军的记述中，可推想而知：当杨龙喜领众攻打丁旗堡时，丁旗堡人“昼则妇女巡墙，男壮出堡战斗；夜则妇女燎号火，男壮巡御垛垣”。虽然围击有六七月之久，但终未被攻破。屯堡墙垣的防御作用当然不是绝对的，在强大攻势下往往也会被攻破，但在攻守双方力量差距不大，或相当的情况下，其防御功能确实不可低估，在维护屯堡村落的存在、维护屯堡社区的稳定方面，其作用巨大，因而在维护屯堡文化的传承上是有一定作用的。

集团性的移徙、世袭性的屯驻、军事性的编制布局、防御性的坚固设施，超常规的重兵云集，是屯堡文化得以长期传承的内部条件。所在区域土司数量少、土司实力弱，普定土府、安顺土州存在的时间很短，屯堡社区遭受的冲击少、冲击力不大，屯堡社区的相对稳定，是屯堡文化能长期传承的外部条件。具有强大力量的内部条件是屯堡文化具有生存、发展能力的基础；良好的外部条件减少了屯堡文化生存与发展的阻力。在内外部条件的相互作用下，屯堡文化的生存与发展具有必要的时间与空间，不至于中断，不至于被挤压，使屯堡文化得以较为完整地传承下来，一直延续至今。

平坝、普定、安庄以外诸卫，或因其军士原籍本非江南、或因境内原有汉民较多、或因土司势大力强、或因遭到少数民族反抗斗争长时期大规模的冲击，所带入的汉文化虽亦不同程度地有所传承与扩散，但卫所屯军的群体特征发生了变化，未能明显突出地把明代江南文化之特色作为实体较完整地保留下来。

我国古代常用的区域概念有中州、中原、江右、江左、江南等。中州与中原二者地理范围相同，有狭义、广义之分。狭义所指为河南，广义所指系黄河流域。江右、江左是以长江为基线，从长江以北的角度来看，长江的东部地区在左，西部地区在右，故江右所指为江西，江左所指为江东。江南亦有广义与狭义之分。狭义指今苏、皖二省，广义即指长江以南各地。嘉靖《贵州通志》卷三载，“各军卫徙自中原……重以江、右、川湖贩商流徙，罢役逋逃，多为奸诈”，威清卫“卫戍军士，皆湖湘人”，“贵州四面皆蛮夷，所可知者，各府若卫军民之数甚寥落也。蜀中、江右之民侨寓于此者甚众”，贵竹司“旧人，多出腹里中州，前代仕宦经商流移至此，岁久，遂家焉……有中州遗风”，说明像威清卫这样有的卫所官军并非江南籍，原籍乃是湖南、湖北。两湖在明代虽也属汉文化范畴，但与江南汉文化有所差异。贵筑长官司的汉人较多，但他们是前一朝代——元朝的遗民，且多来自黄河流域。黄河流域的北方汉文化与江南汉文化的差别更大。至于若干商贩、流放、逃亡者来到贵州，他们中的许多人来自邻省，是于不同原因、不同身份、不同时间零星进入、分散居住，难于形成严密的群体及连片的社区。

黔东、黔东南、黔中苗族、侗族、仡佬族民众在有明一代不断掀起时间长、规模大的反抗斗争。洪武十一年（公元1378年），吴勉领导侗族、苗族人民武装夺回被官军霸占为屯田的田土，击毙靖州卫指挥使过兴。洪武十八年（公元1385年），吴勉被推为“铲平王”，举行大规模起义，占领黔东南的众多地区。楚王朱祯领兵30万将起义镇压，起义军4万余人被俘。洪武三十年（公元1397年），上婆洞（锦屏县境）林宽领导侗族、苗族再度起义，攻占龙里守御千户所、围黎平守御千户所，在官军大军围攻下失败。永乐四年（公元1406年），谷陇（今黄平县境）、王石（今贵定县境）等地苗民“拒不输赋”，与官军对抗。永乐十一年（公元1413年），清水江流域苗民“攻劫屯堡”，朝廷调动4万官兵用8个月时间才镇压下去。永乐十四年（公元1416年）至宣德元年（公元1426年）的10年内，乖西（今息烽县）、巴香（今贵定县）苗族、仡佬族民众“不服输税”，掀起武装斗争80余次。宣德六年（公元1431年），平头长官司（今松桃县境）吴不尔领导苗民起义，朝廷调集湘、川、黔3省数万兵力花3年时间进行镇压。正统十四年（公元1449年），明王朝派大军15万征云南麓川土司，途经贵州肆意征派骚扰，激起黔东南、黔南苗族人民强烈反抗，他们攻打平越卫、黄平守御所、新添卫、清平卫、兴隆卫，朝廷动用官兵约20万，至景泰二年（公元1451年），起义首领韦同烈被俘，起义失败。广西蒙顾洞（今龙胜县境）的蒙能领导的苗民起义于正统十四年（公元1449年）转战进入黎平府，景泰六年（公元1455年）蒙能进攻平溪卫时牺牲，起义军在李天保的率领下继续战斗。明王朝命南和伯方瑛统7万官兵围攻，至天顺四年（公元1460

年）李天保被俘，起义失败，蒙能、李天保领导的这次起义长达 24 年之久。天顺元年（公元 1457 年），干把珠领导苗民数万进攻都匀、新添、龙里各卫所屯堡，至天顺三年（公元 1459 年），才在方瑛统领的云南、四川、贵州官兵及广西泗城州数万士兵的围攻下遭镇压。嘉靖《贵州通志》卷十以“兵变”条目对明代各族人民的起义作了记载：洪武十四年（公元 1381 年），“平越卫麻哈苗蛮杨正孟乱，征南将军傅友德讨平之”，洪武三十年（公元 1397 年），“顾成统兵剿捕镇远蛮贼”，“率兵攻破都匀合江州陈蒙烂土长官司所属不纳粮差诸苗，斩首一千四百三十三级”，次年镇压“平州六洞等长官司苗一百三十七寨，及龙里等蛮不奉赋役，聚众为乱”，“前后斩首二千八百六十四级”；宣德三年（公元 1428 年），“都匀丰宁司苗贼罗富长乱，守备司整督军大破之”；正统四年（公元 1439 年），“都匀烂土司及凯口苗王阿鲁、唐瓮、干把珠叛，围城”，“平越苗贼金台以土官科削，大肆猖獗，时攻本卫城，兵粮大匮”；景泰元年（公元 1450 年），安南卫夷人鄢卜班“以妖术惑众，攻围城池”；弘治四年（公元 1491 年），“都清苗酋乜富架……纵党四出，劫扰峒寨甚炽”，“都御史邓廷瓒、镇远侯顾溥、总兵官王通，调川、湖、云、广、贵五省军克平之”；嘉靖六年（公元 1527 年），“芒部遗贼普奴、沙保等攻围毕节城，都指挥李宗佑射毙数贼。贼仍聚薪焚东城”。上述地区各族人民的反抗斗争，矛头直指卫所，攻城池、破屯堡（其屯堡房屋、墙垣多为土木建筑，远不如安顺屯堡地区石头建筑坚固，易被焚毁易遭攻破），卫所屯军长年不断地被调派远征或于附近四处迎战，于战斗中伤亡、流散者众。如洪武二十三年（公元 1390 年），西平侯沐英奏：“普安军民指挥司屡言百夫长密即叛，杀屯田官军刘海；尾洒驿丞余成，及试百户杨世杰，劫夺驿马，焚馆舍。已调贵州都指挥张泰率兵讨之……官军失利。”[①]《明实录 • 英宗正统实录》载，正统十四年（公元 1449 年）贵州按察司副使李曶奏：“诸苗连结，动以万计，攻劫贵州、湖广一路边城屯堡，势甚猖獗，官军数少，守御不敷。”贵州按察使应履平在宣德七年（公元 1432 年）十二月的一份奏折中说，贵州都司各卫官军原调广西备御者有万

① 参见《明实录 • 太祖洪武实录》。

余人，后分两班，每岁更代，如宣德五年（公元 1430 年）二月遣还五千余人，其中逃者二千八百多人。[①] 正统六年（公元 1441 年），总督云南军务者王骥亦奏：“屯田之法久废，徒存虚名。良田为官豪所占，子粒所收百不及一，贫穷军士无寸地可耕，妻子冻馁，人不聊生，诚为可虑。”[②] 嘉靖《贵州通志》卷三亦谓：“贵州自国初置军卫，设屯田”，“人有定名，田有定额，故田不抛荒，粮无缺乏。百八十余年以来，地方多事，逃亡事故，十去七八。坐是，田地荒芜，子粒无征，节年逋负”。巡抚贵州都御史刘大直来到贵州时“目击凋惫，因令各该卫所清查前荒田地，招集军民流商诸人，芟秽耕种”。内有卫所军官贪婪的掠夺、残酷的压榨、频繁的调派，外有少数民族民众强烈的反抗，沉重的打击，屯军们难于维持正常屯戍，或逃散，或伤亡。屯军的大批离散、大量减员，导致众多的屯堡人去屯空、屯田荒芜。官府虽招来“军、民、流商”继续垦殖，但已是“山河依旧，人事全非”，屯堡里所居已非原来的主人，而是来自不同省区、不同职业之人，屯堡社区的文化色彩必然不再保留原样。黔西北地区设置有乌撒、毕节、层台、赤水诸卫。除毕节、层台二卫距离较近外，其余彼此距离较远。乌撒卫坐落于乌撒土府辖区内，毕节、层台、赤水 3 卫分布于水西土司的势力范围中。乌撒、水西皆为大土司，两者地理相邻，常有联姻，且皆与川南、滇东北诸土司声息相通，军事与共。水西土司势力最强，于元代时，元王朝即明确其地位居贵州境内各土司之上。水西土司地广人众，组织严密，实力强大，于贵州局势有举足轻重的作用。在今威宁自治县内被称为“老汉人”的群体中，有的其先祖尚可追溯为屯军身份，然其文化特征远非明代江南时的模样。至于长期生活在水西势力范围内的屯军后裔群体及其代表的江南文化社区特征则更难以寻觅。

（二）四向辐射趋势

文化是动态的，其动态的表现形式为主体内的传承与变异，以及向客体的传播

---

① 参见《明实录·宣宗宣德实录》。

② 参见《明实录·英宗正统实录》。

或辐射。文化的传播主要是指不同民族之间的交流和影响。民族的不同主要表现为文化的不同，不同的文化特征是不同民族的主要标志。同一民族内，尽管有着不同支系的区别，但因其基本文化特征一致，人们才会将其视为同一民族。绝对相同的社会事物是不存在的。文化的传播必须通过接触又须是在同一时间和同一空间内方能实现。

文化传播的途径或是通过战争，用武力推行；或是利用政权，强制民众接受；或是利用宣传说教，让人自觉吸纳；或是通过经济贸易自发学习仿效。以上不同途径、不同方式都在文化传播中起着重大作用，但最多的、影响最大的、经常性的还是经济贸易这一渠道和方式。不同民族之间，往往在经济贸易的交往中不知不觉地将自己民族的文化传播给别的民族。战争、强权和说教，一般属于统治者或民族上层的意志，其运作的时间有限、条件有限，虽也常在文化传播上有着重大作用，但常带有破坏性，且会付出不小代价。

文化有先进、落后之分。先进的文化属于强型文化，落后的文化属于弱型文化。先进的文化富有活力，适用性强，符合社会发展需要。落后的文化缺乏生机，陈腐成分较多，难以适应社会发展需要。文化传播的实践证明，先进的文化总是流向落后的民族，很少有落后的文化传入先进的民族，即使有也只是落后民族文化中属于先进的、较有适用性的部分，其内容不多。民族间的交往是民族文化传播的主要渠道和主要方式，但此一民族文化要在与彼一民族文化内容无大的对立，或者是对彼民族具有适用性的前提下，传播才能实现。一个民族的文化对另一民族的文化持选择态度，或是拒绝，或是接受。与自己生产、生活习俗及信仰有着大的对立，或无任何实用价值者采取的是拒绝，反之则抱以学习接受的态度。文化传播的速度和广度还受社会环境及交通条件的制约。社会封闭、交通闭塞阻碍着文化的传播，文化传播很难发生。即使有所传播，其速度也是极为缓慢的，传播范围也是很狭窄的。在开放的社会环境里、在交通发达的条件下，文化就会很快得以传播，传播面会呈四向辐射状。

明王朝在贵州置卫所屯田，大量屯军密布在东西通道上，散布在贵州的四面八方。卫所屯堡的设置，屯军大范围的分布，导致贵州社会历史发生空前、广泛、深刻的变化。

1. 人口增加、民族结构改变

明朝进驻贵州的卫所官兵为25万左右。按屯戍官兵必须携带眷属同行组成家庭，编为军户的规定，以平均每户4口人计算，在屯戍的几年之内贵州人口就增添近100万。据嘉靖《贵州通志》卷三的不完全统计，截至嘉靖三十四年（公元1555年）为止，各地军户及其丁口数如下表所示：

名称	军户数（户）	丁口数（人）
贵州卫	2316	5397
贵州前卫	2963	6237
龙里卫	1116	5245
新添卫	2357	21977
清平卫	897	2184
兴隆卫	1094	3915
都匀卫	1312	21113
威清卫	6035	13758
平坝卫	1617	6066
普定卫	6565	24470
安庄卫	7873	48857
安南卫	2486	6892
普安卫	2656	6998
毕节卫	2885	6641
乌撒卫	3551	8355
赤水卫	5615	33682
黄平守御所	547	1467
合计	50976	223264

据上表所列各卫有军户50976户，有223264丁口。但有几点需加以说明：

①尚缺洪武二十年（公元1387年）置，七年后废的层台卫军户、丁口数。

②尚无嘉靖以后万历及崇祯时分别设置的威远卫和镇西卫、敷勇卫的军户数及丁口数。

③尚缺隶于湖广都指挥使司但在今贵州境内的镇远卫、平溪卫、清浪卫、偏桥卫、五开卫、铜鼓卫、古州卫及靖州卫所属之天柱千户所的军户数及丁口数。

④嘉靖三十四年（公元1555年）距洪武初年（公元1368年）达180余年，历经百数十年的动荡，屯军除在战争中不断损员外，逃散者多，所存者不过十之二三。

⑤丁口专指成年人口，男子为丁，女子为口，未成年者不作丁口计。故丁口不等于人口，人口包含未成年男女。此表所列系丁口，众多的未成年人口并未计入。

⑥表列在册军户之丁口已达20余万，若加上未列相关卫所的丁口及在贵州境内各卫所未成年的人口，以及逃离屯堡并匿于民间和民族地区的屯军人口数，全省屯军及其后裔当为表列丁口数的数倍以至十数倍。

明代以前的贵州，尽管各代皆有汉人进入，但都是先先后后、零零星星进入，人数少，居地散，未形成大的群体及明显社区。故虽有汉人，却因人数过少，在全省人口比例很小。很少的汉族人口中，不少人还入乡随俗而“夷化”，影响又不甚突出，故往往被略而不计。史志所载，无不视贵州为“蛮夷”之地或“夷苗”之乡。嘉靖《贵州通志》卷三载，“贵州土著蛮夷，族类实多”。乾隆《贵州通志》卷七谓，“黔省自明始置郡县，元以前皆为蛮夷”。数十万卫所屯军及其家属的移入，布政使司、府、州、县各级地方行政机构的设置，各级官员、差吏、夫役分批入黔，军政机构的广泛设置为商贩、工艺之人及逃荒农民进入贵州提供了条件。如嘉靖《贵州通志》卷三载，婺川县（今务川自治县）“有砂坑之利，人咸集居贸易”。《思南府志》卷七载，“弘治以前，川民不入境”，“弘治以来，蜀中兵荒，流移入境”。“流移之人亲戚相招，缰属而至，日积月累，有来无去。”同书后序谓“入我皇明永乐以来，始革去宣慰氏而设郡立县，于是，土著之民无几，而四方流寓者多矣”，这里的汉族人口甚至超过了“土著（少数民族）”人口。这些不同职业、不同原因、自不同区域进入贵州的汉人散布于各府州县。据嘉靖《贵州通志》所载，当时贵州有汉族 55980 户，人口 246214 人。

如此大量的官、军、民于明代成批、分批地移居贵州，在贵州历史上实属空前，贵州民族结构随之发生重大、急剧变化。汉族军民分布在全省各地，同各少数民族错居杂处。这一突出的变化、明显的现实，突破了“蛮夷”之地的旧格局、旧观念，并开创了“夷汉”杂居的新局面。嘉靖《贵州通志》卷五谓：“贵州，古西南徼域。入国朝来，诸司骎设，然汉夷杂处。”同书卷三载黎平府“夷汉杂居”，镇宁州“夷民杂居”，思州府“郡内夷汉杂处”。这里的“汉”“民”所指皆为汉人，“夷”则是贵州各少数民族的泛称。贵州汉族人口的剧增，根源于贵州在西南具有不可替代的重要战略地位。在此重要战略地位上，汉族人口又十分稀少，广泛分布着与汉文化殊异的众多少数民族。明王朝认为各少数民族“非我族类”，他们受制于林立各地的大小土司。这些土司具有特权，拥有武装。他们顺则可以归顺中央，逆则可能反对朝廷，用统治阶级的话来说就是“反复无常”。在贵州无民可依、无兵可用，要控扼云南就必须巩固对贵州的统治，要巩固对贵州的统治只有派驻重兵，以防“其心必异”。朱元璋为首的明代统治者们将控扼云南与控制贵州土司作为其西南战略决策中两个密不可分的基本点。《明实录・太祖洪武实录》载洪武二十二年（公元 1389 年），当傅友德等平定云南之后，除拨 5 万余人就地留守，再拨少量驻黄平、贵阳两地外，征南大军的主体分别撤至湖广、四川休整。朱元璋得知后深感不安，立即谕傅友德等“诸蛮夷易变生乱，朕恐大军一回，彼复跳梁啸聚，岂不重劳我将士乎。今且返军，分驻要地”，一以休息士卒，一以控制蛮夷。有了重兵，不听朝廷一再劝谕的两思宣慰使才在顾成 5 万官军压境下俯首就擒，两大土司才能废除，以其地改设 8 府。在 8 府的基础上，贵州布政使司的设置才成为可能。卫所的存在，流官政权的建立，封建领主一统的封闭的藩篱才被突破，为省外相关人员进入贵州提供了较广泛、优越的政治条件。

2. 促进社会经济发展

数十万的屯军及其家属和众多的逃荒农民移徙黔地，贵州骤增一支强大的劳动生力军。传统农业属于劳动密集型农业，农业的发展几乎与劳动力的增加成正比。在山多、箐深、土瘠的贵州，劳动力的多寡与家庭、社区的丰歉、兴衰关系尤为密切。卫所屯军粮饷全赖自身的屯种所得，别无其他仰给与依赖，须全家奋力于农事以供生活必需。军户乃世袭，“人有定额，田有恒产”，每个军士所分田地为一次性确定，世代不予增减。军户子孙又不断地繁衍，人多地少的问题必会出现。这迫使屯军的子孙们在经营好原有之定额祖业外，必须垦荒，以扩大耕地面积来满足新添人口的粮食需求。刚流入的农民在贵州本无一寸田土，他们又别无长技，必以务农为业。他们所耕种土地无外乎两种来源，或租种，或垦荒。前者仅有使用权而无所有权，还要遭受剥削；后者归己所有，每年虽须起科纳粮，但比地租为轻。故其多向垦荒方向发展。广大军民长期不断地垦荒，使贵州的耕地面积大幅度增加的同时，先进的农业技术亦随之传入。首先是在军民社区广泛使用牛耕。洪武二十三年（公元 1390 年），“置平溪、清浪、镇远、偏桥、兴隆、新添、隆里、威清、平坝、安庄、安南、平夷十三卫屯守，而耕牛不给。胜宗数请以沅州及思州宣慰司镇远、平越等卫官牛六千七百七十余头，分给屯田诸军”①。牛耕使用较为广泛，结束了贵州锄耕为主的历史，开创了犁耕农业的新篇章。明代以前，贵州的农作物品种比较单一。粮食作物主要是糯谷、荞、麦、粟（小米）与红稗，无蔬菜。汉族军民引进了种类繁多的粘谷、粳稻及各种豆类，白菜、青菜、萝卜、瓜和葱、姜、蒜等也广泛引种。明代以前的贵州地广人稀，基本上处于“刀耕火种”、广种薄收、“望天吃饭”的落后阶段，汉族军民进入后，开始兴修水利：开沟渠、筑堰塘、架水车，引水灌溉，以不误农时，不因干旱而减产。劳动力的剧增、耕地面积的扩大、牛耕的推广、作物品种的引进、水利的兴修，从不同方面促进了农业的发展，将贵州农业生产推入

---

① 参见《明实录·太祖洪武实录》。

了新的发展历程，较快地缩小了与内地的差距。

早在南宋时期，贵州的罗甸马、水西马就源源不断地南下到邕州进入马市，进行了远距离的大宗贸易活动，并被较为详细地记入史册。但那仅是偏安江左的南宋王朝在特定的历史时期的特殊需要。自此以后，贵州的商贸活动便又销声匿迹。在尚无城乡差别，尚无农业与手工业的分工，衣食住行都处于自给自足的自然经济的封闭环境里，是没有商业贸易的基础与需要的。汉族军民入居贵州后，一座座城镇出现，一条条驿道建成，一批批职业工匠出现，人们的分工细了，生产发展了，需求多了，“以我所有，易汝所无”的情况产生了，交通条件变好了，信息也灵通了，内地集场贸易的形式在贵州有用武之地了。集市贸易遂应运而生。外省客商也争相涌入贵州收购土特产转销内地，又从省外运入盐、布等生活必需品，从中获利。于是各府、卫、州、县以十二生肖命名的农村集市纷纷出现，人们如期前往赶场进行物资贸易。每逢场期，热闹非凡，驿道上、山路间人来人往，熙熙攘攘，集场上农副产品、手工业品货色繁多，形形色色的人摩肩接踵。“军民至其贸易”“汉夷不问远近，各负货聚场贸易”①。镇远成为“舟车辐辏，货物聚集”②的水陆码头，普安州“巧佞便捷，专事商贾”③，商业贸易也在一些码头、城市出现。农业的发展，集市贸易及商业的出现，使贵州的社会经济呈现出新的活力与生机。

3. 城市的兴起

明代以前，贵州高原上称得上是城市的只有顺元城（今贵阳）。顺元城是一座筑土为垣的土城。城市的兴起大体有三种原因：一是政治的需要。统治阶级以高大的城池作护卫，住居城内尽情享受、发号施令，将城市作政治统治的中心。二是军事需要。统治阶级以城市作为军事据点，聚集军队，进可以攻，退可以守，将城墙作为掩蔽体，抵御强敌的进攻与袭击。三是商贸的需要。在人口集中、交通方便之处

---

① 参见嘉靖《贵州通志》卷三。

② 参见弘治《贵州图经新志·镇远府志》。

③ 参见嘉靖《贵州通志》卷三。

筑城开市，接纳行商坐贾、汇集八方货物，在设备齐全、安全系数较大的城市里经营货物的集散。因而有的城市是该地区的政治中心，有的城市是军事重地，还有的城市则是商贸中枢。城市与乡村相比较，从一个地区、或一个国家来说，总体上是农村人口多，城市人口少（在资本主义社会以前），但在人口密度上，城市远远超过农村。城市人口成分复杂，除农民外，官兵、夫役、士、工、商等皆有，衙门、监狱、粮仓、银库、军营、学校、寺庙、作坊、商店、客栈、车、轿等设施齐全。故许多城市又具有综合性，既是该区域内的政治中心、军事中心，又是经济中心、文化中心，集政治、军事、经济、文化功能于一身。

贵州城市的出现基本上是出于军事需要。卫所屯军从异地迁进贵州，圈地扎营，踞地设卡，占地屯田，开伐石木建房舍，将少数民族群众赶走，并对“出行必佩刀”成为习惯的过往“蛮夷”进行盘查……官兵的种种行为使各族人民感到不安，他们被掠夺、受限制，是不能容忍、不能接受的。他们在思想感情上的不满，常常发展为行动上的反抗斗争，于是组织起来攻打屯堡、袭击屯堡、袭击官兵。有的土司为了维护既有的特权，认为官兵威胁了自己的利益，往往也乘机煽动所属部从向卫所屯军发起进攻，希望将官兵挤走。如洪武十五年（公元 1382 年），“乌撒诸蛮复叛”。洪武二十三年（公元 1390 年），贵州宣慰同知宋诚奏“苗蛮作乱，平越卫管内堡寨土兵亦与官兵相拒，杀百户及军士十余人”，沐英奏“普安军民指挥司屡言百夫长密即叛，杀屯田官军刘海；尾洒驿丞余成，及试百户杨世杰，劫夺驿马，焚馆舍”①。在被袭击不知昼夜，遭攻打未晓强弱这种防不胜防的状况下，屯军先是扎栅作临时屏障，后发展为筑墙作永固性防护。于是卫所屯堡纷纷于驻地修筑起围墙。屯堡围墙规模小，通常称拦马墙。卫的围墙规模大，配套设施多，有城楼，有箭楼，有串楼，有垛口，有的还有月城。墙内人口密集，是指挥使等军事长官所在地。城墙所圈范围内则名之“卫城”。贵州的卫城多兴建于明初的洪武年间（公元 1368 ～ 1398 年），有普定卫城、平越卫城、乌撒卫城、五开卫城、毕节卫城、偏桥卫城、镇远卫城、

---

① 参见《明实录·太祖洪武实录》。

新添卫城、赤水卫城、普安卫城、清平卫城、平坝卫城、龙里卫城、安庄卫城、安南卫城、黄平守御千户所城、兴隆卫城、威清卫城、都匀卫城。其中以普定、平越2卫城最早，建于洪武十四年（公元1381年），都匀卫城最晚，建于洪武二十七年（公元1394年）。平越卫城初为土城，建文三年（公元1401年）改为石城。其余卫城起始即是石城。府州县城中的贵阳府城原为顺元城，系土城。明洪武十五年（公元1382年）改为石城。安顺府、黎平府、平越府、都匀府、镇宁府、毕节县等府州县与卫同城外，其余皆建于洪武以后。如思州府城建于永乐十三年（公元1415年）。镇远府城建于正统年间（公元1436～1449年）。铜仁府于景泰二年（公元1451年）建土城，嘉靖二十七年（公元1548年）改建为石城。程番府城建于成化十三年（公元1477年）。思南府于弘治十四年（公元1501年）建土城，嘉靖二十八年（公元1549年）改为石城。石阡府城建于嘉靖元年（公元1522年）。婺川县于嘉靖五年（公元1526年）建土城，嘉靖二十七年（公元1548年）改建为石城。印江县城建于嘉靖二十六年（公元1547年），万历二十八年（公元1600年）改天柱千户所设县，遂建县城。

贵州的城市兴起于明代，率先起于卫的所在地，属于防御性的军事设施。即使建于元代的顺元城，也是当时的军事重镇——八番顺元等处宣慰司都元帅府驻地，始初也是因军事防卫而修建。永乐十一年（公元1413年）废两司地置八府设贵州布政使司后，府州县相继出现，府城、州城、县城亦接踵而建。嘉靖《贵州通志》卷十对明代卫所城池及府州县城所在地域的区别曾作如是概括："卫所衙门设居冲路，而府、州、县、司则当山溪深峻之间、林箐蒙翳之处。"两者衙署的地点选择不一：卫城是沿驿道修建，呈线状布设；府、州、县城多不在交通线上，在广大区域内作点状分布。新建的府、州、县城虽仍不失其防御性，但主要是以该地政治中心的面貌出现。领有土司的卫城以军事中心为主外，已兼有政治中心的性质。至于府、卫同城时的卫城则军事、政治功能两者兼而有之。清代撤卫并府县后，所有府、厅、州、县城市的性质和地位则都以政治为主了。无论是以军事为主的卫城还是以政治为主的府、州、县城，由于所处的位置、所拥有的条件于该所属地区范围内都具有突出的优势和重要性，城市的经济文化以乡村不可企及的速度发展起来，在其原有的军事、政治性质外，还成为该地区的经济中心和文化中心，逐渐发展为综合性的城市。一座座兴起的大小城市，犹如嵌在贵州高原上的一颗颗闪光的大小明珠，引导着贵州历史进入城市文明的历程。在其发展的历程中，城市的军事性质逐渐淡化，政治地位日益加强，经济和文化的性质日趋突出。城市成为手工业、作坊的集中地，成为交通枢纽、商业中心、物资集散地，成为人才荟萃、名胜古迹的主要分布点。明清两代的城市在逐渐发展，城市的辐射功能也在不断地增强。

4. 文教的勃兴

我国是世界上封建社会历史最长、封建制度发育最为成熟完备、封建意识影响最为根深蒂固的国家。当封建社会步入晚期，封建意识业已僵化，对社会的进步与发展起着巨大的阻碍作用，在清朝中后期表现得尤为严重，清廷的统治越来越故步自封，越来越不适应社会潮流，对外最终被资本主义国家的坚船利炮所攻破，对内镇压改良、破坏革命，使我国一步步陷入了半殖民地半封建的贫穷落后的深渊。但在封建社会的发展期、成熟期，在构成中国古代文明方面，在世界四大文明古国中唯独中国得以延续并得以发展，封建文化所起的作用是功不可没的。尤其是中国作为“礼仪之邦”这一称号与荣誉更直接与封建礼教息息相关。农业是中国立国的根基。农业经济是封建社会的基础。封建社会的农业经济长时期、大范围地属于自然经济。自然经济最主要的内容是小农经济。小农经济最重要而明显的特征是其分散性，无论生产与生活都是以家庭为单位来进行的。家庭既是生产劳动最基本的细胞，也是社会生活最基本的细胞。整个庞杂严密的封建制度就是建筑在千千万万个家庭这个基本细胞之上。家庭又是由若干直系亲属成员组成。每一家庭成员与家庭的兴衰存亡有着直接的关系，家庭的兴衰存亡对每一个家庭成员也有着直接的利害影响。

封建社会的国家政权是以朝廷为标志的。朝廷的象征是君主，君主是国家政权的最高代表者，因此，“朕即是国家”“国家即是朕”。君主和国家本来只是存在密不可分的关系，但在我国封建社会里，这两个不同的概念却长期被人为地混为同一概念来看待、运用。封建社会按地位高低分为若干等级，总括为君、臣、民三部分。其中，“民”又依所从事的职业划分为各色各样的类别，但主要区别为士、农、工、商四大类。如何使家庭持续、稳定、发达，如何把分散的家庭与集权的国家政权联结起来？这是整个封建社会所面临的最为实际而又至关重要的关键问题。先秦诸子以封建社会的构建形式及理论框架为主要的社会课题，纷纷提出各自的主张、设想，并为此引发激烈的争辩，形成“百家争鸣”的热闹场面。通过长期的争辩与实践，至汉武帝时，最高统治者最终选择儒家学说为最佳方案。从此，历代统治阶级尊儒家思想为基本治国方略，代代相传。

儒学能为统治者所欣赏、采纳、尊崇，并非偶然，而是儒家的主张既符合民众需要，又符合统治者需要，并将两者巧妙地联结起来的结果。儒家学说的基础是孔孟之道，尊孔子、孟子为圣贤，孔孟言论、著作为经典。在那鬼神之说弥漫的古代社会里，儒家的哲学思想对鬼神既不否定也不肯定，而是取其不论不争的“敬鬼神而远之”的回避态度，省去许多是非、减去诸多麻烦，集中精力研究社会的现实与未来。社会的主体是人，主导的社会也是人。孔孟之道讲的就是人。因此儒家学说是以人为核心建立起来的一种学术体系，可以说是一种人本主义。孔子的“未能事人，焉能事鬼”就鲜明地表达了其学术观点的立足点与出发点。因此，儒学以“仁”为其学说的核心。《说文·人部》谓，“仁，亲也”，即爱的意思，是谓人与人之间应该相亲相爱，应“己所不欲，勿施于人”，不要做出损人利己之事。这里的“人”属于道德范畴。《孟子·公孙丑上》称“以德行仁者王”。此处的“仁”是指仁政，指统治者对人民应行仁政，不能施以暴政，如此方能得人心，也才能得天下、使统治稳固。“仁”在这里属于政治范畴。无论用于哲学抑或用于政治，“仁”都是以人为本，以爱、以宽厚待人。如何做到仁，如何将广大百姓的道德意识和统治阶级的政治统治连接起来，从上到下人人都能围绕“仁”来规定思想言行呢？儒学创始人孔子认为主要在于注重自我修养。不同等级、不同职业的人都要在修养上下功夫，要一生一世地下功夫。这就是所谓的“修身”。修身的目的和功用，小则可以“齐家”，大而能够“治国”“平天下”。如此，用修身这一方式将千千万万分散的家庭与高度集权的封建政权联系起来，将普普通通的黎民百姓与有特权的统治阶级本相对立、对抗的两者沟通起来。儒家学说的道德观有利于社会的稳定，儒家学说的政治观有利于统治阶级需要的长治久安，因而它被封建统治阶级采纳、尊崇，成为封建社会的统治思想。在统治阶级的大力提倡、灌输下，儒家学说逐渐成为人们衡量思想言行的准则，形成了封建礼教。封建礼教实质上是儒家礼教。儒家礼教主要用于规范臣民、约束臣民。儒家礼教涉及社会的方方面面，十分繁琐，但最根本的是在“忠”“孝”二字上，在家庭以孝为先，于国家（君主）以忠为原则。人人都能孝顺父母，家庭就能长幼有序，就能和睦昌盛；人人都能对国家、对君主忠心不二，社会就能尊卑有别、各行其业、互不干扰，更不会犯上作乱，故而社会得以稳定发展。忠、孝的品性离不开修养。修养的有效途径在于教育。儒学之所以能盛行，能在诸子百家竞争之中能赢得独尊，主观上还在于其对教育的高度重视。从孔子开创私家教育起，相传其有徒众 3000 人，其中有 72 位高足。封建统治阶级为了推广儒家礼教也非常重视教育，在运用国库广办公学的同时，还大力提倡办私学。教育的场所，在京都有国学（太学、国子监），在地方有府、州、县学，有书院，有蒙馆。但无论何种层次，何种形式的教育，所教所学的内容都以四书五经为主，都按照封建礼教的要求来进行。

明太祖朱元璋虽出身农民，但生长于文化发达、盛行儒家礼教之江南。他虽是行伍起家，而战争的实践迫使他要去了解一些历史的经验和教训。登上皇位后，更要掌握全国的政治、经济、军事等方方面面的事情。这些都要学习，都要读书。洪武十五年（公元 1382 年）二月，当云南平定后，他唯恐傅友德等松懈麻痹，疏于防范，特谕傅友德等说：“朕亦不可不以古人之事以示将军。在汉武帝时，始得西南诸夷，终两汉之世，叛者十次。在光武时，将军刘尚击益州夷，路由越嶲，其酋长多酿毒酒，欲以劳军，因袭击尚，尚知其谋，即分兵掩捕诛之，徙其家属于成都。蜀汉之时，诸葛亮讨平其地，收其豪杰，出其金、银、马、牛以给军用，终亮之世，夷不复反。亮没后凡四反，张嶷尝一讨之，嶷将回军，兴古僚复反，嶷复击之，其地悉平。唐太宗时，云南自守，至高宗时始入贡，朝廷待之重，反生侮慢，唐前后凡九加兵，战屡不胜，唐终不能驭。元世祖亲下云南，令亲王镇守之，终元百年间，前后七叛。将军观此，可熟察其情，详慎处置，为今之计非惟制其不叛，重在使其无叛耳。”[①]朱元璋从两汉、三国至唐、元各代云南与中央王朝的关系作了高度浓缩和简明的概括，这些知识皆来自史籍。他深知教育在教化方面的重要作用。于马背上得天下，不可能全在马背上守天下，维护儒家礼教是巩固封建统治不可或缺的重要环节。在他即位的次年，即谕中书省道：“朕惟治国以教化为先，教化以学校为本。京师虽有太学，而天下学校未兴。宜令郡县皆立学校，延师儒、授生徒，讲论圣道，使人日渐月化，以复先王之旧。”[②]“治国以教化为先，教化以学校为本”，其将学校教育提到治国安邦这一至关重要的位置上。于是全国各地广建学校、大兴儒学。贵州儒学教育亦随之发展起来，卫学、府学、州学、县学、宣慰司学等纷纷建立，并要求军民等及少数民族上层人物及其子弟都入学，接受儒家礼教教育。这些学校又都通称为“儒学”，因其所授课程皆为儒学经典及其礼仪。儒学的生员通称为“秀才”。具秀才身份者即可参加科举考试，分乡试、会试两级，在省会举行者为乡试，在京都举行者为会试。无论乡试会试均三年举行一次，前者定于子、卯、午、酉年，后者定于丑、辰、未、戌年。头年乡试之后，第二年接着会试。乡试定于当年秋季举行，故乡试又有“秋闱”之称。“闱”之意即为考场。会试定于该年春季举行，故会试又被称作“春闱”。

贵州设置布政使司后，贵阳即成为贵州省会。在建省初期，百事待兴，洪熙元年（公元1425年）才举办科举。但乡试并不在贵阳，规定考生赴湖广就试，因贵州布政使司于宣德二年（公元1427年）奏称湖广距黔远，要求改附云南合试。奏准后，历宣德、正统、景泰、天顺、成化、弘治、正德、嘉靖各代的百年期内，贵州的秀才们都是到云南的昆明赶考。期间，贵州的一些官员认为赴滇路途仍远，多有不便，曾多次奏请在本省举行乡试。如弘治十三年（公元1500年）巡抚贵州右副都御史钱钺曾奏请在贵州单独设科取士，但朝廷不予批准。正德九年（公元1514年），

① 参见《明实录·太祖洪武实录》。

② 参见《明史》卷四十五。

巡抚贵州右副都御史陈天祥及镇守太监史泰等又奏请在本省另设科场，朝廷又以“钱粮欠敷，恐窒碍难行”为由，再次回绝。嘉靖六年（公元1527年），贵州又因广西从与广东合试中分出，各自开科为据再奏要求在贵阳进行乡试，也未得到明确答复。嘉靖九年（公元1530年）给事中田秋题称：“贵州一省远在西南，未设乡试科场，只附云南科举，生儒赴试其苦最极，议者皆病于钱粮之少，故不敢辄议开科。臣窃以为不然，盖贵州虽附云南乡试，而举人坊牌之费，鹿鸣之宴，皆贵州自办也。今所加者不过三场供给、试官聘礼耳。”聘礼所需数百两银，可从镇远、永宁、思南等三府州税课中提取支付，不难解决。他特别强调，在贵州设置考场，“盖一方之至愿，上下之同情”，是不应被忽视的。又说“两广旧设一科，及后另开，人才渐出。以云贵较之，虽地啬不同，而天地生才，国家养士，岂以彼此异视乎？”贵州建省后“所属府、卫、州、司遍立学校，作养人才，迄今百五十余年，文风十倍，礼义之化，已骎骎与中原等”。贵州虽与云南接壤，然“间有被贼触瘴死于非命者。举家累世遂以读书为戒”。“每科应试生员跋涉冲冒，多所殒伤，其于人情既为未便。况今文教渐治，遐方绝域人才日盛，每科应试之士，数逾七百，中试录文，五经具备，及举人进士科不乏人，近年被翰林台谏之选者，往往文章气节与中原、江南才俊齐驱。”[①] 经过田秋这番义正言切、慷慨激昂而又入情入理的奏报，朝廷终于同意“贵州一省自可成录”，“建立科场，依期开设乡试”。从此，士子们免去了长途跋涉之艰辛，有利于贵州文化教育之发展。

明代贵州的学校有贵州宣慰司学、播州宣慰司学、思州宣慰司学、思南宣慰司学、思州府学、思南府学、黎平府学、石阡府学、铜仁府学、镇远府学、都匀府学、安顺府学、程番府学、贵阳府学、遵义府学、平越府学、普安州学、镇宁州学、定番州学、真安州学、务川县学、清平县学、桐梓县学、新贵县学、贵定县学、湄潭县学、天柱县学、印江县学、平坝卫学、安庄卫学、清平卫学、平越卫学、都匀卫学、安南卫学、普定卫学、新添卫学、威清卫学、兴隆卫学、毕节卫学、赤水卫学、

---

① 参见嘉靖《贵州通志》卷五。

乌撒卫学、铜鼓卫学、平溪卫学、五开卫学、偏桥卫学、清浪卫学等。其中思州宣慰司学、思南宣慰司学、播州宣慰司学于改土归流废司设府后，分别改为思州、思南、遵义府学。都匀卫学在开设都匀府后，府、卫同城，卫学改为府学。程番府学随府治移入贵阳，程番府改为贵阳府，程番府学亦改名为贵阳府学。宣慰司学的入学生员，主要是土司子弟，府州县学生员“夷汉”子弟皆有，卫学生员主要是军人子弟。如嘉靖《贵州通志》卷六载，“偏桥、镇远、清浪、平溪、五开五卫军生俱听贵州提学考较，科举俱赴贵州布政司应试”。“军生”即卫所屯军的军人子弟，之所以明确此五卫军生赴贵州应试，是因该五卫虽在贵州境内，但隶属于湖广都指挥使司。各类学校中，以卫学最多，次为府、州、县学，司学最少。此外，有的地方还建有社学。如嘉靖《贵州通志》卷六载，安庄卫儒学训导胡祯纪云：“前镇国将军都指挥陆秉奉命征南，武功告成，留守其地。乃欲建学立师教育边士，遂择卫治左隙地设社学，进子弟，举师儒教之。”社学虽非官办学校，层次也较儒学低，然其传习内容仍是儒学经典和礼教，是学校教育的延伸与补充。

各卫、司、府、州、县普遍设置，加之各府、州、县的相继建立，一批批流官及其随行人员分别从内地派驻贵州各地，汉族人口日益增多。汉族人口主要居住于城镇屯堡及驿道左侧，呈点、线分布，与广泛分布的少数民族村寨错杂而居。平时与少数民族民众于生产生活上时有接触，而集市贸易更是汉族军民与少数民族群众交往的特定日期。官府推行的儒学教育与汉族军民和少数民族民众之间的不断接触交流，使贵州的文化在明代呈现出一片崭新的局面，主要表现为一些少数民族逐渐懂汉语、识汉文，有的甚至能够运用汉文构思意境，并运用汉字之音韵写诗作文。汉族的服装也被一些少数民族作为时装，当作新潮而仿效。弘治《贵州图经新志》卷一载，“仲家……男子戴汉人冠帽……通汉人文字”，“红仡佬，男子旧不着冠，今渐作汉人之服饰”。卷七载侗族、苗族杂居的黎平府“自本朝建置官府，衣冠习尚，益同华风焉”。卷八载程番府“冠婚丧祭，颇效中华……八番子者，服食居处与汉人同”。卷十二载平越府“其郊外之民，乃苗、佬、仲家……迩来渐革其旧，服役公庭，衣服言语稍如华人焉”。以上表明各少数民族不同程度地受到汉文化的影响，并吸收其中一部分作为自己的文化成分。

贵州由原来的“蛮夷”之地、“夷苗”之乡在有明一代以前所未有的速度在文化教育上缩短与内地的差距，如万历《贵州通志》卷二十一载：“自开设以来，武摄文绥，治理日臻，夷训就役，风教溢于列郡，桑麻遍于幽壤，才俊挺出，为时显用，亘古未有也。”连黔西北边远地之乌撒卫也出现该志卷十所谓“衣冠礼乐，不殊中土”的情景。仅嘉靖十四年（公元1535年）时，贵州的秀才就为数不少，“贵州合省士子不下三千余名”。中试的贵州举人、进士并非出于照顾充数，他们当中的许多人道德文章都不差，可“与中原、江南才俊齐驱”。汪大章即其代表人物之一。汪大章为弘治乙卯（公元1495年）科进士，普定卫人，官至云南左参议。嘉靖《贵州通志》卷九谓其为“历官廉介，不阿逆瑾。所经宦处，皆入名宦。宣慰司学亦崇祀乡贤”。

贵州人口的剧增、民族结构的巨变、社会经济的发展、城市的兴起以及文化的勃兴，都是由于大量卫所军队屯戍贵州所引起的一系列连锁反应的结果。卫所屯军各省皆有，与周边各省比较对贵州作用尤为巨大，主要在于明王朝为了控扼云南特屯置重兵之故。湖广虽设有二十七卫，然其平溪、清浪、偏桥、镇远、铜鼓、五开等六卫皆在今贵州境内。湖广所辖为今湖南、湖北两省，在该两省内的卫实际只有二十一个。广西有十卫，云南有二十卫。四川虽大，也只有十七卫。设置的卫所多，配备的官兵相应亦多。贵州卫所数量居四周邻省之冠，故其投入之兵力也远远超过毗邻各省，因此对本省文化的变迁影响也远超相邻诸省。当然，文化变迁的情况虽与入驻军队的多寡关系十分密切，但也与各省的社会基础有一定的关系。贵州在明代以前，被视为“蛮荒”之地，一大批汉人的进入，随之出现的物质文化、制度文化、精神文化等新的文化成分就显得特别突出，作用也尤为明显。云南虽也是少数民族聚居地区，又地处边疆，但因元、明中央王朝特别重视，委以亲王世代坐镇，大力经营、强化统治，其社会文化基础较贵州雄厚。湖广、四川两省虽有少数民族，然其无论人数及分布区域都较少，大多数人口是汉人、大部分地区为汉文化区。贵州的社会文化基础差异大，所驻军队又特别多，因而文化的变异比邻省尤其剧烈、尤为突出。明代汉文化传入贵州，传播者主要是卫所屯军，其次为布政司、府、州、县各级官员及其眷属、随从、夫役，再次是流寓贵州的农民、商贩和工匠。这三类进入黔省的人员以屯军人数最多，分布面最广，对汉文化传播的作用也最为深广。

我们习惯将卫所屯军传承与传播的汉文化统称为“屯堡文化”，其实“屯堡文化”是专称，有其特定内涵。因为卫所屯堡的设置不仅贵州有，它是明代军事制度的产物，全国各地都设有卫所，置有屯军，只是数量多少不一而已。内地各省包括南北二直隶都有屯堡，它们都是汉文化区域，与卫所屯军的文化同属一文化体系，没有必要也没有理由将屯军的汉文化及民众的汉文化区别开来，根本不存在“屯堡文化”之说。贵州屯军虽多，屯堡亦众，屯军中的大部分人都来自江南，但有的卫所官兵例外，如威清卫“卫军士皆湖湘人”①，平越卫“卫中军士，多中州缙绅之裔”②，兴隆卫“卫之士卒，来自湖湘。宗族交代从戍，故役无定籍，而居无恒产焉”③。这些卫所的官兵或来自中州，或来自湖湘，甚至有的是轮戍而非世代屯驻。中州、湖湘与江南的文化均为汉文化，但因区域不同，在同一属性的基础之上存在区域的差异。须要特别介绍的是贵州的大部分卫所屯军虽原籍为江南，但在明代时就在不断的社会动荡中相继逃离屯堡。入清以后“自改卫为县时，军屯皆成土著，身住屯所，业落苗寨”④，屯军及其后裔多已疏散，已不再保有原有的外形特征及较为完整的群体，所以也不能把贵州屯军所传承传播的文化泛称为“屯堡文化”。我们所说的屯堡文化是指“屯堡人”所传承与传播的文化。“屯堡人”是明代普定、平坝、安庄三卫屯军后代子孙在清代撤卫并府、州、县后的专称。他们的先祖是来自江南的屯军，他们历经清代、民国直至今天还基本上较为完整、突出地保存着明代江南汉族的文化特征。全国各地内外卫凡五百四十七名屯军后裔中，称为屯堡人的只有今天贵州安顺城区、平坝、镇宁、长顺及普定范围内的屯军后裔。这一范围原为上述三卫辖区范围。屯堡人分布较为密集，连片或相邻的屯、堡、旗、哨、铺等地方，

---

① 参见弘治《贵州图经新志》卷十二。

② 参见嘉靖《贵州通志》卷三。

③ 参见嘉靖《贵州通志》卷三。

④ 参见《黔南职方纪略》卷六。

我们则称之为“屯堡社区”。

（三）屯堡文化的影响

普定、安庄、平坝三卫屯军及其分布于安顺城区、镇宁、平坝等府、州、县的遗裔——屯堡人，其原有之江南文化不仅较为完整地保存着，还对这一地区的社会发展及少数民族发生了广泛深刻的历史性影响。屯军的入驻，使这一地区的农业生产劳动力骤增。因时有警情，屯军常常是“男子荷戈，妇女栽插”，军户的女子们从灶头纷纷走到田头，承担起本属男子的农务。“大脚妹”们有效地担负起农活，形成为适应新环境的传统后，屯军、屯堡人的劳动力无形中成倍增加，无论在平时或战时，都能不误农时或少误农时。军户因系屯田耕种，自食其力，全年生活别无所赖，全靠自我劳动所获用以维系。军户的所有丁口都必须终年勤奋耕耘，才有可能避免饥荒，才能有丰衣足食的希望。他们借助和使用牛耕、水利灌溉、良种、深耕细耘等在当时贵州来说属于新的、先进的耕作技术、农业知识，使屯堡社区的农业生产得到了巨大的发展，奠定了屯堡社区较为坚实的经济基础，出现了嘉靖《贵州通志》卷三所描述的“物产富庶，甲于他郡”这一欣欣向荣的情景。

屯堡人的先祖们不以农作物的丰收为满足。人口的不断繁衍，定额耕地有限，人均所有耕地率呈逐日下降之势。宜农荒地有限，只能在所属屯区内开垦，越境垦殖与民争利常会引起争端。扩展耕地面积虽可作为解决人地矛盾的一种方法，但不是主要的方法，不是根本的出路。妇女与男子同样都是劳动力，因耕地少，劳力出现富余。他们将解决问题的思路从以农为本的传统观念中走出来，利用他们处于交通孔道沿线的地理优势，留一部分人继续坚持认真务农，另一部分人从事商贸。或者是农忙时以农为主，农闲时复参与集市贸易，做到农商两不误，拓宽经济来源。自己生产的农产品可取一部分进入市场当作商品销售，甚至由此场买进至下一场卖出，城市买来乡村卖。如此，人多地少的矛盾缓解了，富余劳动力的出路解决了，家庭收入增加了，社会经济活跃了。屯堡人农商皆营，“本”“末”皆逐，于弘治年间

（公元 1488 ～ 1505 年）业已成风。《黔南识略·总叙》说经营商贸者多在全省来说是安顺府的一大特色："安顺所属，则兼多负贩。"弘治《贵州图经新志》卷十四将这罕见的社会现象特别进行记录，"卫俗本淳朴，迩颇失其故态"，"惟贸易日趋于利，风俗日降……转移而返之旧也，则有望于君子焉"。志书作者以其敏锐的眼光捕捉到屯军中新近发生意识和行为上的重大变化并加以记录，给我们留下了关于这批屯军主动实行经济转型的十分珍贵的重要史料。但该志作者是以封建的传统观念采取指责、反对的态度，表达一种忧虑之情。

屯堡人的先祖们在五百年前就能突破重农抑商、重本轻末的这一强固传统观的禁锢，能够勇敢地迈出农商并重，既固本亦逐末这一大步，在我国经济意识领域内具有极大的超前性和有效的实践性。这是很了不起的，应该讴歌，应该赞扬，应该推广，绝不是什么"风俗日降"，更不能要其"返之旧也"。农业的发展，商贸的兴起，对四面八方的人有着巨大的吸引力，使普定卫从一个军事重镇，发展成为"四方辐辏，为边鄙一都会"。

屯军根据所处的社会环境、地理条件，改变男耕女织的性别分工常态，将人类资源的另一半调动、运用到社会生产中来，充分发挥了妇女的劳动潜力与积极性，顺利地满足了劳动密集型传统农业的必需条件，充足的劳动人手和先进的生产知识、生产技术，促使屯堡社区的农业生产得以持续发展。劳动力的增多增强、农业的发展为社会的重新分工创造了需要与可能，为屯军开创农商并重提供了物质基础。农业的发展夯实了屯堡社区稳固的经济基础，不致使"一日无粮千军散"的事情再度发生，也为屯军开创商贸这一新的经济领域免除了后顾之忧。商贸的兴起使屯军在特殊变动的环境下，可以不绝对依赖农业而能够生存、能够凝聚。总之，农业、商贸并举促进社会经济的稳定发展，增强了屯军的经济实力，为屯堡社区的长期稳定、聚而不散奠定了坚实的物质基础。

屯、堡、旗、哨、铺呈点状散布在广阔的少数民族地区，许多屯堡周围都是少数民族村落。屯军及其后裔屯堡人在军务、生产、生活诸方面的社会联系固然是在相互之间进行，但其婚丧迎送悼奠、走亲访友等的出入往返都得经过少数民族村寨范围。而集市则是军民、“夷汉”直接发生联系的场所。屯堡人与邻近村寨的少数民族更是抬头不见低头见，上午不见下午见，天长日久在生产、生活上必有接触，必生交往。屯堡文化因之逐渐对少数民族发生影响。本就不多的土司在这一地区被削弱或消失，各少数民族民众能够较大程度、较宽范围地从封建领主制的严重约束下解脱出来，较早、较多地摆脱人身依附关系。卫所裁除，军户变为民户，屯军转为农民之后，无根本利害冲突的屯堡农民与少数民族的农民群众之间的交往渠道更畅通，屯堡文化的传播日渐深广。

平坝、普定、镇宁三卫辖区的少数民族主要有罗鬼（彝族的旧称）、仲家（布依族的旧称）、苗、仡佬等民族。弘治《贵州图经新志》卷十三载，平坝“卫自开建以来百年于兹，渐被王化。风俗渐移而登科入仕者累有其人矣”。嘉靖《贵州通志》卷三载，普定卫“附郭夷民五种，习尚不同，自立军卫以控制之，渐染中原之俗，亦尚义而重文”，西堡司“部落皆仡佬……近被王化”。安庄卫“地杂百夷。环城百里皆诸夷巢穴……异言异服。然与卫人错居，近亦少变”。普定卫“附郭夷民五种，习尚不同，自立军卫以控制之，渐染中原之俗，亦尚义而重文，服食器用，婚丧之礼，皆可观矣”。上述所载为明代中后期屯堡文化对少数民族影响情况的记述。各少数民族在保存自己文化的基础上，有选择地吸取了一部分屯堡文化成分，涉及语言、文字、服饰、饮食、器用及婚丧礼规等方面。所谓“中原之俗”“王化”所指均为汉文化。汉文化在此三卫的具体表现就是屯堡文化。“渐染中原之俗”“近被王化”表示屯堡文化开始对少数民族发生影响。旧志书的编纂者们在表述这一文化交流的历史现象时，是以居高临下的态势来看待民族民间文化的自然交流的。入清以后，屯堡文化在少数民族中的影响更为扩展与深化。《安平县志》卷五载，“勤俭重儒，务在力行，渐洗蛮风，颇循汉礼”“仲家……男子服饰与汉人同。妇人衣尚青……有入学食饩而登贤书者”“红仡佬……葬用棺，垒土成坟。每逢清明、除夕、中元节，向坟前标挂纸钱，与汉人无异”。《安顺府志》卷十五载，依家“男子剃发，与汉人同……近今有读书入学者”，仲家“男子剃发，以青布裹头，衣服与汉人同，妇人长裙细折，多至二百余幅，衣甚短……近亦颇知礼法。有入武庠者”，青苗“多通晓汉语”，罗鬼“男子剃发，与汉人同”，补侬（布依族的一支）“剃发，通汉语”。从明代的“渐染中原之俗”到清代的“颇循汉礼”，再到民国的“同于汉族”“与汉族无异”可以看出屯堡文化的传播是日益深广的过程。少数民族于屯堡文化也有接触、认识、选择、逐渐接纳的过程。

屯堡文化的传播，首先表现在语言上。因为语言是交际工具。不同民族间的接触、交往首先是靠语言来表达。语言不通，交往就很难进行，就难于拓展与深化。少数民族对汉语的接受不是一蹴而就的，先是懂汉话，然后才是说汉话。最初是能听懂汉话，但不会讲汉话，后来才慢慢能用汉话交谈。语言的传播成为文化传播的先决条件。今天，安顺市、长顺县等地的布依族、苗族、仡佬族都能说汉话，汉语成为各民族普遍使用的交际语言。少数民族都有普遍养牛的传统，牛是聘礼、祭祖不可或缺之物。苗族、仡佬族、布依族都属于农业民族，但他们在明代以前的农业生产都不用牛。苗族的传统农业是“刀耕火种”的原始农业：在冬季将坡地上的草木砍倒，待次年春季干枯后放火将其焚烧，以所烧柴草灰为肥，就地撒上粮种（有的打坑进行点播），不耕不耘，听其自行生灭。三五年后地力耗尽，再找一片山坡依样开荒。仡佬族、布依族则是锄耕农业，用锄挖土，用锄翻田泥。屯军使用牛耕，省人力、功效高、庄稼好等优长之处很明显，各族农民逐渐效法，到了清代已基本都用牛耕。旱地用黄牛，稻田用水牛。牛耕的普及使各少数民族农业跨入新的历史阶段，促进农业生产发展。少数民族无蔬菜种植传统，副食主要是肉类，或以野菜佐食，在屯堡人影响之下，亦渐渐于房屋附近附带开辟土地种上一些菜。尽管品种不多，不过是青菜、白菜、萝卜、豆类，菜地也较粗放，无论产量质量都达不到园圃水平，但毕竟新增了农业门类，于生活有所丰富、改善。

各族住屋式样各不相同，苗族多为窝棚式的“叉叉房”，布依族、仡佬族多是人住楼上、楼下圈养牲畜的“干栏”式房屋。在屯堡人的影响下，各族都逐渐将房屋改为一列三间的平房，中为堂屋，一些布依族、仡佬族人户在堂屋也设置写有“天地君亲师位”的神龛。用薄层石灰岩石板盖屋顶，用石砌墙的石头房屋，在少数民族中也逐渐流行起来。有的在建筑尺寸上也讲究中柱高为1.8丈或堂屋深为1.8丈，以汉语“八”的读音附会为“发”这一吉祥词语。

屯堡人的头饰、服饰被少数民族部分民众仿效。镇宁大山哨、安顺石头寨布依族妇女穿戴与屯堡服装相同，至今仍着圆领大襟大袖长衫，领、襟、袖皆镶边，发分三绺，围以头帕，腰系大丝带，下着长裤。志书将男子剃发、穿长衫视为汉族习俗是不准确的。清代的汉族男子的确普遍如此装束，屯堡人亦不例外，但这并非汉族原有着装，是清王朝强令汉族改用满族着装的结果。

婚丧礼仪以及节令节日等在少数民族中不同程度地有所传播。如婚礼过程中，新娘来到新郎家大门前须停下。新郎家族中的一位长者手提雄鸡一只在新娘头上绕三圈，边绕边念祛邪纳吉之类的词句，将鸡丢于新娘身后，新娘才能被搀扶着进入新郎家大门。这一“回车马”或“回喜神”的婚仪，在布依族、仡佬族、苗族婚礼中也都采用。各族丧葬则不统一：仡佬族葬用石棺倒埋；苗族为横埋，有的系洞葬。《黔记》谓仲家“葬以伞盖墓，期年而火之”。《黔南职方纪略》卷九记载，有的人家还“葬不用棺”。后受屯堡影响，逐渐使用木棺，顺山势埋葬，垒土为坟。少数民族以十月或冬月或腊月为岁首，各尽不同，即过年的时间不一致。但在屯堡文化影响下，都纷纷“改奉正朔”，以正月初一作为新一年的开端，都重视除夕守岁，从旧年过渡到新年。清明、端午、七月半、中秋等屯堡人的节日，也逐渐成为布依族、苗族、仡佬族的节日。以历史军事题材为内容的屯堡地戏，也受到布依族、仡佬族的喜爱，一些较大的民族村寨也建起地戏班子，于春节及作物初熟的七月进行演出。演员们依然面蒙青纱，额戴面具，背插靠旗，身穿战袍，手持木质刀枪，口中唱念着台词在场地上表演打斗。所用剧本仍然是《三国》《薛仁贵征东》《薛丁山征西》《四马投唐》《杨家将》等。

在朝廷倡办学校教育的影响下，少数民族的一些子弟也入学受教育。如洪武十五年（公元1382年），普定土府者额入朝辞归时明太祖朱元璋对他说：“今尔既还，当谕诸酋长，凡有子弟皆令入国学受业，使知君臣父子之道，礼乐教化之事，他日学成而归，可以变其土俗同于中国，岂不美哉！”[①] 在朱元璋的鼓励、要求下，者

① 参见《明实录·太祖洪武实录》。

额遵命而行，于洪武十七年（公元1384年），派遣其子吉隆及所属营长之子阿黑等十七人进入太学。弘治十六年（公元1503年）朝廷还规定，“以后土官应袭子弟，悉令入学，渐染风化，以格顽冥。如不入学者，不准承袭”[①]，将入学读书作为袭职的一个必需条件。国学设在北京，距西南地区很远，往来颇为不便，加之各府、州、县学均已开设，各地土司子弟可就近入学，故清代普遍采取让土司子弟就近入学的方案。顺治十七年（公元1660年），贵州巡抚卞三元上疏：“贵州苗民中有文理稍通者，准送学道考试。择其优者取入附近府、州、县、卫学肄业，仍酌量补廪出贡。”清王朝还要求地方政府倡办义学，让少数民族中的非土司子弟也能进入学校接受教育。康熙时，贵州巡抚于准“饬州县立义学，令土司子弟及苗民俊秀者悉入肄业，送督学考试”[②]。少数民族入学人数有所增加。义学较贴近社会、贴近群众，受到少数民族欢迎。富裕者，有的还捐资助学。如《安平县志》卷六载，道光四年（公元1824年）苗民阿元义捐野鸭塘租谷一斗给义学作学产。入太学者限于土司子弟，进府、州、县学者，土司子弟、非土司子弟兼有，但因系官府供应饩廪（读书津贴），名额极少，能入学的少数民族子弟十分有限。入义学读书者稍多，但也局限于富裕人家、权势人户。因其无饩廪供给，伙食由自己负担。青少年正是劳动力或半劳动力，少数民族广大群众温饱未解决，生活贫困，劳力不可缺少，其子弟没有条件去读书。到清代后期私塾流行，一些较大的民族村寨自己集资延师授业，办学形式灵活多样，少数民族子弟的读书路径才得以拓宽。布依族、仡佬族、苗族的一些村寨也办起私塾，接受启蒙教育者才渐有增加。

少数民族受屯堡文化影响较为突出的还表现有“夷堡”这一特殊称谓的出现与存在。“夷堡”是对受屯堡文化影响较多较深的那部分布依族人的一种称谓。这部分人主要分布在长顺的高寨、毛栗寨、坝上、朗董堰、杨家坟、洞口、竹林寨、王二寨、躲寨、上坝及下坝。这十一个布依族自然村寨夹杂在屯堡人分布的屯堡之间，如洞口这一布依族寨子周围是王龙、田旗、漫滩、朱田等屯堡人村落。这一片村子

① 参见《明史》卷三一〇。

② 参见《清史稿》卷二百七十七。

的布依族与屯堡人长时期错居杂处，关系密切，受屯堡文化影响较大。他们既保存本民族的语言、服饰和生产、生活上的许多传统，又吸收了若干屯堡文化成分。在讲汉语时，其音调与堡子相同，有别于其他汉族，人们常说他们的汉语夹有“堡子音”。男女青年通过“玩表”这一社交活动建立感情、私订终身，但婚姻不能自主，须由父母包办，以致有的人结婚时，尚不知自己配偶叫何名字，是什么模样。婚礼时行回车马、搀新娘跨大门入堂，但又保持在室内唱开门歌、筷子歌、酒歌及新娘两三年后才“坐家”的习俗。丧事也请阴阳先生和道士主持丧仪，但停丧却保持顺梁停，亦无燃灯仪式。竹林寨布依族地戏班子，所演剧本为《封神》。该布依寨地戏演出用汉语说唱，演出之道具、扮相和程序皆与屯堡地戏相同。布依族旧有“夷”族之称，因其吸取了不少屯堡文化习俗，故在民间有“夷堡”之称。

屯堡文化的传播有以下几点应当说明。

第一，传播是渐进的。从明代经清代、民国直至现在，历时数百年之久，屯堡文化的传播是一个由少而多、由近及远、由局部到全面的发展过程。

第二，传播是不平衡的。普定土府、安顺土州、宁谷长官司等都是彝族建立的土司，这些土司在明代前期就被废革或消失，所属彝民亦很快离去。他们与屯军接触时间短，屯堡文化对他们几乎没有影响。仡佬族在明朝初年人多势众，明代前期的反抗斗争主要是他们发起的。在官府重兵的多次镇压下或死或散或改族换姓，到明朝中后期所剩不多的零星村落，已势单力薄，无连片聚居区，屯堡文化对之易于影响，故到了清代中期，从表面看来“与汉人无异”。布依族进入较晚，又是稻田民族，其农业经济与屯军接近，在明代未举行大规模反抗，相应也未遭受大的镇压，未构成强烈对抗情绪。而其众多村落与屯堡相近相邻，与屯军接触较易，交往较多，故受屯堡文化的影响也较多。苗族自外地迁入较晚，多散布于边远山区的深山箐林之内，以山地农业为主，支系多、实力大，在明代也未举行过大型的反抗。与屯军为近邻者屯堡文化对其影响较大，边远者则很小。

第三，少数民族接受传播是有选择的。不同民族有着不同的选择，即使同一民族内部也不一样。以节日而论，屯堡文化中的春节、清明、四月八、端午、七月半、中秋、重阳节等布依族和仡佬族都加以吸取，苗族只吸纳春节及中秋与重阳。仡佬族普遍采用屯堡服装，布依族只有安顺石头寨、镇宁大山哨等几个村寨妇女所着汉装与屯堡同，而苗族则无着屯堡服饰者。

少数民族在接受屯堡文化的同时，不同程度地保存着自己的传统文化，表现为布依族、苗族、仡佬族群众既能说汉语，各自又会说自己的母语。屯堡人的一些节日他们也同样举办，但他们还保存有自己的传统节日，如仡佬族的三月三祭山神、苗族四月八纪念祖狄龙、布依族六月六祭祀祖宗。虽然同是过春节，但又都有着若干不同的礼规和内容。如安顺苗族正月初一至正月初三男女青年要结伴游春，女子在村外坡地上绣花或缝制新衣，男子吹笙箫走村串寨找女子对歌，初四起男女青年轮流到各花坡“跳花”，一直欢跳到正月十四。布依族丧事须请魔公主持操作，须击铜鼓，须砍牛祭祀。

第四，宗教信仰上各民族有原始宗教崇拜，但在人为宗教方面则各不相同。布依族有的信奉基督教，有的则信奉天主教；苗族有的信仰基督教；屯堡人既信佛教，又信道教；仡佬族则任何人为宗教都不信奉。

第五，读书识字不属于屯堡文化范畴。土司子弟入国学、府学、州学、县学，普通少数民族子弟入社学、义学，所学尽管与屯军、屯堡人相同，但因系朝廷和官府倡导、规定使然，是政府行为，各民族地区皆如此，并非屯堡文化影响所致。因此，入学不应作为屯堡文化传播系列。如果要说与屯堡文化传播有点关系的，那只有私塾还算得上，因为办私塾非官府行为，是民间所自发，是与屯堡相邻的有些少数民族村寨见屯堡所办私塾灵活方便而仿效的结果。

十、汉文化的一种特殊模式

汉族先民为“华夏”。周朝时，以姬姓宗族为代表的华夏势力范围主要在中原。自春秋开始，高高在上的周天子权力已式微，统治地位已动摇，既难以驾驭各自坐大的诸侯（春秋五霸、战国七雄纷纷在政治舞台上相互角逐、较量争做霸主），也难以驯服四周少数民族（“南蛮与北狄”常有“问鼎中原”之态势）。在此持续动荡的社会局势下，一些势力强大的诸侯相继打出“尊王攘夷”的旗号以扩张势力、争做霸主。秦始皇的一统，华夏在全国开创了封建中央集权制。汉武帝独尊儒术，为汉民族的形成确立了鲜明强大而牢固的文化根基。纵使日后出现了“五胡乱华”、南北朝的对峙、辽金的东进南下以至蒙、满的入主中原，最终都被汉文化所同化，或借助汉文化模式施行统治。汉民族在两千多年的分合中日益发展壮大，成为我国无可争议的主体民族。汉文化亦在与各族文化不断地发生碰撞、交融，成为中华民族文化中不可取代的主导文化。在中国大地上，汉文化及其载体汉族总的发展趋势是：自黄河流域推进到长江流域，由中原四向扩展。汉文化于其不断推进、扩展进程中，在传承中发生一定的变异（包括自身发展引起的变异和吸收其他民族文化成分导致的变异），变异后又继续传承。如此波浪式地遍及全国，甚而向东、向西、向南跨出国境，传播到世界上其他国家和地区。当然，东洋文化、西洋文化也在不同时期，以不同方式传入我国，对我国汉文化的发展产生一定的影响。

汉文化在其传承、传播的历史长河中，在保持传统文化基本成分的基础上不断发展，在不断吸取异质文化成分的状况中逐渐拓展，这是其发展的总趋势。因其传播方式的不同、传播的社会环境不一，表现在传承与传播上的结果也就不尽一致，用现代时兴的话来说就是有着各种不同的模式。民族是社会发展到一定历史阶段的产物。它不是从来就有的，也不是永恒不变的。民族产生于原始社会末期，在氏族部落的基础上发展而成。

民族在其发展的历程中必然要发生阶级分化。几千年来无论中外，许许多多民族都产生了阶级分化，纵使有极少数的民族尚无阶级产生，也是生存在阶级社会的大空间里，受着阶级的影响与制约。在阶级社会里民族与阶级是并存的。两者之间有着密不可分的联系，但又有着截然不同的区别。民族与阶级的关系表现为：许多民族内部都有剥削阶级与被剥削阶级之分。剥削阶级居统治地位，被剥削阶级处于被统治地位。统治民族中的统治阶级和被统治民族中的统治阶级之间虽存在着利益上的矛盾斗争，但两者是既有斗争又有联合的。统治民族中的统治阶级要能达到民族剥削、民族压迫的目的，往往是通过被统治民族中的统治阶级来实现，实行间接统治，就是历史上封建中央王朝惯用的“以夷治夷”。历史上大规模、激烈的民族对立、民族战争总是由统治阶级为维护、巩固或扩大其阶级利益而制造、煽动、挑起的。阶级的区别是以对生产资料的占有状况及生产关系为标志。民族的区别则是以文化为标志。不同的民族有不同的文化，民族特征实质上就是文化特征。民族虽与种族、与血缘息息相关，任何民族都必然属于某一人种，任何民族的成员都必然有其各自的血缘体系，但民族并非种族，同一种族往往分作许多民族，一个民族也可能含有不同的种族成分。血缘关系不变，若文化成分变了，民族属性也会随之变化。不同民族的成员间由于通婚关系使血缘关系发生变化，其后裔的民族成分有的随之变化，有的则仍然不变。总之，民族与阶级属性密切相关但又不能归结为阶级属性；民族与种族属性、血缘属性不可分割，但又不能以种族或血缘来划分，民族的区别与标志在于文化。

汉族不仅是我国人数最多、分布最广的民族，也是全世界人口最多、分布最广的民族。汉民族人口数量的增加、人口分布的拓展是与汉文化的传承和传播密切相关的，在某种程度和意义上甚至可以说是相对应、成正比的。人口数量的不断增长主要在于其传统文化强有力的持续的传承，分布的日益拓展主要在其文化多形式、多渠道的传播。当然其传承与传播不是单一进行的，两者常常存在着相辅相成的关系。文化的传承和传播是由文化载体来实现的。民族文化的传承与传播通过民族来进行，民族就是民族文化的载体。通常情况下，一个民族的文化总是由创造这一文化的民族直接来传承、传播。但也有例外，抑或某载体将某文化传播到接受该文化的地区、民族后，该载体仍然在原传播地继续活动，该文化的传承者换成了其他民族。还有某民族虽然移徙到新的地区，本民族的文化虽然能够继续传承，但其文化并未得到有效传播。如我国的四大发明传到欧洲后，促进了欧洲的文艺复兴，然而纸、印刷术、指南针和火药当时并不是中国人直接带到欧洲传授的，而是经由南北两条丝绸之路间接向西传去的。再如傩戏产生于中原，原属汉民族的文化。后来傩戏在中原日渐消失，却在西南地区若干少数民族中传承下来，传播与传承的载体出现了分离，发生了置换。通过对汉文化传承与传播历史实际的观察，我们认为汉文化模式大致可分为四类：一是通过文化的传播，融合其他民族而壮大汉民族。如“五胡十六国”和南北朝时期，许多北方民族大量接受汉文化后，这些民族自身也融入汉民族之中。二是留下文化传播的痕迹而文化载体却已消失。如两汉、三国皆在今贵州境内设置牂柯郡，派驻一批官兵夫役，前者还以《汉书》所谓“募豪民田南夷”的方式，有龙、傅、尹、董等“三蜀大姓”移入牂柯郡内。关于这批早期汉文化的传入，在历史文献及出土文物中有着不少记载和反映，但这些汉文化的载体除长眠于众多的汉墓之中者外，生存者已无迹可寻。三是文化载体一直在繁衍，文化也一直得以传承，但却难以传播开来。如两晋、隋、唐时期，自北方南迁再进入今两广一带的士族大姓，后被称为“客家”。客家人的繁衍颇为昌盛，客家人的散布异常广阔，他们漂洋过海到东南亚、欧美，客家文化也未失传，但客家文化在少数民族及外国人中传播却不怎么多，影响也不怎么大。四是文化既能稳定传承，又能广泛传播，而文化的载体却一直鲜明地存在着、发展着。屯堡人就是这一模式的典型。

汉文化自中原向周边少数民族地区的传播，很大程度是借助于移民。汉族人口在不同时期，由于不同原因、以不同的身份、不同的规模迁到民族地区，分别寄籍或落籍下来。移民的方式不同，移民的规模不等。有政治性移民，如派调去的官员及其夫役和被谪贬、充军、流放之人。也有经济性移民，如商屯、民屯、流民、商贩和到民族地区谋生的工匠。还有军事性移民——军屯。三种移民形式中，政治性移民和军事性移民均属政府行为，是命令性的、强制性的。经济性移民中除民屯是政府为了“窄乡迁宽乡”移民实边（在贵州民间称为“调北填南”）强行实施而外，都属于自发性的。明代的卫所屯田制度属于军事移民性质的制度。西南民族地区实行的卫所屯田制是成功的，也就是说明王朝以卫所制方式推行的军事性移民是成功的，主要表现为这一制度对巩固明王朝在祖国西南地区的统治起到强有力的作用，对西南民族地区的开发与发展作用空前，影响深广。在整个卫所屯田制这种军事性移民中最为成功的典型当数屯堡人。屯堡人及其屯堡文化既能稳定传承，又能广泛传播，而文化的载体都一直鲜明地存在着、发展着这种汉文化的模式。这种成功的典型使屯堡文化成为汉文化传播的一种特殊模式。

屯堡移民成功的原因在于其是大规模的军事集团性移民。这样的移民势力大、实力强，有中央政权作后盾。屯堡人的先祖多原系江南农民，是朝廷用“垛集”的方式征派组成的军队。所谓“垛集”，是从有三丁或五丁之类男丁较多的人户中每三户为一垛抽出一丁入伍，被抽丁入伍的人户可获得免去丁的差役作为补偿。垛户中未被抽中的人家称为“贴户”。当被抽服役的正军死亡无嗣，则由贴户中抽出一丁补足。这一递补的屯军须携带家眷及宗族赠予的戎装前往指定的屯戍地。派去戍边的军丁的行李、着装规定由该军丁的宗族负责备制。官府这一规定主观上是为了减少开销，客观上却合乎民间情理，加强了远戍军丁与家乡亲族的血缘之情。屯军组织管理体系严密，按百户、千户组织形式进行编制。百户为基层军事单位，一个百户设置一屯。屯发有红牌一张，上书所属军丁姓名及人数，犹如后来之“花名册”。百户所辖军丁以一百人为准，但并不绝对如数，有多至一百一十二名者，有少至七八十名者。百户上统于千户，千户设所，所的编制以一千名为准，但可以多于一千二百人，也可少至三四百人。百户、千户所辖皆以军丁人数为计，之所以称为户是因每一军丁在其屯堡之中都有一个家庭，一个家庭有一个户籍。正式服役之军丁称为“正军”。正军是军户户主。正军的家属名为“余军”或“军余”。余军的责任在于料理正军的生活。屯军农忙时务农，农闲时操练，战时听从征调。农闲时操练不能随意，而是按规定进行。每年的孟冬、仲春和孟秋的农闲期规定为军事操练的日子。每年十月十五或十一月十五各地屯军要集中于所隶兵备道所在地参加“大操”两天。安平、威清兵备道派副使一员驻普定卫。届时平坝、普定、安庄等卫屯军均集于普定参加大操。通过大操以检验武艺，比较强弱，确定赏罚。各屯堡之间互为犄角，互通声息，有警情相互增援，形成一个个以卫、所为大小中心的军事网络。如此的军事组织、军事部署既能分散屯守，又能集中作战，在对抗力量相当的状况下有利于长期坚守与突击进攻。大规模军事集团性移民，是各地屯军都具备的相同条件。屯堡文化之所以成为一种特殊的文化模式，成为军事性移民最成功的典型还因其有着其他地区屯军所不具备或不完全具备的几个重要条件。

重要条件之一是他们大都来自江南。道光《安平县志》卷五载，屯堡，即明洪武时之屯军。咸丰《安顺府志》卷十五载：“屯军堡子，皆奉洪武敕调北征南……散处屯堡各乡，家口随之至黔。妇人……皆凤阳汉装也，故多江南大族。”光绪《镇宁州志》卷五载：“屯堡人，一名凤头籍……相传明沐国公征南，调凤阳屯军安置于此。”民国《贵州通志·土民志》载：“凤头苗，惟安顺府有之。此族原系明初征苗来黔，其始祖皆凤阳人也。”凤阳在安徽，是明太祖朱元璋的家乡，属于江南地区。平坝、安顺、安庄三卫屯军共同来自江南，有着共同的地域文化。他们的生产、生活习俗一致，相互之间有着一种亲切的乡土之情。以血缘关系为核心，以地缘关系为纽带，使生活在异地他乡的屯军之间的凝聚力显得特别强大。凝聚力强的群体很难被征服，不易被击溃，更不易离散。

重要条件之二是他们在新的自然环境和社会环境中能因地、因时制宜，作出有利于自我生存发展的发明创造。如其有普遍性的石头建筑、以历史战争故事为主要内容的地戏和有实战性的节日娱乐方式——打石头仗。这些从江南屯戍贵州后新创的文化成分，屯堡人作为军户时固然有其军事性，就是变为民户后也带有军事色彩。无论是军事性或军事色彩，都具有实用价值，对屯堡人体质和心理素质的增强与提高有着不可低估的作用。

重要条件之三是身为军职而心向文教。这里的屯军沿通滇要道云集，战略地位重要，朝廷尤为重视。兵员特多，军官升迁者众。如普定卫指挥特使顾成升都指挥同知，佩征南将军印、封镇远侯。安庄卫指挥使陆秉升任贵州都指挥。但屯军们不以军伍为囿，不以世袭军职为满足。他们既重武以完成本职，又崇文以另辟境界。嘉靖《贵州通志》卷六载，早在平云南建立安庄卫后，任卫指挥使的陆秉在战火方熄之时就着手创办教育："陆秉奉命征南，武功告成，留守其地，乃欲建学立师，教育边士。遂择卫治左隙地设社学，进子弟，举师儒教之。"在朝廷、官府明确规定办学之前，他就意识到教育之重要，实际办起了学校，要求军士学文。屯军们要务农、要操练、要征戍已够紧张劳碌，仍不忽略入学读书，且成效显著。正统年间（公元 1436 ～ 1449 年），普定卫就有景清、汪祚、景泰三人分别为辛酉科（公元 1462 年）、丁卯科（公元 1441 年）、庚午科（公元 1450 年）举人。普定卫的赵侃中天顺癸未（公元 1463 年）进士。有明一代仅普定卫进士就有赵侃、汪大章、潘瑞、梅月、潘塾、梅惟和、娄九德等七人。普定、安庄、平坝三卫中举者高达二百一十七人。人们以秋闱、春闱中试者为地方荣光、家族荣光，为之树碑立传。普定卫城内为进士、举人立的牌坊就有进士坊、文英武秀坊、步蟾坊、丛桂坊、世及登科坊、步青云坊、科第重光坊等二十座。有的在屯堡里也立上牌坊，如北口堡为举人张宏所建之步云坊。身在军伍却能世代重文，这一看似不甚协调的价值取向，不能不说是这批屯军的远见卓识。重视文教，成为普定、安庄、平坝三卫屯堡社区新兴的社会风气，效果斐然：进士、举人辈出，在这"苗蛮"之地犹如群星灿烂；进士、举人们均相继被委任为官，有高至云南布政使的潘瑞、贵州布政使的娄九德，任知府、知州、知县、教谕、教授者比比皆是，为屯军增添了一条新的奋斗渠道——仕途，后来成为失去军籍的屯堡人学习的榜样；屯堡人将其先辈屯军的崇文之风作为传统继承和发扬。普遍重视教育，使屯堡人的整体文化素质提高，思维更理性，眼界比较开阔，有助于在军转为民后能够继续立足、凝聚并得以不断发展。

重要条件之四是重视商贸。轻视商贸的思想是自然经济社会阶段的产物，是小农经济意识的反映。自给自足的自然经济社会里，农民们终年辛劳所获，在交纳沉重租赋后所剩无几，勉强能够糊口度日。若遇天灾人祸，就只有挨冷受饿，以逃难逃荒图生存。他们常年所希冀的只是维持一家全年温饱，最多也不过是丰衣足食。他们既无剩余产品变为商品，也无力购买生活必需以外的物品，更不会去从事贱买贵卖、从中盈利的商贸活动，离开土地，转换角色。加之“商人重利轻别离”之类的片面宣扬，人们对商贸更是采取不愿沾边的态度。权贵们凭借着手中权势，可以用巧取豪夺手法得到奢侈生活的满足，不屑与富商巨贾为朋，甚至提防那些富埒王侯的商贾们利用经济实力引发政治野心、威胁自己的社会地位，故在轻商的社会基础上进一步抑商，对商贩采取限制、压抑的手段。如此的社会意识及统治思想，长期严重地制约着我国商品经济的成长，成为我国社会经济长期停滞、发展缓慢的一个重要原因。屯堡人的先祖们在明代就能突破重农轻商的传统意识，开创了卫所区域发展商贸的事业，这无疑是一种惊人的胆识。屯堡人继承祖业更将此发扬光大，使商贸活动在屯堡社区长盛不衰。屯堡人具有较强的商品意识。他们将商品贸易从集市贸易发展到城乡贸易，从小商贩到开商号，从本州县短时期短距离的贩卖到跨省区长时期远距离的经营转销。从事商贸使屯堡人接触面广、信息灵通、见识多、适应能力强，具有开放性，有着多方面的追求。他们从重商到善商，找到了新的经济增长点，增强了自身经济实力，推动着屯堡社区及所在区域城镇的繁荣与发展。屯堡人顺应社会经济发展的需要，率先投入流通领域，在贵州经济发展史上功不可没。这与弘治《贵州图经新志》卷十二所载清平卫“鲜为商贾技艺之习”，卷十三载兴隆“卫人与附近夷民皆不事商贩，惟以力田为生”等相比较，是何等的反差！

上述四项重要条件，使屯堡人成为士、农、工、商皆齐备，有勇武精神、有开放意识又有凝聚力的群体，使屯堡社区成为士、农、工、商皆完整并能齐头并举的综合型小社会，且实力强，能持续发展。这就是屯堡文化的特色，也是屯堡文化之所以能成为汉文化中一种特殊典型存在的奥秘所在。

屯堡文化在贵州高原上的形成及其发展并非是一帆风顺的。屯堡人、屯堡社区在数百年的历史风尘中也发生诸多的变化。嘉靖《贵州通志》卷十载，王杏《条陈军民利病事略》对屯军的遭遇曾作过如此表述：“贵、前等二十卫所军伍，多系三户垛充或清勾补役，倚月粮以为俯仰之需，假樵采以为生息之助，贫困至极。各该指挥，千、百户等官罔知矜恤，曲肆科差。以造册则有纸札钱，以关粮则有使用钱，以开操则有什物钱，以下屯则有分例钱，以供应则有心红、柴炭钱，以买闲则有按月钱，以会计则有岁用钱。遇官过则拨围随，遇站堡缺乏则拨扛抬，遇公私兴作则拨做工，遇人情借债则拨跟用，遇排门答应则拨伙夫，遇勾摄紧急则拨打手，遇执持刑杖则拨军牢，遇守候衙门则拨门禁。每所设有军吏以收放，每伍设有操吏以派拨，每屯设有屯吏以催办，每卫设有总吏以掌管。”“此数项……选择用之，营伍中已占过半矣。”“屯军除口食外，每田八亩，纳米四石，非尽力耕耨，鲜有能赡者。乃复拘令养马，派行纳价，而各项差用又从而逼迫之。树艺不尽其力，耨获多失其时，子粒常数尚不能供，而况于衣食哉？无怪乎屯伍之窜亡也。”当年贵州屯军受其军官杂役苛派之状历历在目。广大屯军所受压迫、剥削是相当深重的。同书卷十一记载了给事中陆粲的《担夫谣》和《边军谣》，二者用写实的文艺笔法描绘出屯军的悲惨处境。《担夫谣》：“担夫来，担夫来，尔何为者军当差。朝廷养军为杀贼，遣作担夫谁爱惜。自从少小被编差，垂老奔走何曾息。只今丁壮逃亡尽，数十残兵浑疲墨。可怜风雨霜雪时，冻饿龙钟强驱逼。手搏麦屑淘水餐，头面垢腻悬虮虱。高山大岭坡百盘，衣破肩穿足无力。三步回头五步愁，密箐深林多虎迹。归来息足未下坡，邮亭又报官员过。朝亦官员过，暮亦官员过。贵州都来手掌地，焉用官员如许多？太平不肯恤战士，一旦缓急将奈何？噫吁嚱，一旦缓急将奈何！”《边军谣》：“边军苦，边军自恨生身向行伍。月支几斗仓底粟，一半泥沙不堪煮。尽将易卖办科差，颗粒那曾入锅釜？官逋私债还未足，又见散银来籴谷。去年籴谷揭瓦偿，今年瓦尽兼拆屋。官司积谷为备荒，岂知剜肉先成疮……婉婉娇儿未离母，街头抱卖供军装。闾阎哭声日震地，天远无路闻君王。君不见京师养军三十万，有手何曾捻弓箭。太仓有米百不愁，饱食且傍构栏游。”官员过往不断，屯军夫役无穷。屯军抬着肥胖的官员们冒风霜、挨饥饿、汗流浃背地终年行进在那起伏不平的高山深箐之中，无暇操练，无时务农。那种褴褛不堪、面黄肌瘦、蓬头垢面之状，一个个何曾像戍守边地的屯军？自己所种粮食统一入库，按月发放的却是泥沙掺半之口粮。就是这点被克扣剩下的陈谷烂米也不敢食用，还得将其出售换取钱钞抵偿种种苛派。卖口粮不敷揭瓦卖，揭瓦不足拆屋卖，拆屋不够将儿女卖。无以维生，骨肉离散，屯堡中的大街小巷哭声哀哀，与京城里那些富足悠闲的无所事事的同行们相比实是天壤之别。真是“皇城脚下三分贵”。喊天不应啊，真是悔恨出身为边地的军户！军官无度的苛虐，加之地方战乱不已，常处于生死未卜的环境中，如此惨苦的日子怎能熬得下去，这样的军人还有什么意思？逃离屯堡是大家认为较简单较有效的出路。屯军们冒着遭追捕、被严惩的危险，纷纷选择了逃离之路。于是出现了嘉靖《贵州通志》卷三所载的屯军大逃亡景象：“百八十余年以来，地方多事，逃亡事故，十去七八。坐是，田地荒芜，子粒无征，节年逋负，追并峻严。”屯军日子难过、处境维艰。普定、安庄等卫的屯军也曾走过逃亡之路，如《黔记》卷二十一载，普定卫“旗军，原额六千九百零五名，查存二千四百三十九名”，其中屯军只有1681名。安庄卫“旗军原额五千五百九十九名，查存一千六百五十六名”，所存1656名中，屯军只有629名。人去屯空，许多屯堡住进了新的居民。据笔者调查，平坝的前所、甲堡、六甲堡的居民已非原屯堡汉族，七甲堡、九甲堡居民已是布依族，十甲堡居民乃非原屯堡之汉族，后所居民为苗族。安顺（今西秀区）的中所、木山堡、五官屯、张官屯、夏官屯、雷官屯、蔡官屯、郭家屯、苏吕屯、曹金屯、甘塘小屯、小屯、小堡、许官堡、张官堡、小王官堡、宋旗、幺铺、上头铺等虽然仍是屯堡人居住地，但已杂居有苗族。而狗场屯、两所屯、仁网屯、王官、哨上、许官堡、东堡、梅旗堡、甘堡等则是屯堡人与布依族共居。荡上堡则居住着汉族（屯堡人）、苗族、布依族等民族。而非屯、堡、旗、哨、铺的一些少数民族村落，则有屯堡人迁入与之杂居。如西秀区宁谷镇的阿绵寨村有罗、汪、吴、杨等姓，杨姓为仡佬族，其先祖阿绵于此立寨，故寨名为阿绵寨；其余三姓都是屯堡人，以罗姓最多。罗氏原住旧州之东屯、西屯，其祖罗大训始迁居阿绵寨。西秀区岩腊苗族布依族乡的大蒙沙有顾、王、杨、周、罗、朱等姓，顾氏为屯堡人，系普定卫指挥使顾成十一世孙顾朝辅之后裔，因传言，顾朝辅购买而移住此地繁衍子孙。其余姓氏皆为苗族。顾氏妇女虽一直保持天足的传统，语言、服装、头饰早已消失，与一般汉人无异。而阿绵寨罗氏的屯堡妇女虽长期离开屯堡社区，而屯堡话、屯堡服饰的传统特征仍然保留，但已无地戏，只有花灯。

上述屯堡人、屯堡社区的离散与变迁，反映出明代卫所屯田制在军官的苛政和战争的冲击留下的印痕，同时也是屯堡人与布依族、苗族、仡佬族人民历经长期的交往、了解后，民族隔阂逐渐淡化而和睦相处的反映。屯军崇文善商，不仗恃军籍、不全赖单一农业，多一些见识，多一条出路，能在上级盘剥、外部冲击的大环境下，减少逃离，不致溃散。上级盘剥层出不穷，外部冲击时有发生，在此严峻的现实面前，屯军及其子孙们意识到，屯军这碗饭不容易吃，屯田这种职业很难靠得住，从而更激发他们对教育、经商的重视。一批批秀才、举人、进士、政府官员的产生，屯田收入成倍、数倍地增加，这些其他地区所不具备的政治实力与经济实力，使屯军不至于群体崩溃，为屯堡群体的自我凝聚、屯堡社区的相对稳定提供了重要的条件和保证。如此，屯堡文化才得以较完整较鲜明地保存至今。

明王朝在农民大起义中创立，亦在农民大起义中覆亡。朱元璋在农民起义军的拥戴下威风凛凛地登上皇帝宝座，朱由检在农民起义军攻破京城时仓皇出逃吊死于煤山。明王朝介于元王朝、清王朝之间，对汉文化起着重要的传承作用，将汉文化推向了极盛的顶峰。明代的汉文化集历代汉文化之大成，成为后世认识汉文化的基本模式与典型。明末农民大起义推翻明王朝的腐朽统治，是农民阶级对地主阶级斗争的胜利。当以李自成为首的农民起义军攻占京都结束明王朝统治时，其面临着既要继续对付明朝残存官军的抵抗，又要防止崛起于关外的清军入关这一严重复杂形势的考验。因起义军领导集团内部意见的不一致、不合作，造成原本驻防山海关的总兵与满洲贵族相结合，反而引清兵入关、向起义军发起进攻。义军战败，撤出北京，从反明的起义转为抗清的斗争。义军浴血奋战十六年夺取的胜利仅仅维持四十三天。清王朝建立的第二年，即下剃发令，规定凡清军所到之处，所有汉人男子，无论官民，不管是士，是农，是工，是商，必须通通剃发扎辫，否则杀无赦。“留头不留发，留发不留头”，二者必居其一。剃发者才算对清王朝表示忠顺，可当臣民看待；拒不剃发者即为叛逆，格杀勿论。这是以暴力强行用满文化同化汉族。蓄发乃汉民族的传统习俗，剃发是汉民族上上下下都不能接受的。江南汉人响亮提出“头可断，发不可剃”的口号与之相对抗。清军南下江南进攻南明小王朝时，遭到江南军民的顽强抵抗。于是发生了历史上“扬州十日”“嘉定三屠”这样空前的大屠杀。清王朝强制推行民族同化以实现统一全国的政策，促使农民起义军与明朝各残存势力广泛联合，江南各地的抗清斗争具有民族斗争的性质。新起的清王朝借助剃发降清的洪承畴、吴三桂等文武官员的兵力与计谋，镇压了各地的反抗，一统全国。男子剃发、穿长衫、着马褂这一装束在汉人中，先是逼迫接受，后渐习以为常。到辛亥革命后提倡剪辫蓄发时，许多遗老遗少反而认为这是传统沦丧，又无力抵抗，多呼天抢地以泪洗面而伤心痛哭。张勋居然带领辫子兵进行复辟，演了一番历史闹剧。

清代汉族的服饰已非传统汉族服饰，而是满族服饰。清代若干省、府、厅、州、县志书所载某少数民族“服饰与汉人同”之类的记载是不错的，广大汉族男子的确都剃发留辫穿长布衫。清王朝在贵州未留下满八旗军驻防。驻防贵州者基本上是绿营兵，其民族成分为汉族。虽也有不少满人来黔任大小官员，但都是流官，三年、六年任期到后又都各自离去。这些官员当然也都是剃发留辫，但头上都戴着显示不同品级的顶子，身穿有不同品级印记的官服。官有官服，兵有军服，均不是少数民族群众所要学和所能学的。各少数民族所穿汉装，只能从广大汉族农民学到。而清代汉族农民的服饰已非传统汉族服饰，而是满族服饰在汉族中的传播。因此对“服饰与汉人同”之类的记载，应理解为与清代汉人的服饰相同，而不是与汉族的传统服饰相同。起码清代以前的明代，汉族的服饰就不是这样的。在清王朝强制同化后，汉族已改着满装，汉族原来的装束式样在全国范围内已荡然无存。入民国后，汉族的服装式样变得五花八门。而今电影、电视、舞台上明代故事中人物所着服装是根据有关文献、文物、图册中的记录仿制的，并非来自当今现实生活中的实际。

自从人类出现了阶级分化，整个阶级社会都是男权社会。中国也不例外，“男耕女织”“男主外，女主内”已成为历代汉族性别分工的定式。在家庭，一家之长是男子；在社会，经济、政治、军事、文化、社交舞台上的主角皆是男子。历史上或“叛”或“服”引起社会大动荡，甚而导致改朝换代的也是男子。无论是阶级斗争、民族矛盾的发生、发展和变化，总是由男子出面、由男子来组织发动和策划的。

因此清王朝实行民族同化，主要是对汉族男子实行民族同化，对汉族妇女并不苛求。妇女可以保留自己的头式、服饰，即民间所谓的“男投女不投”，投是指投降。男子虽然一定要剃发留辫，但死后听便。于是老百姓在人死之后，常将头发连同辫子一起剃光，包上青纱头帕，民间称此为“生投死不投”。在此历史背景及特定的社会条件下，屯堡男子服饰虽已全然改变，但屯堡妇女的服饰却得以保存。屯堡妇女的头饰服装款式不仅仅是留在脑中的回忆，也不是珍藏于家的古董，而是一直普遍地呈现在现实生活中。屯堡妇女中的老人、青年人在其现实的生产生活中，在室内、室外，甚至于到百里、千里、数千里之遥的外县外省，她们都是这一身装束，成为六百年前江南汉族民间服饰独一无二的群体保存者、传承者。很多人见她们的穿着与众不同，往往将她们误认为少数民族，有的志书称之为“凤头苗”。这一误认情况直至今天在外地、外省、外国人中也常有。少有人知她们竟是地地道道的汉族，她们的服饰是明代汉族的服饰呢。

透过屯堡服饰这一外在表现而引发出屯堡文化这一丰富多彩、生动深刻的文化体系、文化内涵及其发生、发展、变化的历程，会给人多少深思、多少启示啊！

附录一　关于夜郎研究的几点思考

一、“夜郎”——贵州历史上的最早记载

人类社会发展变化的记录与记忆的总和即是历史。记录所指为业已固化的文物、文献，记忆所指是活态传承着的生产、生活方式与技能。学术界通常以文字为标志，将无文字记载以前的历史称为“史前史”，无文字记载以前的考古称为“史前考古”。

人类是由类人猿发展而来，类人猿称为“猿人”。在早期人类形成的30万年左右时段里，其生产工具主要表现为石器。所用石器先后分为打制与磨制两种类型，使用打制石器的时间最长，使用磨制石器的时间较短，距今不过万年。前者为“旧石器”时代，后者称“新石器”时代，与之相应形成的人类社会概称为原始社会。旧石器时代及新石器时代的前期，属于母系氏族社会，新石器时代后期则开始进入父系氏族社会。父系氏族社会于世界史上通常被称作“英雄时代”，已属于原始社会尾声并将向阶级社会过渡，同一地域内族源相同，生产生活习俗及语言相一致的人们共同体——民族，开始在氏族、部落基础上形成。随着社会历史的不断发展、变迁，民族这一人们共同体日益增多，其民族构成的形式与内容亦相应出现变化与发展，或分解，或融合。现今世界上的民族据统计约为两千多个。在全球200余个国家中，有民族国家与多民族国家之分，其中属于民族国家的为数很少。即使像英、法、德等典型的民族国家，因长期、频繁的国际交往，亦有其他相关国家的民族移居其境。移民，业已成为当今世界各国日益普遍存在的现象。因而民族、民族间的和谐或冲突，往往成为国家或国际关注的焦点。

民族形成于新石器后期的父系氏族社会。民族形成后通常不会固定于原点，总

要不同程度地移动，故将某民族聚居区内发掘出的“猿人”原始文化遗存视为或纳入本民族的文化范畴，以示本民族文化的远古与丰厚是不恰当的。因为那时距民族的产生还很远很远。考古发掘是十分珍贵的人类遗产，普遍为史学家们高度重视，他们总是不遗余力地争相研究，以拓展其研究的深度与广度。

有关贵州历史的最早记载，或被认为是在“春秋时期”。依据是《管子·小匡篇》有载：“余乘车之会三，兵车之会六。九合诸侯，一匡天下。北至于孤竹、山戎……西至流沙、西虞，南至吴、越、巴、牂牁……”其中的“牂牁”是贵州高原上的一个地方民族政权，曾参与齐桓公主持的会盟。东周势衰，春秋时期诸侯争霸，齐桓公的确凭其实力与韬略成为盟主。《国语·齐语》有“故天下小国诸侯既许桓公，莫之敢背”的记载，但并未具体言及“牂牁”等“小国”。马端临的《文献通考·经籍考》引叶适言：“管子非一人之笔，亦非一时之书。莫知谁所为。”郭沫若的《管子集校》谓：“管子书乃战国秦汉时代文字总汇。”《辞海》“管子”条言：“书名。相传春秋时期齐国管仲撰，实系后人托名于他的著作。共二十四卷……内容庞杂，包含有道、名、法等家的思想以及天文、历数、舆地、经济问题篇幅较多的著作；在生产、分配、交易、消费和财务方面，均有论述。”由此看来，将《管子·小匡篇》所载之“牂牁”视为贵州历史的开端值得存疑。

《史记·西南夷列传》开篇即言，“西南夷君长以什数，夜郎最大”，又以“西南夷君长以百数，独夜郎、滇受王印。滇小邑，最宠焉”结尾。首句“西南夷”，当为“南夷”，“西”属衍字。在蜀之西为“西夷”，在巴蜀之南者为“南夷”。司马迁认为“西夷”“南夷”，“皆巴蜀西南外蛮夷”而合呼之为“西南夷”。“西南夷”所指，为“西南”巴郡、蜀郡徼外之民族，亦指巴、蜀二郡西南徼外之地域。巴、蜀二郡系秦惠王（前337—前325年）攻灭蜀国、巴国后，分别改设为郡的。战国时期，是我国由封建领主制向封建地主制转化、发展的历史时期，各诸侯国之间的兼并战争尤为激烈。其中，以楚、秦两国实力最强，分别成为当时“合纵”“连横”诸侯国国家结盟集团的首领。《战国策·楚策》载，“苏秦为赵合从，说楚威王曰……楚地西有黔中、巫郡……地方五千里……此霸王之资也”。秦楚两国相毗邻，《史记·西南夷列传》谓，为防范秦国势力南向扩张，“楚威王时，使将军庄蹻将兵循江上，略巴、黔中以西”，直至滇池。完成使命后，欲返楚归报时，会巴、黔中郡为秦军夺取，道塞不通，遂还，“以其众王滇”，成为“滇”的统治者。夜郎与滇山水相连，系庄蹻争战统治过的区域。其子孙及部属“变服从其俗”后，与当地民族通婚繁衍后裔，故桓宽《盐铁论·论功》云：“今西南诸夷，楚庄之后。”“楚庄”所指即楚将庄蹻。

据贵州省文物考古研究所编著的《赫章可乐二〇〇〇年发掘报告》第三编载，在发掘7座乙类墓（地方民族墓）中出土的铁器，经北京大学实验检测结果认定，有两件铁钉的年代属于春秋末期，铁削刀、环首铁刀、铜柄铁剑属于战国早期，另一件铁削刀属于战国中期。唐蒙通夜郎的重要成果之一是夜郎王同意在其领地的北部设置“犍为郡”，归中央王朝管辖。犍为郡辖12个县中的汉阳为“都尉治”，即执掌郡内军事长官驻地。夜郎时期的汉阳县地即今之赫章县。

就上述历史文献记载用相关考古发掘成果可以证明，春秋（前770—前476年）末期，或至少于战国（前476—前221年）初期，夜郎作为一个地方民族政权业已出现于贵州高原上，成为贵州最早的历史记载。

二、唐蒙通夜郎之历史考量

夜郎的建立虽然很早，但因偏处“西南夷”中“南夷”一隅，故长期不为“南夷”以外朝野所认识。战国时期秦楚争霸，庄蹻曾领兵向黔中郡西南经夜郎达滇，但因局势变迁无法返归楚国而就地自立为王，并与其部众变服从俗，故《新唐书·南蛮传》亦载：“自滇池、夜郎以西，皆庄蹻之裔。”秦灭六国一统天下，建立了我国历史上第一个封建集权的中央王朝。秦始皇着力于建立相关的政治制度、经济制度和文化制度，以巩固其集权统治，无暇顾及“西南夷”。秦王朝虽曾有“常頞略通五尺道，诸此国颇置吏焉”，但存在不到20年就走向了覆灭。《史记·西南夷列传》载：“及汉兴，皆弃此国而开蜀故徼。巴蜀民或窃出商贾，取其筰马、僰僮、髦牛，以此巴蜀殷富。”《史记》张守节《正义》云，“五尺道在郎州”。有学者认为，该道自僰道（今四川宜宾）达于郎州（今云南曲靖）。就其所取的“筰马、僰僮、髦牛”观之，其商贾区域应在今川西南一带，并未涉及贵州。由此推知，秦代于西南夷“诸此国颇置吏焉”的行政设置均不在今贵州境内，即不属于古夜郎的主体领域。

汉兴以来，雄峙北方的匈奴及割据于南方的南越，对汉王朝造成巨大威胁。“逐水草迁徙，毋城郭、常处耕田之业”的匈奴，横跨于蒙古高原。其东败东胡，西逐大月氏，占据西域；南入今山西、陕西、甘肃西北。汉高祖领兵30万征之，曾被其围困于白登（今山西大同），之后施以和亲政策方获得数代相对的稳定。直至汉武帝派卫青、霍去病等多次领军大败之。于“上郡、朔方、西河开田官，斥塞卒六十万人戍田之”[①]后方获得北方相对的稳定。秦代以真定人赵佗为南海龙川令。秦亡，“佗即击并桂林、象郡，自立为南越武王”，汉廷立之为南越王，要其“和集百越，毋为南边患害”。后因“有司请禁南越关市铁器”，佗遂“自尊号为南越武帝”，并“发兵攻长沙边邑”。汉军前往追击，“会暑湿，士卒大疫，兵不能逾岭”而止。佗遂“以兵威边，财物赂遗闽越、西瓯、赂役属焉，东西万余里”。东南沿海百越之地尽为其役属，势力范围达“东西万余里”。然其境内诸越间争斗不断。[②]建元六年（前135年）“大行王恢击东越，东越杀王郢以报”。王恢乘势“使番阳令唐蒙风指晓南越。南越食蒙蜀枸酱”，得知枸酱来自直达南越都城番禺的牂柯江。回到京城长安，又找与该地贸易的蜀商，进一步得知“独蜀出枸酱。多持窃出市夜郎”，“夜郎者，临牂柯江，江广百余步，足以行船，南越以财物役属夜郎”。之后，方向汉武帝上书，说明南越王地广、势强并有僭越之举，难以控制，可利用拥有精兵十余万的夜郎“浮船牂柯江，出其不意，此制越一奇也”，还建议通夜郎道为置吏。汉武帝遂听其言，从其行，“乃拜蒙为郎中将，将千人，食重万余人”，翻山越岭往见夜郎侯多同，且厚赐以礼，“约为置吏”，并会见“夜郎旁小邑”，使之“且听蒙约”。返京复命后，朝廷遂于夜郎势力范围内之西北部设置犍为郡。云贵高原上客观存在数百年的地方民族政权“夜郎”遂跃然进入国史，唐蒙功莫大焉！

秦汉两代是我国封建中央集权制形成时期，在以皇帝为至尊的最高权力之下，

---

① 参见《汉书·食货志》。

② 参见《史记·西南夷列传》。

设置中央和地方两类机构施行行政管理，地方行政又分为郡县两级。散布于东南沿海一带的越人，汉初分别建有东越、南越等地方民族政权，其首领受封为王，皆为汉之藩臣。建元六年（前135年），东越王攻南越，朝廷派掌管诸侯及藩臣朝贺、庆吊礼仪之中央官员大行令王恢往救南越。救兵未至，东越人即杀其王而事平。王恢遂因兵威使番阳（今江西鄱阳）县令唐蒙至番禺（南越国都）“风指晓南越”。唐蒙于南越接待的丰盛宴席上偶然得食从未见闻过的枸酱引起关注而“问所从来？”反映出其对细节的重视。至京都后，并未直接入朝复命，而是到其时全国最大的商业市场寻访蜀商，得知枸酱乃蜀之特产，系蜀商走私贩运至夜郎，与夜郎相通的牂牁江可通航运，南越对夜郎有着“财物役属”的关联。唐蒙通过得食枸酱这一偶然性事件关注而深入调查枸酱自蜀地贩运至番禺的流程后，方入朝奏报汉武帝。在奏述受命“风指晓南越”所见，南越王领地辽阔，有僭越野心之后，重点将夜郎等与南越政治、经济、军事密切相关的重要信息作全面而准确的汇报，并提出“浮船牂牁江，出其不意，此制越一奇也”及“以汉之强、巴蜀之饶，通夜郎道，为置吏甚易”，这一针对性鲜明、战略性强的对策建议为雄才大略的汉武帝欣然采纳，及时纳入朝廷战略决策，遂拜蒙为郎中将。唐蒙以中央官员身份出使夜郎，借鉴“南越以财物役属夜郎”的历史经验，以恩威并重的方式“约为置吏”，并“使其子为令”等，一改“春秋”“战国”以来“五霸”“七雄”以武力降服、兼并弱小方国的惯例，于夜郎势力范围内创建由朝廷派官兵进驻、管辖的犍为郡。唐蒙通夜郎开启汉武帝对“西南夷”的开发。继犍为之后，牂牁、越嶲、沈犁、汶山、武都等郡先后建立，各郡之下设县。如夜郎势力范围内所设的犍为郡辖有12县，牂牁郡辖17县。司马迁在《史记・西南夷列传》中说：“秦灭诸侯，唯楚苗裔尚有滇王……然南夷之端，见枸酱番禺。”司马迁在《史记・太史公自序》中言：“唐蒙使略通夜郎，而邛、笮之君请为内臣受吏，作《西南夷列传》第五十六。”这里明确指出发现“西南夷君长以什数，夜郎最大”的起因，是唐蒙在番禺吃到蜀枸酱，追寻枸酱运销的过程而发现夜郎。唐蒙受命出使夜郎的成功，带动相邻邛、笮等君长的内附，故特纪录之以彪炳史册。

三、夜郎的势力范围及其社会形态

西南地区的郡县设置，始于战国时秦惠王攻占蜀、巴两个地方民族政权后所设之巴、蜀二郡。唐蒙通夜郎后，引发汉武帝对巴蜀徼外“西南夷”的开发。“西南夷”的开发又系以南夷中地域最广、势力最强的地方民族政权夜郎为发端，相继于其境内设置犍为、牂牁二郡。犍为郡在其北，辖僰道、汉阳、南安、武阳、资中、符、牛鞞、南广、汉阳、郁鄢、朱提、堂琅12县。牂牁郡在其南，辖且兰、镡封、鳖、漏卧、平夷、同并、谈指、宛温、毋敛、夜郎、毋单、漏江、西随、都梦、谈稿、进桑、句町17县。《汉书·地理志》注“犍为郡”引应劭曰“故夜郎国”，点明犍为郡之地域原属夜郎辖区。《史记·西南夷列传》载，“夜郎者，临牂牁江”，是见牂牁郡系以夜郎的策源地命名。故知犍为、牂牁二郡所辖属各县当即夜郎国的势力范围：东抵武陵郡，北与巴、蜀二郡毗邻，西与后置之益州郡相连，南近郁林郡之广郁县。大体辖及今贵州大部分地区和川南、滇东北、桂西北部分地区。故太史公有“西南夷君长以什数，夜郎最大”之说。

唐蒙通夜郎后，犍为、牂牁二郡始设，虽派官员入驻郡县，但皆是初郡而非正郡。《史记·平准书》载：“番禺以西至蜀南者置初郡十七，且以其故俗治，毋赋税。”朝廷于新辟地所置正郡不同，仅派官员于郡县地驻守，作为归属王朝统辖的标志性象征，而于郡县内社会政治、经济、军事的管理，均依其“故俗”，由原有之侯、邑君长各自按其常态管理。

《史记·太史公自序》谓，“迁仕为郎中，奉使西征巴、蜀以南，南略邛、筰、昆明，还报命”，言其所撰之《史记·西南夷列传》系在亲历、亲见、亲闻基础上所编就。该列传谓“西南夷君长以什数，夜郎最大”“皆耕田，有邑聚”，指出当时的夜郎是聚落定居的农耕社会。1977年，贵州省博物馆考古人员于普安铜鼓山遗址发掘出石模、石范45件，内模、外范皆系砂石制就；刀、剑、钺、镞等铜器45件及铁刀、铁矛、铁箭镞等17件。陶釜、罐、杯、碗、纺轮等643件分南北两室的长方形房屋一座，其中南室内外堆积着大量已炭化的农作物。在20世纪70年代及

2000年在赫章可乐考古发掘的108座乙类（“南夷”）墓中，出土罐、壶、釜、钵、碗、盂、豆等陶器35件，铜器354件、铁器30件。铜器中有釜、洗、鍪、匜容器19件，兵器有铜剑12把，铁器有戈、铁刀、铁剑等6把，环首削刀14把及鑺、锸农具各1件。墓群中，有5座系用鼓形铜釜套于眼上头部如戴帽的套头葬式为独特。铜鼓山遗址、可乐墓葬发掘的器物基本上属于战国至两汉时期的遗物。普安县原为牂牁郡漏江县，赫章县原为犍为郡汉阳县，两者皆属于夜郎势力范围。就两地考古发掘出土文物可知，夜郎人制作鑺、锸等农具翻土耕种谷物，用陶轮纺纱后织布作衣物，以釜、钵、碗、盂、罐等陶质器皿盛餐饮，制作铜、铁等剑、戈为武器进行防御战斗的社会历史情景。可乐出土的兵器中有巴蜀式铜柄铁剑及柳叶形铁剑，还反映出夜郎与相邻的巴蜀除枸酱外，还有相关其他的物资交流。《史记》《汉书》载夜郎境内君长众多，如夜郎侯、句町侯、漏卧侯、且兰君等邑君长数十，且“可得精兵十余万”，汉武帝“使驰义侯因犍为发南夷兵。且兰君恐远行，旁国虏其老弱，乃与其众反杀使者及犍为太守”。有等级之分、拥有武装、有恐“旁国虏其老弱”之虑以及铜鼓山、可乐出土之大量文物表明夜郎已脱离石器时代而进入了铜器甚至铁器时代，故知夜郎属于奴隶社会无疑。从20世纪70年代至90年代相继发掘的乙类墓共达370余座。其墓形皆为长方形，无封土，长2—2.5米，宽不过1米的单人墓穴土坑墓。随葬品为罐、杯、釜等生活用具，鑺、锸等生产工具及剑、箭等武器，均为日常生产、生活及战斗所必须，且数量稀少。墓坑均在同一坡地上，未见有明显的贫富之别及等级之差，更无人殉之迹。犍为、牂牁二郡于建郡前后均属夜郎势力范围，境内的各侯邑、君长与夜郎侯仅为联盟而非统属关系。犍为郡之设置是“夜郎旁小邑皆贪汉缯帛，以为汉道险，终不能有也，乃且听蒙约”的结果，不须经夜郎侯表态。朝廷发南夷兵参与征讨南越，并未经由夜郎侯统一安排，而是派使者及犍为太守直接前往征调以致受拒、被杀，导致既破南越后，朝廷还师且兰“斩首数万”，遂平南越为牂牁郡。成帝河平年间（前28—前25年），夜郎王兴与钩町王禹、漏卧侯俞举兵相攻，夜郎王兴被新任牂牁太守陈立用计斩首后，跟随兴一同往见的数十位邑君长见状都表示“将军诛亡状，为民除害，愿出晓示众”。兴之岳父翁指及儿子邪务收余兵，“迫胁旁二十二邑反”，但最后“蛮夷共斩翁指，持首出降”。[1]横跨、雄峙“南夷”的地方民族政权从此消亡，而“夜郎自大”这一成语却长期广泛流传于今。

人类社会发展的一般规律是从氏族、部落到部族、民族逐渐发展的。部族是由起源相同、语言相近、地域相联的各部落组成。雄踞“南夷”的地方民族政权夜郎，即是由夜郎、僰、且兰、漏卧、同并、句町等诸多部族组成的以夜郎为首的部族联盟体。夜郎部族与其他部族间仅具有同盟关系而无统属关系。但各部族之首领王、侯、君长并非选举产生，而是世袭，已突破原始社会末期军事民主制的常规。史载“夜郎所有精兵，可得十余万”所言虽可信，但应是指以夜郎为首的部族联盟体的兵力总数，并非夜郎部族自身所拥有。牂牁太守于且同亭召见夜郎王兴时，“兴将数千人往至亭，从邑君数十人入见立”，即是夜郎部族联盟实力的展示。但这些“兵”并非职业兵或雇佣兵，应是部族普通男性成员。平时就地做农事，有事即于家携带兵器护卫、征战，死后亦以之与主人随葬。可乐乙类墓中，戈、剑等兵器往往置于亡者胸前。夜郎部族联盟首领多同于且兰（头兰）被灭后，慑于朝威入觐汉武帝受封为王，并赐以王印。不久，滇王亦获“滇王王印”。[2]该印在晋宁石寨山考古发掘时于墓中出土，为金质。但夜郎王印则不能寄希望于夜郎王兴墓葬中获取，因凡拜官、爵者，按其级别授以印信为凭，官免、爵废，则将其印信收缴。末代夜郎王兴是被斩首示众的，当不可能让印信随葬墓中。

西汉末年，夜郎国灭，然以夜郎为郡、县、城名者却绵延不绝。如《后汉书·郡国志》载，“牂牁郡，十六城……夜郎”；《晋书·地理志》载，“牂牁郡，汉置，统县八……夜郎”，永嘉二年“分牂牁立平夷、夜郎二郡”；《宋书·州郡志四》，“咸康四年，分牂牁、夜郎、朱提、越巂四郡为安州”；《新唐书·地理志》载，“奖州龙溪郡下，本舞州，长安四年以沅州之夜郎、渭溪二县置……峨山……本夜郎，天宝元年更名……天授二年析夜郎置，溱州溱溪郡……夜郎……贞观十六年，开山

① 参见《汉书·西南夷两粤朝鲜传》。

② 参见《史记·西南夷列传》。

洞置珍州，并置夜郎、丽皋、乐源三县，后为夜郎郡”。《元丰九域志》卷十载，宋代于西高州置“夜郎郡，领夜郎、丽高、荣德、乐源四县”。据上述史籍所载，可见夜郎最初是以部族联盟的国家形态客观存在于西南地区。唐蒙出使夜郎后，夜郎即被作为方国纳入皇庭，并于其主体区域设置牂牁郡。在牂牁郡所辖十七县中，又以临牂牁江畔的夜郎县为重。《通典·职官十五》载，汉代于郡设都尉，其职责为“典兵禁，备盗贼”，是一郡之最高军事长官。可见，汉王朝所设牂牁郡辖十七县中的夜郎县是夜郎国的发祥地、都邑所在，亦是朝廷控扼夜郎王的核心战略要地。夜郎国以后历代于各地所置夜郎郡、夜郎县、夜郎城等有别，历代所置不应再视为古夜郎国，而仅是于广阔的夜郎故地上设置的不同级别的行政辖区，并反映出中央王朝对神奇的夜郎的记忆及对其属地遗裔的一种安抚。

四、夜郎的族属

有关夜郎的记载，首见于太史公的《史记·西南夷列传》。建立夜郎国的民族为何？《史记》仅言系“耕田，有邑聚”皆“魋结”者，并未具体指出系何族。明确指出夜郎族属成分的是常璩。常璩是晋代蜀郡江原（今四川崇州）人，于成汉政权任司掌著作之散骑常侍。他以原有史籍、档案资料及自己见闻撰就的《华阳国志》成为后世研究我国西南地区历史文化的重要资料。他在《华阳国志·南中志》中指出夜郎王又称“竹王”，夜郎王受诛后“夷濮阻城，咸怨诉竹王非血气所生，求立后嗣”，明确指出夜郎的民族成分为濮人。《后汉书·南蛮西南夷传》在表述这同一事件时则谓，夜郎王被杀后，“夷獠咸以竹王非血气所生，甚重之，求为立后”，认为夜郎的民族成分为“獠人”（“獠”用于民族族称时当读如“佬”）。商周时期，长江中上游为濮人聚居地，尤以西南地区濮人为多。“濮”亦写作“卜”。濮人曾参与推翻殷纣王的“牧野之战”，即《尚书·牧誓》所载，“王曰：嗟！我友邦冢君……及庸、蜀、羌、髳、微、卢、彭、濮人：称尔戈，比尔干，立尔矛，予其誓”。唐蒙通夜郎后，相继于其范围内设置犍为、牂牁郡两个“初郡”。《史记》于夜郎人仅述其“魋结”（《汉书》记为“椎结”，师古注曰“为发如椎之形也”），未具体指出其族名。

“夷濮”“夷獠”之“夷”为词冠，系少数民族之泛称，“濮”“獠”则是对少数民族族别的专称，即指“濮人”或“獠人”。《汉书·地理志》载有“僰道”，“故僰侯国也”。《华阳国志·蜀志》载：“僰道县……本有僰人。”《汉书·张骞传》载：“天子欣欣以骞言为然，乃令因蜀犍为发间使，数道并出：出駹，出莋，出徙、邛，出僰。”“僰人”之“僰”与“濮人”之“濮”，二者为同声异写字。《华阳国志·南中志》载：“句町县，故句町王国名也。其置自濮王，姓毋，汉时受封迄今。”言汉置牂牁郡属十七县中的“句町县”，原为夜郎部族之一，其属民亦为濮人。是见《汉书·西南夷两粤朝鲜传》所载之“南夷君长以十数，夜郎最大”的夜郎族属当为我国上古时期的濮人。诸葛亮征“南中”，庲降都督李恢破围出击，“南至盘江，东接牂牁，与亮声势相连”，平定后，“徙其豪帅于成都，赋出叟、濮，耕牛、战马、金银、犀革充继军资”，于是蜀国“费用不乏”。[①]《三国志·张嶷传》注引陈寿《益部耆旧传》言，“平南事讫，牂牁、兴古獠种复反”，可见三国时期的夜郎遗民仍旧称为“濮”之外，又有“獠”之称谓出现，且日趋普遍。故范晔因时度势，在记述夜郎王被杀后的历史事件的民族族称时，将“濮人”改写为“獠人”。范晔的做法系遵循太史公倡导“欲以究天人之际，通古今之变，成一家之言”[②]这一传统的典范。

两晋之际，因“中原离乱”，“胡寇又大至，百姓南渡者转多”[③]，致岭南越人向黔桂山区移徙，渐与夜郎遗裔“獠人”错杂毗邻，史家遂亦以“獠”名之，其实两者是有区别的。但凡冠以“俚”“峒”等词，如“广州诸山并狸獠，种类繁炽，前后屡为侵暴，历世患之”[④]；“峒獠者，岭表溪峒之民，古称山越……盖广州诸山并俚獠，种类繁炽”[⑤]。西南地区的“獠”均在红水河以北，为濮人遗裔，三国时期即已出现；两广一带的“獠”皆在红水河以南，属越人族系，两晋南北朝时期方见诸史册。二者无论于时空及其族系均有所不同，在相关史料运用上易于含混，导致误判。

① 参见《三国志·蜀书·李恢传》。
② 参见《汉书·司马迁传》。
③ 参见《晋书·地理志》。
④ 参见《南史·夷貊传》。
⑤ 参见《天下郡国利病书·广东》。

“僰人”之“僰”，本为“濮”人族系，但于元代起，因读音的含混，渐被有的史家误读，视为白族。如《云南志略》载“白人……汉武帝开僰道，通西南夷道，今叙州属县是也。故中庆、威楚、大理、永昌皆僰人，今转为白人矣”，显然是将白族误认为僰人，却反说成是僰人转为白人。唐代爨氏于云南分为“东爨”“西爨”两部分。东爨被称为“乌蛮”，于唐代建立南诏国，成为彝族；西爨被称为“白蛮”，于宋代建立大理国，形成白族。

“獠”于唐宋两代先后被称为“葛獠”“犵獠”。如《新唐书·南平獠》载，“戎泸间有葛獠，居依山谷林箐，踰数百里。俗喜叛，州县抚视不至，必合党数千人，持排而战。奉酋帅为王，号曰‘婆能’，出入前后植旗”。《老学庵笔记》卷四曰：“辰沅、靖州蛮，有犵狑，有犵獠、有犵狫，有犵狻，有山徭，俗亦土著。”其中“葛獠”“犵獠”所指即仡佬。仡佬族称之定名始于南宋朱辅的《溪蛮丛笑》。其在“辰砂”一则言“辰锦砂最良……佳者为箭镞，结不实者为肺砂。碎则有趖趄，末则有药砂。砂出万山之崖为最，犵狫以火攻取”。自此以后，元、明、清各代有关史籍基本沿袭“仡佬”作为族名记写。如《元史·地理四》载，普定路“至是，言招到罗甸国札哇并龙家、宋家、犵狫、苗人诸种蛮夷四万六千六百户”；《清史稿·兵志》载，“苗蛮种类尤多，如花苗、红苗、花犵狫、红犵狫、白猓猡、黑猓猡皆是”。

五、古老、独特的仡佬族文化

先秦时期分布在西南地区的濮人族系的遗裔，于今为学术界确认者唯仡佬族。仡佬先民濮人所创建横跨西南的地方民族政权夜郎被灭后，居住于今滇东北一带的氐羌族系首领仲牟由（或译作笃慕俄）之裔勿阿纳，率众趁势于东汉初年攻入黔西北，后入黔西南，即后之彝族先民。失去政权依托之濮人抵抗乏力而普遍遭受彝族奴隶主的奴役。彝族对夜郎遗民一直沿袭着“濮”之称谓，至今仍称呼仡佬族为“濮”。彝文经典中的“”字读为“濮”，所指即“濮”人及其遗裔仡佬族。自汉武帝开发“西南夷”，即于所建犍为、牂牁郡及其属县派官兵驻守，后“募豪民田南夷”。彝族先民悉知夜郎遗裔濮人及仡佬族乃贵州高原的最早开发者、最古老的民族，故民间广泛流传“蛮夷仡佬，开荒辟草”之说，视仡佬族为贵州最为古老的民族，故有“古族”“古老户”，或讹为“古老虎”之称。约于三国时期移入黔西北的苗族，见其时的仡佬族人普遍为奴隶主服劳役而呼之为“克”，意即奴仆。布依族自称“布越”或“布依”，称汉族为“布沙”、彝族为“布绵”、苗族为“布尤”、仡佬族为“布绒”。作为民族族称中的“布”，乃词冠，后缀之词方为具体族名。仡佬族自称各地不一：大方县青山的自称为“濮”，关岭、播州、仁怀的自称“哈佬”，镇宁的自称“柔”，贞丰的自称“补母舅”，西秀、平坝的自称“褒佬”，普定的自称“布告”。

夜郎遗民、濮人遗裔仡佬族，是濮人创建的夜郎古国文化的载体与传承者。长期活跃于西南地区的濮人，随着时代的发展、历史的变迁，自唐以后，即罕见于记载，散布于澜沧江以西的“朴子蛮”“赤口濮”“黑白濮”及“望蛮”等分别形成后之布朗族、德昂族、佤族，为民族语言学界认定属南亚语系，与属于汉藏语系之仡佬族有别，且不在夜郎范围，故在此不做论述。

秦汉以来，我国已逐渐形成统一的多民族国家。由濮、僰、僚发展演变而成的仡佬族是当今我国 56 个民族之一，其历史文化悠久、丰富而独特，是中华民族文化丛中的一朵奇葩。普安铜鼓山、赫章可乐考古发掘出土文物中，范、模及兵器、农具上留存有的“”形印记为其独特标志。六盘水市钟山区南开苗族彝族乡杨姓苗族保存的前 11 代人留有“”形印记的犁铧经久不锈，据说乃仡佬先祖铸造。铸制犁铧早已是仡佬族及其先民的专利，文献多有记录。乾隆《贵州通志·苗蛮》载，“披袍犵狫……力耕作，多铸犁口营生”；《黔南职方纪略》卷九载：“披袍犵狫，镇宁、平远、水城有之……其性淳，谨力耕作，多铸犁以营生。”仡佬族中以冶炼钢铁、铸冶铁器为业者，又被称为“打铁仡佬”。如《大定府志》卷十四载，“打铁革老俱散居境内诸寨”。笔者于大方县普底彝族苗族白族乡红丰村走访得知，其炼铁程序为：矿石按一层木炭、一层铁矿石逐层铺放于炼炉内，后燃炭烧矿。待矿石由红色变为青色后取出，将其敲碎如鸡蛋大小后，再如前一层木炭、一层矿石地层层堆放于炉内，用风箱鼓风助燃，使矿石中的铁化为铁水流入炉门前的砂坑内，冷却后即得生铁。将生铁块敲碎置于炼炉下层，上层放以干柴，用倒火将其烧化为铁水流入炉底，用棍将其团拢拉出即为熟铁。若将熟铁与生铁混置炉内再炼即成为钢。生铁用以铸造器物，方法是将生铁放于能转动的小铁炉（俗称猴子炉）内熔化后注入用砂石制成的、用铁圈箍紧的两合器皿模型内，冷却后打开模子即得所需器具，以之铸造当地民间必备的铁锅、铁鼎罐、铁铧犁等。所锻制的铁镰、铁刀、铁斧，刃部压钢多、淬火好，锋利、耐用，深受各族人民喜爱。

丹砂的采炼更是仡佬族及其先民的突出传统。《逸周书》卷七载，“方人以孔鸟，卜人以丹沙”①，此成为商周时期仡佬先民采炼丹砂的最早记载后，史载不绝。出产丹砂的场地称为“砂坑”，夜郎故地以储藏丹砂出名，夜郎人及其遗裔以采炼丹砂著称。丹砂亦名朱砂，从朱砂矿提炼出的液状物称为水银，为我国历代朝野普遍珍视且常用作镇邪、治病、防腐之物，唐宋时期成为朝廷常年征收的重要贡品。元代，今贵州境分属云南、四川、湖广，乃三行省毗邻交错之地，均为数以百计的大小土司领地。明初，思州、思南两宣慰司争夺“砂坑”不已，永乐十一年（1413年），朝廷遣重兵压境，将其捕捉归案后，将两司废除，于其领地设置思州、思南、铜仁、镇远、石阡、黎平、乌罗、新化等8府，以此为基础，加上安顺、镇宁、永宁三州及贵州宣慰司，设立贵州布政使司，标志着贵州行省的建立，成为全国第13个省区。“蛮獠杂居”的思南府更以“采砂为业”。20世纪八九十年代改革开放初期，务川仡佬族苗族自治县数以千计的民众仍于老矿坑前搭棚入坑挖拾砂矿，于河边筛淘选砂，于洞侧砌灶置锅甑以传统土法炼取水银参与市场贸易。

仡佬族支系众多，或以其服色、服式为名，或以其特有习俗著称，而有红仡佬、白仡佬、花仡佬、青仡佬、披袍仡佬、锅圈仡佬、剪发仡佬、打铁仡佬、打牙仡佬、篾仡佬等诸多支系。不同支系间有互称，如红仡佬称白仡佬为“布欧奥”，称花仡佬为“布搓桂”，称打铁仡佬为“布那舍”；披袍仡佬称打牙仡佬为“那”；篾仡佬称打牙仡佬为“夺楼娄布郎”。此外，还有相传地位较高的“马头仡佬”，有苗父仡母的“苗仡佬”，有传为汉父仡母的“汉仡佬”，有语言习俗受彝族影响较多的“彝仡佬”，

① “鸟”应为“乌”，“卜”即“濮”，“沙”即“砂”。

等等。

仡佬族的服装普遍以麻布缝制而成，尤以毛织品、丝织品著称。毛织品制作程序为：农历三、九两月，各于羊身剪取春、秋毛一次，每次约得毛 3 ～ 5 斤，以纺轮将其拧为线条后，用纺车绞紧绾为团，置甑内蒸后，挂竹竿上牵为毛线并绕成团。丝织品的制作程序是：于农历三、六两月将蚕自桑树上取放室内桌上，让其自行绕桌吐丝，待其吐丝满桌即揭取放锅内以水煮沸去除蚕粪后，取出晒干，置转盘上将丝片分解为丝。麻布的制作过程为：将麻缕理为条绾成团以纺车纺紧后，放锅内以柴灰水煮至脱皮变白，取出以清水揉洗净、晒干，挂竹竿上牵为线、绾为团。将毛绒或蚕丝、麻线牵入织机即可分别织出毛布、绸布或麻布。仡佬族的传统织机称为“矮机”，与明清时传入贵州民间的“平机”大不相同。“平机”是长方形固定机架，俗称“机床”，人坐于机床一端拉梭穿纱织布。“矮机”无固定成型式样，仅由几根小木棍与绳索相连而成，平时散堆于墙脚。织布时，人坐在草墩或小木凳上，用尺余长的 4 根木棍上下贴排于腹前。其中 2 根用以裹经线，另 2 根用以裹布。脚伸向前蹬 2 尺长的一根木棍将经线绷紧，手持尺余长之一根木棍喂纬线，如此反复将经纬线交织，最后织成宽约 12 尺之布匹。这种织布的方式，盖为《溪蛮丛笑》下篇所载“系之于腰以代机”的形式。根据所需，可织出斜纹、斗纹、蕨纹、菱纹等各种纹式的布。大方县百纳彝族乡仡佬族所织毛布斑斓厚重、美观耐用，有如毛呢，除自用外，以“白纳布”之名畅销于集市。以此古老的方法织就的丝织品，古代被称为“铁笛布”。张澍《续黔书》卷六载，“永宁、镇宁二州出铁笛布。其纤美似蜀之黄润，其精致似吴之白越，其柔软似波戈之香茎，其缜密似金齿之缥叠”，将其赞美到极致，而不知其织料与织法，只好感慨地说：“惜未问之獛獠！”

婚姻、丧葬通常是所有民族成员必经而极为重视的仪程。仡佬族的婚丧礼仪突显出其文化的独有特征。其婚姻仪规主要表现为“男不亲迎”，即新郎不参与迎亲队伍前往迎娶，新娘在迎亲及送亲队伍的簇拥下来到夫家，新郎亦不与之见面，新婚夫妇拜堂仪式亦由新郎之兄弟或堂兄弟替代。此即唐代“南接守宫獠，西连夷子”的“东谢蛮”遗风：“婚姻之礼以牛酒为聘。女归夫家，皆母自送之。女夫惭，逃避经旬乃出。”[①] 迎娶新娘的仪队及“拜堂”的礼仪中并无新郎本人的身影。黔西南一带，“郡俗：婚礼……至婚期，荐绅家亲迎，庶民多不亲迎”[②]。黔北地区仡佬族婚嫁习俗中亦由媒人和“押礼”“书班”带领轿夫前往女家迎亲。六盘水市仡佬族娶亲时，接、送亲队伍中，亦为新娘哥哥背新娘上马，新娘弟弟牵马，新郎本人并不出面。黔中安顺市的仡佬族接亲时，男家派长辈男女各三人，媒人和抬礼物的人去女家迎亲，走到男家门前，放鞭炮迎接，请新郎及其父母回避。民国《贵州通志·风土志》载，贵阳府“婚之日，男家备”鼓吹、旗帜以迎，婿不亲近也”，黔西北大定府“婚礼不亲迎”，黔北遵义府“婚礼十无一亲迎者”。贵州民族民间广泛存在的这一礼俗实令修志者大惑不解：“今既不亲迎，又不命子。女之来，婿与交拜花烛而合婚，为父母直若不知此事者，是诚何礼也……女入门时，翁姑必远走潜避，不闻鼓吹声，以避其杀，可笑尤甚。是不独遵义，然诚怪事也。”可见，仡佬族“男不亲迎”这一古风，长时期、大范围地在贵州高原的传承与影响之深远，当是人类社会文化史中弥足珍贵的史迹！

仡佬族丧仪最具特色而古老的是“倒埋”。世界各族民间普遍认为人是躯体与灵魂两部分的有机构成，以应对社会生产、生活及社会的变化发展。人死之后，身体虽枯败死亡而灵魂却不灭，会继续对自己的亲属、后裔的生产、生活及社会起着神秘的佑护作用。人们对正常亡故者通常无不举行隆重丧仪后按所属民族传统予以安葬。仡佬族是贵州土生土长的民族，老人病故后的丧仪中，将亡人停置于堂屋后，由一人持长竿将死者鼻子所对屋顶凿通一孔，另一人提一支雄鸡爬上屋顶，将鸡向伸出屋顶的竿尖砸死以示引导亡灵顺竿升天。“开路”引亡灵回归与先祖们团聚的线路不远，贵州境内的仡佬族多在所居县境，无出省区范围者，所以发丧途中，不丢“买路钱”。于墓地将亡人按头向山下、脚朝山上的指向埋葬，与一般葬式不同，俗称之“倒埋”，即民谚所言“横苗倒仡佬”，意为苗族为头向东、脚朝西横埋，仡佬族采取头下脚上的葬式。这一葬式应系古夜郎时期濮人葬式的传承。《赫章可乐

① 参见《旧唐书·南蛮西南夷传》卷一百九十七。

② 参见咸丰《兴义府志·风土志》。

二〇〇〇年发掘报告》第六章谓，发掘的墓都顺山势而葬，头朝山顶，即让亡者面向所在山地之山峰。这与仡佬族民间传言相一致：古老的时期，马桑树长得很高，不像后来的长得很矮。尤其高山顶上的那株马桑树会不断生长，越来越与天接近。老人死后，灵魂会沿着马桑树升入天堂。

贵州山地面积占87%，丘陵面积占10%，在这广阔的深谷中，仅有3%的小平坝零星散布其间，除黔东南外，各市州基本为岩溶覆盖，岩溶面积近70%，为全国岩溶面积之冠。地下水流众多，地上岩洞多。石棺葬、岩洞葬遍布黔中大地，在古代，河谷绝壁上所处可见悬棺。黔北地区又多有石板墓和岩洞葬。前者外以大石板为椁，内置木棺，常为多函并列，自二函至十余函不等，当系石棺葬式的发展；后者即于较大岩洞内垒坟其中。岩洞葬之墓碑有的记载为民国年间，甚至还有葬于20世纪70年代者。岩洞葬、石棺葬、石板葬、竖埋、倒埋等葬式仡佬族都有采用。“击鼓而歌，男女围尸跳跃”是仡佬族的传统葬仪。这些丧葬特点，现安顺境内的仡佬族还不同程度地保持着。

贵州高原属亚热带季风气候区，四季分明。苗岭横亘于贵州中部，北来冷气流与南来暖气流于此相对受阻，上升形成峰面，故雨水较多，俗有“天无三日晴”之说。加之高山深谷纵横，地面海拔高差极大，以致山上山下温差极大，生活其间的民族分布情况亦大不相同。民间广泛流传“苗家住山头，夷家（昔指布依、侗、水族）住水头，客家（指汉族）住街头”，“高山彝苗水仲家，仡佬住在石旮旯”之说。居住地域的差异，一定程度上制约着民族文化交流，客观上也延缓着民族文化的演化与融合。夜郎遗裔仡佬族人世代居住于“地无三里平”“跬步皆山”的贵州高原，生产、生活于万山丛中，对山具有浓烈、深厚而独特的情怀，崇敬之、笃爱之、感激之，每年于农历三月三举行隆重的群体性祭祀。同姓村寨由长房世袭主持，杂姓村寨则由各姓轮值。节前一天，各户于室内扫除干净。夜深人静时，由一老妇推空磨三转发出响声“惊醒”山神后，另一人于寨内各路口大声宣告明天要祭山神了！接着依序一一呼叫周围山神之名，请其明日前来享祭。节日清晨，当值者又于村内各处高喊：“喂，妇女们不要出门，我们要祭山神了！”男子们则分头挑水、拉猪、提鸡、牵羊，带上炊具与食品到寨后神树旁砌灶、架锅、升火、宰杀烹煮，置于神树脚石板上，由主祭人领众祭祀，祈祷山神护佑全寨平安、人畜兴旺、五谷丰登。祭毕，大家就地共餐。剩余食物带回家祭祖后，与妇女、小孩分享。六枝特区仡佬族祭山神则定于三月的首个寅日举行。

祭祀山神是仡佬族独特的传统节日，“吃新”则是贵州各族民间共有的节日。“吃新”即在农历七八月间稻谷初熟之时，摘取新谷祭祀天地、祖先，以求护佑丰收。仡佬族“吃新”具体时间各地不一，如六枝特区定于七月寅日、普定在七月初七、平坝大狗场为七月辰日。节前两三日，各寨男女青年穿着整洁，或提竹篮，或背背篼集于寨中，听候族长或寨老安排任务后，以男前女后的顺序分别到寨外周边田坎上，于每丘田内摘取新熟谷穗二三株，或于地边摘取毛稗、草籽杂粮数吊及些许瓜果带回。节日当天，妇女用所摘部分新熟作物于家祭祖尝新，感谢祖先护佑及祈求来年丰收。妇女将新谷焙干、碓舂脱壳，男子宰雄鸡一只献祭灶神后，由一名男子牵黄牛一头于寨内宰祭天地祖先。次日黎明，妇女挑新水将新米洗净蒸熟，男子将牛肉和内脏切块煮熟于寨内集体祭祖。祭毕就地会餐后，各户均分牛肉、内脏及新粮一份回家。第三天，各自在供请祖宗享用后，全家及前来的亲友们围桌共食同饮。仡佬族吃新节摘取谷穗的范围各地不一，均于村寨周边，少则数里，多则十数里。如镇宁自治县比拱村仡佬族摘取范围是东抵四棱碑、西至猫屯头、南达水粉山、北及麻园约为10千米内的田土，无论是由何族、何人所有均可摘取，不会受到阻拦、指责，大家认为是理所当然，而持欢迎态度。如果仡佬人届时未来摘谷祭祖，所有者反而会心忧来年会遭灾害而歉收。这在长期多民族杂居，土地私有的社会中是不可思议的现象，可在贵州却成为亘古不变的传统。这应是根源于各族都谨遵其先祖“蛮夷仡佬，开荒辟草”的遗训，不忘仡佬先人开发贵州大地的历史功绩。

夜郎国灭后，长期以畜牧经济为主的彝族先民趁势进据黔西北、黔西南、黔中，先后建立“罗氏鬼国”和“罗殿国”“自杞国”等地方民族政权，仡佬族人长期受其统治阶级的统治与奴役，但彝族民间却“依仿先朝旧例：满三年一‘普伙’。普谓称犵猪，伙谓祭献”[①]。“普”即“濮”。“伙”，意为祭献。因彝语语法句式为谓语后置，故“普伙”意为祭献仡佬先民濮人。从这一年最后一天到明年开始的第一天，人们习惯上称之为“岁首”，即为“年”。古代于年节时间的计算、规定不尽相同。明代及其以前，仡佬族“约每岁以秋收毕日为岁首”[②]，咸丰《安顺府志》记载则定为“以十月为岁首”，民国后逐渐以腊月三十到正月初一日为“过年”。过年的礼仪多与汉族同，但不同程度地保持有自身的民族特色。如须以糯米打糍粑祭祀。糍粑之大小、排叠形式不一，祭时长短亦不同。有大如簸箕、小如盘者，有大粑上叠小粑、数小粑并列祭台者，或供祭三日即全家食用，或祭供毕，老人以背篓将糍粑背出至路口送祖后再背回与家人共食。

在历史长河中，民族总是在动态中发展。在统一的多民族国家的中国，其发展内容更为复杂，表现形式各有不同、社会影响复杂多样，值得我们探索、研究。濮人创建的古夜郎，其属民（濮人、僰人）及遗裔（僚人、仡佬族）的历史发展即可作史例之一。蜀之僰道县“本有僰人，故《秦记》言僰童之富，汉民多，渐斥徙之”[③]，是言早在秦代，夜郎属民“僰人”，即因徙入蜀郡的豪强地主们巧取豪夺，有的被役为奴仆，有的被排挤迁离故土。彝族先民自滇东北进入黔西北后，濮人被迫东迁，未迁者则被其奴隶主奴役。西晋末，史称“五胡十六国”中建都于成都的成汉政权（304—347年），是由以李特为首逃荒蜀郡的“流民”击败官军后所建立，其中坚力量乃“賨人”。“賨人”“世号为板楯蛮夷”[④]，居于“渝水”（嘉陵江）。《宋史·渝州蛮传》载“渝州蛮者，古板楯七姓蛮，唐南平獠也”，指出“賨人”亦与“獠”为同类。“流民”与官军长时期大范围争战，导致蜀地汉族人口大量散逃，严重影响着成汉政权的赋税收入与社会稳定，导致新政权统治基础的动摇。移民以实城乡，遂成为成汉政权的当务之急。但从何处、迁什么样的人来填补空虚才能顺利如愿、有

① 参见道光《平远州志》卷二十。

② 参见《贵州图经新志》卷之十二《风俗》。

③ 参见《华阳国志·蜀志》。

④ 参见《后汉书·南蛮西南夷传》。

益无害，一时难以定夺。直至“李雄时尝遣李寿攻朱提，遂有南中之地。寿既篡位”后，方“以郊甸未实，都邑空虚”为由，“乃徙旁郡户三千”“以实成都”，“又从牂牁引獠入蜀境，自象山以北尽为獠居。蜀本无獠，至是始出巴西、渠川、广汉、阳安、资中、犍为、梓潼。布在山谷，十余万家。若平均一户以5口计，“十余万家”即达50余万人。据《晋书·地理志》载，其时益州所属8郡管辖的编民（汉民）共14.9万户。由于僚人大量集团性地涌入，分布广泛，以致南齐政权于益州境内僚人较密集区域特设东宕渠（今合川）僚郡、始平（今三台）僚郡、越巂（今西昌）僚郡、沈黎（今汉源）僚郡，南北朝时期，北魏攻占南齐领有的巴西后，朝廷以梁、益二州控摄险远，“故增立巴州，镇静夷獠”[①]。后之朝代亦因招抚僚人而设置郡县。如《旧唐书·地理志》载，“资中、牛鞞、垫江三县地，李雄乱后，为獠所据，梁招抚之，置普慈郡”，“隋招致生獠，于荣乐城置绥山县”，“泸州，都督十州，皆招抚夷獠置”。[②]

僚人长期、普遍成为官府军事攻击、经济剥削、人身掠夺的对象。南齐统治巴蜀时，向僚人征收义租，“得米二十万斛”，并“累年讨击蛮獠，身无宁岁”。[③]后凉鄱阳王萧范于益州刺史任内，对不依附的僚人进行征伐。北周初年，骠骑大将军陆腾见“獠既因山为城，攻之未可拔”，“遂于城下多设声乐及诸杂伎，示无战心”，诱僚人“弃其兵仗，或携妻子临城观乐”后，“密令众军俱上”，城破“斩首一万级，俘获五千人”，惨遭屠城！[④]南北朝的统治者们放纵官员攻掠僚人，将其贩卖为奴，蔚然成风，形成我国历史上一种特有的畸形社会事象。诸如“每岁命随近州镇出兵讨之，获其口以充贱隶”。甚至富商巨贾“后有商旅往来者，亦资以为货”，将所获僚人转卖获利，出现“公卿逮于民庶之家，有獠口者多矣”的社会反常现象。[⑤]

僚人自牂牁北上入蜀后，仅存43年的成汉政权即为东晋王朝所灭。僚人日渐广

---

① 参见《魏书》卷六十五。
② 参见《旧唐书·地理志》。
③ 参见《梁书》卷十七。
④ 参见《周书》卷二十八。
⑤ 参见《周书》卷四十九。

布巴蜀大地，于该地区社会生产的恢复、维系、行政设置的变革，客观上起着特殊而重要的历史作用。僚人虽然从贫困的山区移入富庶的平原，不仅未能过上安宁的生活，反而苦无宁日，饱受官府的欺凌与剥削。在整个南北朝时期镇守“境逼巴僚”的益州要员中，对僚人能施仁政者，史载仅见傅竖眼一人。他“性既清素，不营产业。衣食之外，俸禄粟帛皆以飨赐夷首，赈恤士卒。抚蜀人以恩信为本，保境安民，不以小利侵窃。有掠蜀民入境者，皆移送还本土。捡勒部下，守宰肃然。远近杂夷相率款谒，仰其德化，思为魏民矣”①，调离后，以元法僧继任。“法僧在任贪残，獠遂反叛……朝廷忧之”②，复调傅竖眼还益州。“蜀民闻竖眼复为刺史，人人喜悦，迎于路者日有百数。竖眼至州……民皆宁业”③。如此清廉爱民深受民族民间爱戴的官员虽如凤毛麟角，却永垂青史。北迁僚民在战乱割据长达数百年之久的南北朝时期，不仅未看到美好生活的曙光，反而在长期、广泛的动乱中遭受掠夺与欺凌，致使其民族文化的传统快速凋零与消失，长时期、大范围地退出历史舞台。

今湖南西部早在春秋战国时期即为濮人聚居区之一，但濮人聚居区不能与夜郎势力范围相等同。夜郎辖区内的濮人，后又相继衍化为僚、仡佬，亦非南朝时由越人而衍称为的俚僚、乌浒僚等。“秭归”“武陵蛮僚”之记载见于三国时期，其时的越人尚未出现“僚”的称谓。“蛮僚”当系东迁之夜郎遗裔。湘西仡佬族分布较广，人数较多，且与苗民错杂而居。由于东移仡佬族长时期、大范围地与“蛮”(指苗族)错居杂处，“犵狫往来浦市、泸溪经商贸易者，能言客话，与外人无异；居村寨中未尝至城市者，则专为土语。又其自相问答，俱不作客语”④。这种“似苗非苗，似土非土”，“散处乾州、泸溪边界”等地的仡佬族渐与苗族涵化而被呼为“熟苗”，民间称之为“仡佬苗”。

黔西南一带的“徕人”“徕子”“赖子”是仡佬族支系之一，俗称“徕仡佬”，自

① 参见《魏书》卷七十。
② 参见《魏书》卷一〇一。
③ 参见《魏书》卷七十。
④ 参见《苗防备览》卷九。

称“布留”。康熙《西隆州志》载：“西隆则旧名安隆洞，教化不行，版图不入。明永乐自普安之乱抚平，复始封安隆长官司。苗徕杂处。”《桂海虞衡志》载：“蛮马，出西南诸蕃，多自毗那、自杞等国来。自杞取马于大理。”宋王朝南迁后，北方马道阻绝，于邕州横山寨（今广西田东）特设买马司，由官方以钱物参与互市。自杞乃宋代彝族先民所建地方民族政权之一，其辖区位于今黔西南境内，南马输出及换回金银及物资必经此中转，并有所存留，今有“赖子山”“赖子洞”“赖子坟”等地名留存。隆林徕人叙述先祖们被驱赶迁逃时曾商定走在前面的人，沿途以砍断芭蕉为记号，让后来者依记号而行，以防走错走散。但因人多、男女老少行速不一，相隔时长，前行者所砍芭蕉渐渐生长，被砍痕迹模糊甚而消失，后面的人群无法跟进，有的去到云南的广南，有的遂落脚广西的西宁、隆林。徕人的《苦歌》记述先祖迁逃时的艰苦岁月道：“细细麻蚱平地飞，徕人少了受人亏。徕人败了无处靠，东逃西歇无地落。徕人少了受人说，徕人穷了无人顾，妻离子散没着落。”

嘉庆二年（1797 年），王囊仙领导黔西南布依族起义被官军镇压后，社会的大动荡导致社会人口大量流失、田土大量荒芜。官府为保障其租赋收入、劳役派调及社会稳定，广招民众来开垦土地。应募前来垦殖者众，其中就有遵义、仁怀的仡佬族民众。遵义平家寨木王村山林中的一座大石墓的石龛上有字迹模糊残缺的碑文：“因家□胜重，子孙众多，地方不宽，难以生存，搬迁外省，□□安家□路□远去难□□。”大体意思是说因人稠地窄而迁往黔西南，继而越红水河进入广西隆林。隆林三冲的田氏立于道光三十年（1850 年）的一通秦氏墓碑载明墓主生于贵州仁怀王坝场，另一通何氏墓碑载墓主迁自贵州仁怀金竹屯。这批迁自仁怀的民众属青仡佬支系。吴三桂引清军入关，功封“平西王”，坐镇云南，控扼云、贵、川三省。其为拓展实力，直接掌控贵州，于顺治十七年（1660 年）谎奏水西土司安坤久蓄异谋，将为不轨，欲先发制人，乘其未动，领兵剿平。康熙三年（1664 年），在云贵总督杨葆勋附和下，朝廷同意对水西进行征剿。吴三桂亲领云南 10 镇之兵与贵州提督李本深所领 4 镇之兵，对水西进行东西夹击。水西宣慰使安坤则联合明将皮熊、乌撒土司安重圣与之对抗。战争在贵州西部持续一年之久，最后以安坤被擒杀，乌撒、水西土司被废除改设威宁、大定、黔西三府而结束，民间称这场由吴三桂发起的持续一年战争为“吴王剿水西”。“吴王剿水西”波及整个贵州西部，此间，各族人民生产生活秩序惨遭破坏、生命财产遭到重大损毁，处于农奴地位的仡佬族人民在此动乱不已的社会背景下，一些人被迫逃离。他们先南逃至黄草坝（今贵州兴义），再散于云南的广南、麻栗坡，甚至进入越南河江的安明、苗王、同文等地避居，但一直维系每年回麻栗坡祭扫祖坟的传统。避居滇东南山区的仡佬族有白仡佬、青仡佬、花仡佬、红仡佬 4 个支系。

世居贵州本土的仡佬族，明清以来，因“土”“流”官府的镇压、社会动荡的影响、土豪劣绅的欺凌，不断散逃流失，甚而改族换姓以求生存；新中国成立前夕，仅存不足 2 万人口，零落、点状地散居于贵州三四十个县境内。原遍布全省各州县的仡佬族多已“人去楼空”，仅留仡佬坝、仡佬寨、仡佬湾、仡佬坟等诸多地名，广泛流传于省内各地民族民间，成为历史的记忆。

华夏、氐羌、苗蛮、百越四大族系相继自北、西、东、南进入夜郎及夜郎故地的贵州高原后，与聚居其间的濮人及其后裔长期、广泛地接触交往、错居杂处，渐之融合、分化，于唐宋之际逐渐形成汉、仡佬、彝、苗、瑶、布依、侗、水等诸多民族。元、明、清时期，随着国家政局的变更，蒙古、回、白、羌等族亦相继进入贵州。一些分而未化、融而未合的族体，直至中华人民共和国成立后仍大量存在，被称为待识别民族，其数量之大居全国之冠。直至 20 世纪 80 年代国家大规模开展民族识别后，其民族族称问题方基本得以解决。贵州的世居民族确定为汉、苗、布依、侗、土家、彝、仡佬、水、回、瑶、白、壮、畲、毛南、蒙古、仫佬、满、羌等共 18 个，其中苗、布依、侗、水、仡佬等 5 个民族人口的主体分布于贵州。1949 年，贵州仡佬族人口为 12148 人，2000 年“五普”统计显示为 559000 人，占全国仡佬族人口总数的 96.49%。今贵州置有务川仡佬族苗族自治县、道真仡佬族苗族自治县，播州区平正仡佬族乡，以及仡佬族与其他民族共置的民族乡共有 20 多个。古老而富有传统特色的夜郎遗裔仡佬族正在朝气蓬勃地与各族人民一起迈向社会主义新时代！

附录二　文化与民族

一、文化

文化这一概念，通常有狭义与广义之分。前者是指与经济、政治相对应的部分，后者则是将经济、政治囊括其中的总称。国内外学界对于文化的定义莫衷一是，都言之有据，言之成理。文化为人类所独有，自从有了人类，就有了文化。人类总是凭借其双手与脑力在一定的自然环境中群体性地生存与发展，故简括而言，人类在生产生活中的劳动与智慧的积累即构成了文化。也就是说，人们生产、生活中的方方面面都属于文化的范畴。人类社会由公有制进入私有制后，产生阶级分化，出现了政权，这时的文化又被称为文明。文明是人类社会发展到一定阶段对其主流文化的特称，但并非与文化相等同，也不是对文化的取代。

文化的内容林林总总，文化的分类亦随之而纷繁不一。或依时序排列分为古代文化与现代文化，或依空间分布归为地域文化，或以其功能区分为物质文化、制度文化及精神文化，或按其表现形式分为物质文化与非物质文化（有的用显形文化或隐形文化予以表述），或按其载体的不同层次而分为民间文化与精英文化。自从民族形成以后，人类的每一成员往往分属于不同的族体，由不同族体所创造承载的文化，便称之为民族文化。

任何文化的构成，无论其内容之繁简、表现形式之异同，均有其相对稳定、自成系统的有机体系，以维系其生产、生活的基本运行。其生产、生活的规则与模式总是在相关群体内以言传身教、耳濡目染的形式代代传习着。文化传承便成为文化最为根本的特性。创造、拥有该文化的群体为文化载体。文化载体总是在不同时空中运行、移动。不同载体间的碰撞、交流，必导致彼此间文化方面的传播或吸纳。文化自身的传承与发展与文化之间的传播总是在交互不断地进行着，从而会促使文化发生变异。故文化传承与文化传播和文化变异共同成为文化具有的三大特性。文化的三大特性是我们认识、把握、解析、对待文化这一客观实在及其发展、变化基本而重要的理论依据。

二、民族

民族是人类社会在一定发展阶段具有共同文化特征的人们共同体。民族的形成有早有晚，并非整齐划一。最早的民族，是在新石器后期、原始社会末期的父系民族公社阶段，在部落基础上发展而成。其形成的时间大约距今五千年左右。其形成初期维持生存的手段是靠采集或渔猎，继而发展为原始农业或游牧，因生产、生活资料的不稳定而居无定所，常在小范围游弋之中。传统农业时代的民族，其生产、生活资料业已相对稳定，但由于王朝或地方民族政权施行的政治压迫、军事镇压，流离、逃迁的范围则更广。总之，民族在其生存、发展的历程里，总是在动态中运行着，其住居地并非一成不变。故一些论著将某民族在进住该地前就已存在的历史文化或旧石器及新石器前期的历史文化认定为该民族的历史文化，是对历史的误解，既不符合史实，也有悖于民族理论。

战国时期出现的“郡县制”于秦汉中央集权王朝得以全面推行，从此成为我国地方行政管理体制之定制沿袭至今。相对于周王朝施行、之后历代王朝仍效法的“分封制”而言，郡县的“流官”制比分封的世袭制更进步、合理，有利于中央集权制的巩固和发展，有利于国家的统一。汉王朝在边境少数民族聚居区施行的边郡制或初郡制，唐宋王朝的羁縻制，以及元明清三朝的土司制亦是因地制宜、因族制宜、行之有效，有利于皇舆一统的民族地区行政管理体制。诸如此类地方行政管理体制持续、有机地运行，成就了我国自秦汉以来就是一个统一的多民族国家这一稳定的总体政治构成的历史与现实。我们在开展民族工作或进行民族研究时，均须自觉地重视与维护统一的多民族国家这一主线，这一认识应贯穿于始终，以防止大民族主义、民族分裂主义、“西化”、“分化”等破坏国家统一、损害民族团结等思想言行的滋生与泛起。

三、文化与民族的关系

在氏族、部落基础上形成的民族，固然有其血缘的传承，但民族的生成不属于生物学范畴，而是社会发展的产物。民族是具有共同文化特征的人们共同体。不同的人们共同体在特定的自然生态和社会环境中，为了生存与发展，于生产、生活历程中付出的劳动与智慧，积淀建构的适合于自己的独具特色的文化即是民族文化。民族文化是实现民族内部认同、外部区别的标志。每一民族都拥有自己的民族文化。民族是民族文化的载体，民族文化是民族的标志、民族的本质属性。不同民族间由于所处自然与社会环境千差万别，尽管有的相同或相近，但其大同中都存在着诸多的小异，故不同民族文化间既有其一定的共性，更存在着众多的个性。民族文化的个性即是民族文化的特征所在。民族文化特征突出，则民族形象鲜明；民族文化特征淡化，则民族形象显得模糊；民族文化特征一旦消失，民族则随之而消亡。

自然生态、社会环境总是或急或缓地变化着，民族的生存与发展也总处于动态运行中。民族文化传承、传播、变异这三大特性的变强或变弱，导致了民族文化特征的增、减。我国封建制度的建立于世界上最早，绵延最长，又最为成熟与完备。社会的动乱与变革虽然层出不穷，但社会的变化、发展基本上属于局部性或渐进式的。

统一的多民族国家，为我国古今各族的活动提供了广阔的天地和有利的条件，使汉族与各少数民族的人口对流、文化交流日益深广。散居于边疆的少数民族不时入主中原、聚居中原，内地的汉族人口更是络绎不绝地散布边疆，形成我国各民族错居杂处的分布格局。这一分布格局，为我国各族文化的广泛而深刻的交流奠定了坚实、稳定的基础。各少数民族文化在保有各自突出个性的同时，又都不同程度地吸纳汉民族的文化成分，形成文化共性。在近代史上抗击帝国主义侵略，各族人民同仇敌忾、共御外侮；在日寇侵华的十四年抗战中，各族人民生死与共、奋起抵抗，夺取了抗日战争的伟大胜利。还是在共赴国难的历程中，在民族认同基础上，各族人民增强了国家认同感，从而形成了民族的复合体——中华民族。“多元一体”的民族文化是中华民族文化的特质所在，我们在开展民族研究、文化研究、民族工作或文化工作中，均应以此作为又一条主线，贯通于始终。

四、民族文化保护中的反思

民族文化是民族之根脉、民族凝聚力之所在。民族文化根深脉壮，则民族繁荣昌盛；民族凝聚力越强，则民族越兴旺发达。民族文化之走势决定着民族之兴衰。对民族传统文化予以保护，使之能传承与发展，意义十分重大而深远，对此认识到位，方能在实施民族民间文化保护战略中走出误区，以防止或尽可能地减少对民族传统文化造成不自觉的破坏和无可挽回的损失。现仅就几个常见的问题简述如下。

（一）文化事业与文化产业的关系

古老丰厚的民族传统文化，既是文化事业之资源，也是文化产业之资源。文化事业的任务在于对其保护和创新，文化产业的目的在于对其利用和开发。前者属于公益性，后者则属于经营性，两者都需要大力推行。文化开发须在文化传统得以保护这一社会价值的前提下进行，否则即应废止。“文化搭台，经济唱戏”之类口号的泛滥将文化视为经济附庸的产物，以文化为手段，以经济为目的，重经济效益，轻社会效益的表现，其结果既会导致文化的畸形发展，也将使以这样的文化宣导的经济不可能持续地发展。

（二）民族文化传统与创新的关系

文化固有之传承、传播、变异的三大特性本身，即决定着民族文化始终是在适应不同的自然与社会历程中，既维系着传统，又有所创新。在以自然经济为主的传统农业社会里，其创新部分是在平缓的量变状态下发生、进行，难于察觉、不甚突显。在传统农业社会向现代工业社会转型时期的民族文化，其文化基础发生着根本性的急剧变化，文化的变异以迅雷不及掩耳之势冲击、取代着文化的传承，民族文化链正处于即将断裂的危险境地。故联合国教科文组织和我国政府都对民族传统文化制定了予以保护的战略规划、采取了诸多有力措施，使许多濒临消失的传统文化得到了抢救性维系。真实性、完整性是实施传统文化保护的基本原则。在文化产业开发的大潮中，若干传统民族文化却已经或正在被“仿古”的、“克隆”的、移植的、“原生态”的文化所“打造”和“包装”，客观上使民族传统文化起到了混淆、扭曲、割裂等加速损害文化自身的反作用。

（三）民族文化传承与创新途径

如何兼顾保护传统与实现创新，是与民族文化紧密关联且亟待解决的重大而紧迫的问题。学术界多年来对此作过多方探讨，政府有关部门亦有过诸多实践，于理论与模式方面均有不少启迪与经验。

民族文化既须传承又须创新既是其本质属性的要求，又是现今“文化一元”与“文化多元”两种不同走势斗争的时代所使然。民族文化创新当是在维系传统民族文化基础上的创新，即足以表现该民族基本特征的文化特质体系得以传承，又能顺应时代步伐，自觉地将适合、有助于民族发展的新的文化因子进行吸纳，成为民族文化重要的有机组成部分。文化的传承与创新需在大体同质的生产与生活的自然与社会环境中运行，方能于较为平稳的场景与氛围中逐步得以实现，不至于因生产、生活场景与氛围的突变、来不及调适、把握，在憧憬新生活的愿望与激情下，将世代传承的传统文化误视为陈旧、落后而自动舍去，而把城市、国外时兴的生活统统视为美好、先进而不加选择地予以仿效、追逐，从而导致民族文化传统的断裂和异化。活态保护是保护民族文化的重要模式。发展生态农业、实施新农村建设、规划文化生态保护区，使民族文化与当代社会相适应，与现代文明相协调，保持民族性，体现时代性，这才是保护、传承民族文化的有效途径。

附录三　民族传统文化在当今的意义、命运与前景

当人类社会发展到新石器后期进入父系氏族社会时，开始在氏族、部落的基础上形成民族。世界各地自然环境千差万别，散布其间的氏族、部落谋生的手段、生活的方式因之而各不相同。不同的生产、生活方式构成各具特征的文化。具有共同文化特征的人们成为共同体即形成民族，其所创造、建构的文化即为民族文化。民族文化是民族的标志，民族是民族文化的载体。二者形神相融为一，密不可分。

人类文明史，实质上可以说是一部世界民族史。国家由民族所创建，亦由民族所消解或转换。在历时数千年的民族历史进程中，一些民族兴起、崛起，一些民族衰落、甚而消亡，一些民族觉醒、复兴。此强彼弱，此起彼伏。或同时并存、相互对峙，或联合，或斗争。不同时期、不同民族的兴衰起伏，将人类从漫长的古代社会一步步推入今天的现代社会，演绎出生动、深刻、变化无穷、可歌可泣的世界历史。令人赞叹、令人震撼、令人遐想、令人深思。

民族的形成早于阶级的产生。阶级产生后出现了国家。国家可分为民族国家、多民族国家两类。国家与民族的关系、命运息息相关、紧紧相连。黑格尔在其《历史哲学》一书中说：“只有黄河、长江流过的那个中华帝国是世界上唯一持久的国家。”这位哲学大师所言甚是。纵观世界历史，公元前2000年中叶，古印度被雅利安人所征服；公元前525年，古埃及被波斯人征服；公元前338年，古希腊被马其顿人征服；公元408年，古罗马被西哥特人征服。上述世界著名的几大文明古国均灭于入侵的异民族，导致文明的中断。只有古老的中国，其灿烂而悠久的中华文化绵延不绝、薪火相传至今，成为世界的唯一。究其根源，主要在于多元一体的中华民族文化的历史构建。《礼记》载上古时期我国大地上，即已形成夏人居中，“东方曰

夷”“南方曰蛮”“西方曰戎”“北方曰狄”的少数民族环居周边的民族分部格局。各民族在长期的接触交往中，经由语言的对译而“达其志，通其欲”，逐渐实现相互的沟通。据《左传》（昭公九年）记载可知，早在夏、商、周三代，我国即开始逐步形成幅员辽阔，以华夏为中心、为主体，包括众多少数民族在内共同组成的国家。秦灭六国，一统天下，始建封建集权专制的中央王朝。汉武帝时，王朝版图更拓展至西南、西北地区，统一的多民族国家至此基本形成。后经历代政治、军事动因，聚居中原的汉族不断地移入周边少数民族地区，周边的少数民族也累累入居内地，民族人口络绎不绝地对流。蒙古族、满族先后入主中原，建立元、清两代王朝。其所实行的治国、理政的政策举措基本上都是前代王朝的沿袭与发展，而非取代。四向移居边疆的汉族人口，与各少数民族形成大杂居、小聚居的分部格局。在长时期、大范围的接触交往中，各民族于生产、生活习俗中交互影响，导致文化的相互吸纳，甚而不时出现互通婚姻的情况。少数民族中，通汉语、过汉节、仿汉族婚丧礼仪的现象渐增，但其各自的民族文化特征依然鲜明，民族文化传统依旧牢固。

鸦片战争后，我国一步步沦为半殖民地半封建社会。面对东西方资本帝国不断对我国边疆的蚕食与侵扰，边疆各族人民为捍卫世代生息其间的国土与民族尊严，纷纷自发组织起来打击侵略者、保家卫国。光绪年间，滇西景颇族、傣族、汉族人民围困入侵的英军，杀死其翻译马嘉理，清政府被迫与英国签订《烟台条约》。条约里有许英国人入藏“探访路程”的规定，引起西藏拉萨三大寺及扎布伦寺广大僧俗的愤怒。法国占领越南后，北向入侵我国云南麻栗坡、马关两县。当地苗、瑶、壮、傣、汉各族人民在苗族青年项崇周的率领下，开展抗击侵略者的武装斗争，将被侵占的国土猛洞夺回献给朝廷，朝廷特将猛洞命名为“归仁里”。甲午海战败绩后，台湾被迫割让予日。台湾广大少数民族原住民于1896—1930年间，多次发动对日本侵略者的武装斗争，共击毙日警5500人。1920年11月，孙中山先生对其革命纲领“三民主义”中的民族主义解释为“融化我们中国所有各民族，成个中华民族”，公开、明确地提出了“中华民族”这一响亮而伟大的称谓。在历时八年的抗日战争中，从东北到西南，从国内到海外，我国各族青年及海外华侨，高唱着“中华民族到了最危险的时候”的《义勇军进行曲》，千百万人冲上沙场与日寇进行前赴后继的浴血奋战。资本帝国列强对我国的不断侵略，促进了我国的民族觉醒，使我国自古以来即已逐渐形成而不断得以强化、巩固的多元一体民族文化，推进到民族认同与国家认同有机而紧密结合的层面与高度，形成国内各民族的复合体——中华民族。

一、民族传统文化在当今的意义

民族传统文化是民族在其生存与发展进程中，认识、适应、协调、改造所处自然与社会环境的知识、技能、内容、形式的世代积累，简言之，即民族的生产、生活方式。在生产基础上生活，是人类具有普适性的根本特征，乃人类的共性。但在不同自然生态、社会环境中的民族，其具体的生产、生活方式相应地各有不同，其表现的内容、形式均有种种差异，从而各具个性。每个民族生产、生活方式的个性代代传承，即构成民族文化传统，是民族传统文化之“源”。在民族交往中，通过学习、模仿而有选择地吸纳的文化成分，则属于民族传统文化之“流”。民族传统文化往往由“源”“流”二部分有机构成。

数千年来，我们的先祖们是怎么走过来的？历史文献有记载，考古文物有实证，但均显得简略而零星。民族传统文化则是现成的生动而深刻的活态“博物馆”。厌倦于标准化、模式化、矫情、喧嚣、浮躁、冷漠、伪劣成风、个人主义、拜金主义、享乐主义等行为方式、思想情操的人们，欲求返朴归真，民族民间是最宜感受、体验的场所。民族传统文化是我们获取正能量的重要源泉和调节器。民族国家和多民族国家大都在奋力地参与国际综合实力的竞争。综合实力由硬实力与软实力两部分构成。其中，软实力是综合实力的基础，而民族传统文化具有民族凝聚力、向心力、影响力，是软实力的核心。

二、民族传统文化在当今的命运

在政治多极、经济一体、文化多元的世界格局下，许多国家竞相加速现代化进程。现代化的主要形式表现为以高科技为手段、以市场经济为纽带，推进工业化和城镇化。现代化的核心指标是GDP，我国现代化首先从发达地区的东南沿海推进，边远、欠发达、少数民族集中的西部地区亦于2000年后以西部大开发的战略决策方式予以推动，总体要求于2020年全国同步进入小康。经过全国上下的艰苦奋斗，我国经济建设取得国内外公认的空前辉煌的成就，推动我国从传统向现代化变化发展。从农业社会向工业社会的转型，现代化的进程来势猛、规模大、范围广、速度快，对发展中国家的文化传统形成强势、激烈而严峻的冲击和挑战。许许多多具有民族特征的物质文化和非物质文化遭遇破坏、废弃以致淡化或消失。这一现象引起联合国教科文组织的重视，其与各国政府商讨，于2001年11月有针对性地发表《世界文化多样性宣言》；2003年10月，颁布《保护非物质文化遗产公约》。次年，“中国民族民间文化保护工程国家中心”成立，提出了“保护为主，抢救第一，合理利用，继承发展”的保护方针。党的十七大提出要“弘扬中华文化，建设中华民族共有精神家园”。

在“十年浩劫”的岁月里，被当作“四旧”予以禁锢、销毁，业已窒息、残损的民族民间传统文化，改革开放后刚得以解脱、复苏，很快又被卷入经济开发浪潮中沉浮。国家对民族传统文化已予以高度重视，并制定了相关保护的法律法规，但仍未能有效阻止民族传统文化快速而大量地遭到破坏。许多河流、湖泊渐趋断流、干涸，大气、环境污染严重，许多民族村落在消失，民族地区的不少奇山秀水、文化富集的古村落被圈划为景点、景区加以改造，收取高额门票费以营利，举办种种“文化搭台，经济唱戏”的变了味的文化节以招商引资。“旧城改造”中，具有城市历史文化价值的古迹、民居、街巷大多被拆除，为钢筋水泥结构的高楼大厦群、宽大的“洋灰”路所取代。“千城一面”，已无个性。《人民日报》2013年2月21日“国际母语日”刊发的《人类文化传承离不开各民族语言》一文指出：“人类迁徙和城镇化的快速发展加剧了传统生活方式的丢失，经济一体化也倾向于让一种语言成为世界共用的统治性语言。”2013年2月7日的《光明日报》发文提出“停一停城市化脚步”“等一等千百年历史”的呼声。城镇化固然是社会发展的一个标志，但它通常是经济文化发展的自然结果，并非是人为的催生、拼凑。

三、民族传统文化的前景

民族传统文化的根基是传统农业社会。民族传统文化的生成、发展均依“天时、地利、人和”这一自然规则展现与传承。民族传统文化是一个完整、复杂而结构紧密的体系，故联合国教科文组织制定的关于非物质文化遗产保护的基本原则是尊重完整性和真实性。发展生态农业是当今农业现代化发展的理想途径，也是维护民族传统文化根基及生存空间的最佳模式。因为它不是传统文化根基的崩溃、瓦解或置换，而是在原有根基上的调适与更新。党的十八大明确提出的生态建设，是国内外现代化建设在规划上质的提升，为伤痕累累、苟延残喘的民族传统文化，合理地保留了应有的存在空间和传承的余地。

冷战结束后，西方敌对势力一直在对我国推行西化、分化战略。文化霸权主义、文化沙文主义甚嚣。他们蔑视、否定世界文化多元的客观现实，极力宣扬、主张世界文化的一元化，即推行世界文化美国化，以美国文化作为世界文化的标准，试图把用军事战争难以实现的文化霸权，着力以强势宣扬、潜移默化的文化攻势获取文化霸权，确立其在思想领域、精神世界的主宰地位。

世界各地的地形、地貌、气候、生物物种均有差异，甚至很大的差异。生成于其间的人类亦因之形成不同的人种。不同区域内的同一人种，以氏族、部落形式构成的血缘群体，又因其所处区域内的自然生态的差别，对具体客观环境的认识、适应以及改造自然以维系群体生存、发展的手段不尽同一。因之形成不同的思维模式、行为方式、价值取向与审美情操，从而形成不同的文化。具有不同文化的群体便形成了不同民族。民族文化的形成具有群体性、社会性。群体性、社会性一旦失去，则民族文化无以维系、传承，何谈发展。移居国外的华人，百余年来能保持中华文化者，往往是华人聚居的唐人街。涌入大城市、东南沿海打工的少数民族多达千百万，数十年来，其各自的民族文化均未在打工之地有所突出呈现，其原因在于未形成群体性、社会性，其道理在于“入乡随俗”。

民族是社会发展到一定阶段的产物，它不是从来就有的，也不是永远存在的。

民族的产生早于阶级的产生。只有全世界阶级消灭之后，民族才会逐渐消亡。民族消亡的时期还很漫长。当前正值民族繁荣期。民族繁荣在于民族文化传统的继承、弘扬与创新。民族文化传统是民族之根、民族之魂，是民族凝聚力、向心力、生存的定力、发展的动力，是民族存在的标志。每一民族在其特定自然生态、社会环境中的生产、生活方式世代沿袭的积淀，即是民族传统文化的构成要素。民族之间传统文化的内容与形式存在着差异，是各有不同的，无论在其物质文化还是非物质文化方面均无例外。没有差异就没有交流，没有交流就难于发展。忽略国情、地情、族情，一味强调标准化、同一化，客观上导致了民族传统文化的淡化与消失，人为地使民族趋于同化。

现代化发展是人类的必然，也是各族人民的追求与渴望。欧美现代化应是也只能是一种学习、参照模式，我们理应，实际也正在创建现代化的中国模式。2013 年，生态文明贵阳国际论坛 2013 年年会 7 月 20 日在贵阳开幕，习近平总书记发来贺信强调中国将按照尊重自然、顺应自然、保护自然的理念，贯彻节约资源和保护环境的基本国策，把生态文明建设融入经济建设、政治建设、文化建设、社会建设各方面和全过程，形成节约资源、保护环境的空间格局、产业结构、生产方式、生活方式，为子孙后代留下天蓝、地绿、水清的生产生活环境。住房和城乡建设部关于全国村庄规划试点工作的通知指出，村庄规划要以整治为主。尊重既有村庄格局，尊重村庄与自然环境及农业生产之间的依存关系，防止盲目规划新村，不搞大拆大建，重点改善村庄人居环境和生产条件，保护和体现农村历史文化、地区和民族以及乡村风貌特色。防止简单套用城市规划手法。

总之，大力发展生态农业，当是现代化进程中，民族传统文化得以传承与创新的根本路径，是实现中华民族伟大复兴的战略决策之一。

修订版后记

贵州是一个有着独特地理环境的多民族省份，相关历史记载最早可追溯到春秋时期。从唐蒙通夜郎到贵州建省，从夜郎国灭到四大古族系进入云贵高原，后来移居的民族与原著民在长期的接触和交往中出现了融合和分化，形成了诸多新民族。随着各时期行政区划和民族政策的改变，贵州各民族文化得到了充分的融合和发展，呈现了各民族既有自身固有的文化基因，又与汉文化不断融合，形成了多元民族文化共存共荣的繁荣景象。

明代创建卫所屯田制，卫所官军皆携其眷属，列入军户于驻地世代屯驻。清代废卫所屯田制，屯军及其眷属均改为民，或散或聚，其习俗渐同于普通汉民。唯贵州安顺一带，屯军军户多来自江南，卫所屯堡密集，军转为民后，其生产、生活仍固守祖籍江南一带的习俗，包括其村落布局、民居格式、生产方式、婚丧节庆礼仪、民间信仰、语言文字、妇女装束等皆仍沿袭明代江南社会传统风俗，这在贵州形成独特的屯堡文化。然而，近现代以来，由于文献的缺乏以及相关研究领域鲜有涉及，屯堡文化如同孤岛鲜为人知，见之者也因不了解而致误解。如1903年，日本学者伊东忠太至安平县（今贵州省平坝区）调研时，见屯堡妇女头饰奇特，又多不缠足，而据当地官员介绍误认为屯堡人属于少数民族而称之为“凤头苗”。

文化遗产是中华优秀传统文化的重要载体，重视历史文化保护传承，是为了守护好中华民族精神生生不息的根脉，而保护传承的前提是对历史文化有正确的认识，这就需要追根溯源，全面研究解读。中华文化的主体是汉文化。汉文化有着许许多多的支派，屯堡文化即其众多文化支派之一。屯堡文化形成的背景、保存与发展的原因、表现的形式均有其鲜明的独特性，但却长期鲜为人知。正是基于这一方面的考虑，笔者曾一度致力于对屯堡人的历史由来、衣着服饰、宗族关系、社会习俗及其建筑风格、艺术活动等进行全方位的考察与探究，据古今文献及笔者数次实地调研所得的资料整理撰写成《夜郎故地上的古汉族群落——屯堡文化》一书。2001 年，书稿得以收入《贵州文化系列丛书》，由贵州教育出版社正式出版。

为全面深入贯彻落实习近平文化思想和习近平总书记对宣传思想文化工作的重要指示精神，加快建设多彩贵州民族特色文化强省，2023 年 10 月 19 日，中共贵州省委宣传部重磅发布多彩贵州"四大文化工程"，其中包括屯堡文化等历史文化研究推广工程。幸运的是，拙著被选入"四大文化工程"之一《屯堡文丛》，由贵州大学出版社修订出版。此次修订，主要由贵州大学出版社李奎等编辑对原版进行了校对勘误，尤其是本书大量引用了方志历史类文献原文，校对难度大，查证工作量繁重，在此对贵州大学出版社有关编辑的认真负责表示诚挚的感谢！

另外，本次修订，还以附录的形式收录了笔者的《关于夜郎研究的几点思考》《文化与民族》《民族传统文化在当今的意义、命运与前景》等三篇文章。这三篇论文是继《夜郎故地上的古汉族群落——屯堡文化》一书出版后，笔者对民族传统文化进一步思考，有所心得而陆续写就，现收录于此，一是借以对本书进行理论探究方面的补充，二是期望重申研究、保护屯堡文化的重要意义。

翁家烈

2024 年 3 月 20 日